国家出版基金项目

中国盐业考古与盐业文明

丛书主编 ◎ 李水城

中国古代盐道

赵逵　张晓莉　著

西南交通大学出版社
·成都·

图书在版编目（CIP）数据

中国古代盐道/赵逵，张晓莉著. —成都：西南交通大学出版社，2019.10（2022.11 重印）

（中国盐业考古与盐业文明）

国家出版基金资助项目

ISBN 978-7-5643-7205-7

Ⅰ. ①中… Ⅱ. ①赵… ②张… Ⅲ. ①盐业史–中国–古代 Ⅳ. ①F426.82

中国版本图书馆 CIP 数据核字（2019）第 236589 号

国家出版基金资助项目
中国盐业考古与盐业文明
Zhongguo Gudai Yandao

中国古代盐道

赵 逵 张晓莉 著

出 版 人	阳 晓
责 任 编 辑	居碧娟
封 面 设 计	原谋书装
	西南交通大学出版社
出 版 发 行	（四川省成都市金牛区二环路北一段 111 号 西南交通大学创新大厦 21 楼）
发行部电话	028-87600564 028-87600533
邮 政 编 码	610031
网 址	http://www.xnjdcbs.com
印 刷	成都市金雅迪彩色印刷有限公司
成 品 尺 寸	170 mm × 240 mm
印 张	21.25
字 数	335 千
版 次	2019 年 10 月第 1 版
印 次	2022 年 11 月第 2 次
书 号	ISBN 978-7-5643-7205-7
定 价	128.00 元

审图号：GS（2019）5803 号

图书如有印装质量问题 本社负责退换

版权所有 盗版必究 举报电话：028-87600562

中国盐业考古与盐业文明
丛书编委会

主编　李水城

编委　（以姓氏笔画为序）

　　　王子今　李小波

　　　李何春　赵　逵

总序

2016年，我和北大中文系李零教授向国家出版基金办公室推荐了"中国盐业考古与盐业文明"丛书出版项目。这套学术著作包括：《中国盐业考古》（李水城，北京大学）、《秦汉盐史论稿》（王子今，中国人民大学）、《长江上游古代盐业开发与城镇景观研究》（李小波，四川师范大学）、《中国古代盐道》（赵逵、张晓莉，华中科技大学）、《滇藏地区的盐业与地方文明》（李何春，云南民族大学）。以上学术著作分别从考古学与民族志、历史学与古文献学、交通史、历史地理学、文化线路、文化人类学的不同视角对中国古代的制盐遗址、制盐工艺与技术、盐政以及与盐有关的贸易通道、城镇发展、盐产区的景观环境和文化习俗等进行了广泛、深入的研究，可以说是全方位地对中国盐业发展的历史和研究做了系统展示。最近，这套学术著作即将出版，这无论是对学术界还是对出版界都是一件值得庆贺的喜事，借此机会表示衷心的祝贺！

盐是人类日常生活的必需品，看似极为普通，但却是维系地球生命繁衍生存的重要元素，其作用就如同空气、粮食和水一样。食盐的主要成分为氯化钠。盐的重要性在于它能够保障人体的新陈代谢、血液循环，增强神经和肌肉的兴奋性，还能调节体内酸碱平衡，使血压维持正常。可见，盐对人的生存和健康是何等重要！

盐的重要性还在于它关乎国计民生，盐税在历史上曾是国家财政的支柱和赋税的重要来源。因此，中国历朝历代都将盐当作战略资源来掌控。先秦时期，齐国的"管仲相桓公，霸诸侯，一匡天下"（《论语·宪问》）；汉昭帝时，组织召开了一场关于盐铁专卖政策的大讨论，即著名的盐铁会议，最终朝廷将盐、铁视为国家的经济支柱；盛唐一代，盐税几占国家财政总收入的一半；宋代以后，朝廷更是将盐税全部收归国有。由此不难看出，"盐"对一个王朝、一个国家的政权稳固和社会安定是多么重要，无怪乎中国古人很早就将盐视为"国之大宝"。

中国古人开采过池盐、井盐、海盐和岩盐。传说古代山东沿海的"宿沙氏煮海为盐"，有说宿沙氏为黄帝臣，也有说是炎帝的诸侯。总之，早在新石器时代人们就知道采卤制盐了。四川出土的汉代画像砖就有开采井盐的生动画面。但过去传统研究盐史和盐文化主要依靠文献记载，多有局限。盐业考古是我国近些年来才有计划地开展起来的新领域。较早的工作从长江三峡起步，特别是对重庆忠县中坝遗址的考古发掘。接下来在黄河三角洲的莱州湾地区发现了大量煮海盐的遗迹，数量多达700余处，规模巨大。此后，又在全国其他地方陆续调查发现不少制盐遗址。以上工作的绝大部分是在北京大学考古系李水城教授的主持下进行的。其中，有些是与国外学者合作的，有些是与相关学科的科技工作者协作开展的，可谓国际合作和多学科协作的成功典范。李水城教授和美国加州大学的罗泰（Lothar von Falkenhausen）教授还在此基础上主编出版了几部中国盐业考古文集，并在《南方文物》开设"盐业考古"专栏，向学术界和公众介绍中国盐业考古的发现和研究，所取得的诸多成果已引起国内外学术界的广泛关注和高度评价。由此也显示出盐业考古是个非常具有潜力的新兴研究领域。

以李水城教授为代表的一批学者不仅迅速填补了中国盐业考古的长期空白，在中国考古学中建立起盐业考古这一分支学科，还极大地推进了中国盐业史和盐文化的研究。在即将出版的"中国盐业考古与盐业文明"这套丛书中，李水城所著《中国盐业考古》一书不但对中国的盐业考古做了全面介绍，同时还介绍了欧美与亚非拉等地的盐业考古情况以及有关的人类学调查研究，视野广阔，提供了比较研究的大量资料。

我是做考古研究的，难免对盐业考古说的话比较多。其他几部书的内容也非常的丰富多彩，涉及盐史、盐文化和文化遗产的方方面面，有些领域我不是很熟悉，就不赘述了。相信这套著作的出版，必将对中国盐业史、盐业考古乃至中国经济发展史、科技史和文化史的研究起到积极的推动作用。

2019 年 5 月 10 日

自序

人的生命离不开盐,人类活动要摆脱盐产地的束缚,必须依赖持续的长途运输。

古代盐运道路,作为基本的生命之路,代表着文明的延续、文化的交流、税收的范围、权力的边界。古盐道自汉代起就被官方严格管控、详细记录,并不断修补增改。这些官方记录为后世留下了系统而丰富的研究样本。

我国古代盐产地众多,分布范围广阔,人类文化活动必定持续联系着某个盐产地。某城吃某地的盐,并不是由运输远近决定,而是由持续运输的便利程度决定。这背后综合了山脉阻隔、河运断续、战争破坏、税收范围等各方面因素。因此,吃同一种盐的人,也意味着有更便捷的交通途径、更多的交流机会、更强的文化认同。食盐如同文化的显色剂,古代盐区的划分似乎也隐隐暗含着文化分区的边界。因此,关于盐运道路,我们不仅研究了"文化线路"上各类遗产的整体性与共同点,更重点揭示了不同盐销区之间,以及同一盐销区不同盐销线路之间的文化区别。而文化的延伸范围取决于交通的可达范围,盐是这一深层原因的外在体现,盐的运输通道其实是文化的渗透通道,盐的运销边界其实也就是文化的渗透边界。从"盐"的视角出发,可以更加客观且直观地探析我国文化的分区。

另外,盐的生产和运输与许多城市的兴衰都有密切关系。如上海浦东地区,早期便是沿海重要的盐场。元代熬盐著作《熬波图》就是以浦东下沙盐场为蓝本,书中绘制的盐场布局图,应是浦东最早的历史地图,图中提到的大团、六灶、盐仓等与盐场相关的地名现在依然可寻。此外,天津、济南、扬州等城市都曾是各大盐区最重要的盐运集散地，盐曾是这些城市早期最重要的商品，而像盐城、海盐、自贡这些市县，更是依赖盐而形成的"盐城"。这样的城市聚落还有很多，本书将一一提及。

盐的分布还有许多有趣的地理启示。盐除了存在于海洋，亦存在于所有无法流入大海的湖泊。也就是说，所有只进不出的死湖，从地理时间尺度看，终将成为盐湖！大家已能理解，为什么新疆、青海会有那么多的天然盐湖。然而读者可曾想过，在内陆最重要的盆地，如四川盆地、湖广盆地（湖南、湖北山脉围起的江汉平原）、关中盆地，在盆地最低的地方都有大量的盐脉，这些盆地又都只有长江或者黄河为唯一的出水口（其他河流都是流入盆地），如果堵住最窄的出水口（四川盆地的三峡夔门至巫溪段、关中盆地东部三门峡段、湖广盆地黄州至九江段），这些盆地将成为大片湖泽，这样进水多出水少的湖泽，在地球演变过程中也自然成为盐湖，这便不难理解它们地下蕴藏的盐脉了。我们现在看到的盆地，是否是后来峡口冲开（凿开）、湖水泄尽后形成的？三峡夔门未开时，四川盆地高水位使我们不难理解巴蜀各地悬棺之谜，也自然能明白四川盆地周边众多震旦角石之谜了。其实，在古代水文地理志书中，有大量类似大禹凿江通海的记载，可惜我们都把它当作了神话故事。

书中脉络结构以中国古代盐道为总体线索，首先从宏观的角度解析了我国古代盐业概况，然后对各盐区的生产、运销和古盐道线路分布进行了详细的描述，再从各盐区运输线路的分布这一微观的角度对沿线物质文化遗产和非物质文化遗产进行分析。本书涵盖的学科范畴涉及人类学、生态学、城市设计理论及建筑遗产保护等领域。从研究对象涉及的时间跨度来看，从古代食盐的发展到清末民国食盐经济的衰退，时间纵横数千年。

  此书是笔者带领众多研究生在深入实地调查、查阅大量史料的基础之上做出的归纳总结。对于这部分内容，学术界虽然已有著述，早就言之成理，但从古盐道视角展开研究，将过去"点"对"点"的孤立研究转变为线路上的"点"的相互关联的研究，是本书的重要创新之处。虽然影响沿线物质文化和非物质文化的因素众多，但食盐运销作为古代强大而持久的经济活动，对政治、经济、文化亦产生了不可低估的影响，而物质与非物质遗产是文化的外在体现，必然与盐业经济有着不可忽视的联系。"中国古代盐道"这一命题，涵盖内容本应十分广泛，但由于本书主要从盐业线路以及沿线物质文化遗产和非物质文化遗产的角度进行论述，从整个理论框架平衡的考虑出发，有些内容只能点到为止，但我们的研究工作并不止步于此。本书提及的每一个盐区我们都会深入研究，并在不久的将来形成数篇硕博论文，其中淮盐古道中的淮北古盐道由张颖慧完成，两浙古盐道由肖东升完成，河东古盐道由陈创完成，长芦古盐道由王特完成，山东古盐道由郭思敏完成，福建古盐道由李雯完成，两广古盐道由匡杰完成。虽然古盐道研究是一个巨大的命题，但希望我们的努力能够为古盐道研究贡献一份绵薄之力。

2019 年 2 月于玉龙岛一庐

目录

第一章　中国古代盐道概述 / 001

第一节　食盐的发现与古代盐神、盐宗的传说 / 002
第二节　古代食盐生产概述 / 004
第三节　古代食盐运销概述 / 007

第二章　中国东部古盐道 / 009

第一节　两淮古盐道 / 009
　　一、两淮盐的生产 / 010
　　二、两淮盐的运销 / 016
　　三、淮盐古道的主要线路分布 / 018
第二节　两浙古盐道 / 036
　　一、两浙盐的生产 / 036
　　二、两浙盐的生产方式对浦东成陆的影响 / 037
　　三、两浙盐的运销 / 039
　　四、两浙古盐道的主要线路分布 / 040
　　五、两浙盐业运输分区与文化分区的关联性 / 043
第三节　中国东部古盐道上的遗珍 / 045
　　一、淮盐古道上的古镇村落 / 045
　　二、两浙古盐道上的古镇村落 / 077
　　三、淮盐古道上的物质文化遗产 / 089
　　四、两浙古盐道上的物质文化遗产 / 113
　　五、中国东部古盐道上的非物质文化遗产 / 115

第三章　中国西部古盐道 / 117

第一节　四川古盐道 / 117
　　一、川盐的发现 / 117
　　二、川盐的分布 / 118
　　三、川盐盐场 / 120

第二节　川盐的运销 / 124

第三节　川盐古道的主要线路分布 / 125
　　一、川鄂古盐道 / 128
　　二、川湘古盐道 / 132
　　三、川黔古盐道 / 135
　　四、川滇古盐道 / 138

第四节　中国西部古盐道上的遗珍 / 143
　　一、中国西部古盐道上的古镇村落 / 143
　　二、中国西部古盐道上的物质文化遗产 / 171
　　三、中国西部古盐道上的非物质文化遗产 / 188

第四章　中国北部古盐道 / 190

第一节　河东古盐道 / 190
　　一、河东盐的生产 / 191
　　二、河东盐的运销 / 192
　　三、河东古盐道的主要线路分布 / 195
　　四、河东盐业运输分区与文化分区的关联性 / 199

第二节　长芦古盐道 / 201
　　一、长芦盐的生产 / 201
　　二、长芦盐的运销 / 205
　　三、长芦古盐道的主要线路分布 / 206
　　四、长芦盐业运输分区与文化分区的关联性 / 211

第三节　山东古盐道 / 213
　　一、山东盐的生产 / 213
　　二、山东盐的运销 / 214
　　三、山东古盐道的主要线路分布 / 215

　　　　四、山东盐业运输分区与文化分区的关联性 / 218
第四节　中国北部古盐道上的遗珍 / 220
　　　　一、中国北部古盐道上的古镇村落 / 220
　　　　二、中国北部古盐道上的物质文化遗产 / 258
　　　　三、中国北部古盐道上的非物质文化遗产 / 265

第五章　中国南部古盐道 / 267

第一节　福建古盐道 / 267
　　　　一、福建盐的生产 / 267
　　　　二、福建盐的运销 / 268
　　　　三、福建古盐道的主要线路分布 / 268
　　　　四、福建盐业运输分区与文化分区的关联性 / 271

第二节　两广古盐道 / 274
　　　　一、两广盐的生产 / 274
　　　　二、两广盐的运销 / 278
　　　　三、两广古盐道的主要线路分布 / 280
　　　　四、两广盐业运输分区与文化分区的关联性 / 283

第三节　云南古盐道 / 284
　　　　一、云南盐的生产 / 284
　　　　二、云南盐的运销 / 285
　　　　三、云南古盐道的主要线路分布 / 286
　　　　四、云南盐业运输分区与文化分区的关联性 / 289

第四节　中国南部古盐道上的遗珍 / 290
　　　　一、中国南部古盐道上的古镇村落 / 290
　　　　二、中国南部古盐道上的物质文化遗产 / 314
　　　　三、中国南部古盐道上的非物质文化遗产 / 319

参考文献 / 322

Brief introduction / 326

第一章　中国古代盐道概述

在漫漫历史长河中，盐一直有很高的价值，只是今天人们因其太容易获得而忽略了这一点。在中国封建社会中，食盐不仅仅是调味品，更是封建政府倚仗的重要税源之一。到了清代，盐税更是占全国总体税收之半，维持着整个国家的正常运转。清末，封建政府与外国侵略者签订不平等条约时，盐税亦作为重要的抵押之一签让给外国列强。有史学家曾断言，若无盐税，中国历史或将另有写法。由此种种，可见盐在中国古代封建社会中的重要地位。

我国古代所产之盐主要有海盐、井盐、池盐、岩盐等类别，产地分布广泛。盐的生产和贩运催生了与盐有关的城镇和道路，这些古道也串联起数千年的文化交流、经济血脉和民族风情。从产地到销岸，古盐道好似一条生命线，融入并改变了人们的生活，其意义一点不亚于茶马古道和丝绸之路。只是由于近代海盐提炼技术的完备、河运的衰败、盐业政策的改革等原因，古盐道逐渐淡出人们的视野。然而，古盐道因其线路明晰、持续时间长、影响地域广，且是多维度的商品、思想及文化的交流空间，作为拥有丰富线形文化内容的遗产，其意义不容低估。

第一节
食盐的发现与古代盐神、盐宗的传说

食盐的发现与利用源于早期人类的生理本能。原始社会早期,人类以动物为食,体内所需的盐分可从动物身上直接获得。但一旦离开丛林,改食植物,所需的盐分就得不到补充。生存本能促使人们寻找新的盐源。在长期与动物为伴的过程中,人类多次看见动物舔食盐水的场景,[①]遂逐渐认识到,只有找到了盐源,才能满足生存的需要,进而促进自身食物结构的转变。中国最早发现并直接利用的盐源不止一种,盐池(图1-1)便是其中之一,而盐池中又以河东盐池最为出名。正如《洛都赋》中所写:"其河东盐池,玉洁冰鲜,不劳煮泼,成之自然。"[②](本书将在第四章对河东古盐道进行详细描述)

图1-1 河东盐池

[①] 其实对盐的寻找和本能吸食现象在大型哺乳类动物中普遍存在。云南西双版纳著名的野象谷中的国家野象观测站,就是设置在一片盐含量较高的咸水滩边。科考人员为吸引野象出现,往往还要在观测站周边放置盐巴,这样做正是利用动物的趋盐性特征。而且从大量古籍资料和四川各县县志中不难发现,巴蜀地区一直到清中叶以前,都颇受虎豹豺狼之害,特别是大巴山一带,一直是我国华南虎的传统分布区。笔者以为,巴蜀地区自远古时期开始就是大型哺乳动物聚集区,这与三峡地区大量分布的天然盐泉应该不无关系。

[②] 《北堂书钞》卷146《酒食部·盐》"成之自然"条注,天津古籍出版社影印本。

上古人类对自然盐源的发现和利用，常以神话的形式流传至今，且不同地区对盐源的发现和利用有不同的文化表现形式。如中原及沿海地区对人工盐的重视程度要远高于自然盐，在这些地区主要崇拜与生产相关的盐神。中国西部和南部的少数民族地区却不同，在这些地区流传着众多与盐源发现有关的"盐神"传说。如云南省诺邓古村中供奉着"应水龙王"，相传古时村中有户牧羊人家发现了被羊群舔食的卤水，村中众人认为盐水是由龙王"应"出，遂尊称其为"应水龙王"，并修建龙王庙，供奉至今。无独有偶，古巴国境内也有类似的传说，据范晔《后汉书》中记载，巴国的始祖廪君"乘土船"，顺夷水而下，至盐阳，在这里遇见一位女神，女神对他说"此地广大，鱼盐所出，愿留共居"，廪君没有同意。女神见一再挽留无功，遂在廪君离去时，化为飞虫，与诸虫群飞，其飞遮天蔽日，廪君将其射杀，天乃开朗。随后廪君率领其部落至此定居，独自占有鱼盐之利。这是两个远古时期人类发现盐源并占有鱼盐之利的故事。这种对自然盐源的追求反映了人们为生存和繁衍而进行的不懈努力。同时，据学者考证，商周及以前活跃在四川东部的巫、巴等部族，确对早期川盐的发现、加工和贩运贡献颇多。[1]近年来忠县古盐井遗址的发掘和大量陶器的出土，也为这方面的研究提供了珍贵的资料（图1-2）。

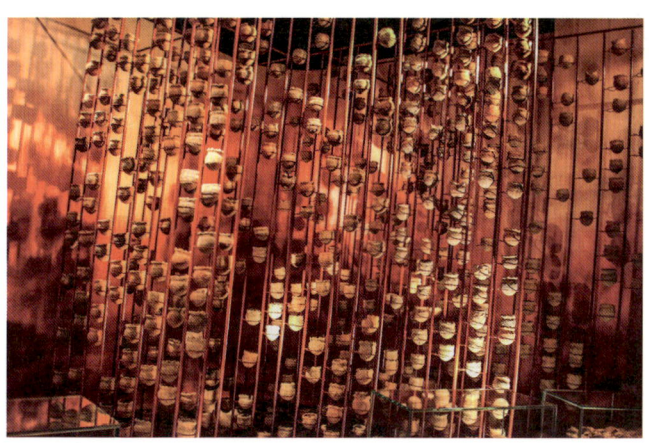

图1-2　忠县遗址群中出土的大量尖底杯

---

[1] 参阅任乃强：《四川上古史新探》，四川人民出版社，1986；屈小强：《三星堆文明时期的食盐贸易》，《盐业史研究》，1994（1）。

自然盐虽发现较早，但因深受环境气候的影响，其产量、产地和质量均无法得到保证，直至人工盐出现，此种情况才得以转变，这是盐业史乃至人类史上具有划时代意义的事件。早期的人工盐主要有海盐和井盐两类：海盐资源较多，显露于地表，且易于获得；井盐相对来说更隐蔽，资源较少，也较难开采。因此，在人工盐中，对海盐的利用先于井盐。《说文解字》中称："古者夙沙初作煮海盐。"①《广韵》注中也有类似的记载。②由此来看，第一次煮海为盐的"夙沙"应该是人工盐在中国的创始者。虽历史文献中有关夙沙氏煮盐的文字记载多有矛盾，但不可否认的是长期与海为邻的夙沙氏首创了人工盐并在当地将技术普及推广。也正因如此，夙沙氏被后人尊称为"盐宗"，如《太平寰宇记》中引用吕忱之言："宿沙氏煮海，谓之盐宗，尊之也。以其滋润生人，可得置祠。"③清同治年间，由众盐商在扬州康山街集资修建的"盐宗庙"中，夙沙氏被供奉在主位之上，而商周之际贩运海盐的胶鬲、春秋时在齐国实行"食盐官营"的管仲，被置于陪祭位置。座次的排列直接反映了夙沙氏的地位。

在中国古代，人们祭拜的盐神远不止夙沙氏、龙王、盐水女神这三位。我国古代盐区众多，且各盐区相对独立，加上从业者不仅有盐工，还有来自各地的商人，因而各地所祭拜的盐神都不相同。如此不仅造就了古盐道上类型多样、造型多变的祭祀建筑，也为古盐道留下了丰富多彩的非物质文化遗产。

第二节　古代食盐生产概述

我国食盐从发现到利用，再到后来成为国家财政中不可或缺的部分，经历了漫长的时间，其生产也随着时间的推移而不断发展。

春秋战国时期，社会生产力提高，食盐产地和产量亦有所增加。由

---

① ［东汉］许慎：《说文解字》，中华书局，1978。
② 《广韵》卷2《下平声》"二十四盐·盐"注："古者宿沙初作煮海为盐。"
③ 《太平寰宇记》卷46《河东道·解州·安邑县》。

前文分析可知，我国在上古时期就发现并利用了自然盐，而人工盐的生产始于"夙沙氏煮盐"。到春秋战国时期，产盐地增加，出产的食盐类别也更加丰富，山东、辽东出海盐，河东有池盐，巴蜀产井盐。

秦汉至三国时期，我国池盐和井盐的生产技术有了重大的进步。池盐虽是我国最早发现并利用的食盐之一，但在秦汉以前，池盐出产全凭自然。秦汉时期，人们受农业生产启发，开辟"盐田"，开畦引水，水干成盐。从完全"靠天吃盐"，到人工引水晒盐，使盐业生产处于可控的状态，大大提高了食盐的产量和质量。与此同时，我国西部的井盐生产技术也取得了突破性的发展。西晋张华《博物志》记载："临邛火井一所，纵广五尺，深二三丈，井在县南百里。昔时人以竹木投以取火。诸葛丞相往视之，后火转盛。执盆盖井上，煮盐得盐。"① 从以上史料可以看出，此时井水煮盐的燃料已从薪柴发展成了井火（即天然气）。由于井盐深埋于地下，故很多时候，井盐卤水与天然气伴生。使用天然气煮盐，因地制宜。且天然气火力相对薪柴更持久、稳定，因此可以提升井盐的产量。天然气的使用是我国井盐生产史上技术的突破性变革。

隋唐五代时期，我国盐业生产技术的提高主要在池盐与海盐产区。池盐的"划畦灌水"法普遍使用，而海盐"刺土成盐法"也日益成熟。古籍曾具体记载池盐生产过程："作畦，若种韭一畦。天雨下，池中咸淡得均，即畎池中水上畔中，深一尺许，以日暴之，五六日则成。"② 其意为先修整土地，再等雨后阳光充足时，引池水灌畦田，晒制可成盐。可见在唐代，人们已经懂得要在盐池的卤水中掺入淡水，才能获得色白、粒大的优质食盐。淡水的加入使得卤水中杂质的溶解度降低，先行结晶分离出来，如此获得的食盐更加纯净，同时还缩短了结晶的时间。此技术在当时世界晒盐史上也居于领先地位。"刺土成盐法"也值得注意，唐代诗人卢纶曾以"潮作浇田雨，云成煮海烟"③ 的诗句来赞颂此法的神妙。《太平寰宇记》卷130记载了唐五代淮东地区人民使用此法的生产过程。根据记载，"刺土成盐法"主要包括刮咸、淋卤、验卤及煎煮四个环节，且每一道生产工序均有十分详细且严格的要求。由此可见，此生产技术在隋唐五代时期已发展得较为完备。

---

① ［西晋］张华：《博物志》，上海中华书局据士礼居本校刊。
② ［唐］张守节：《史记正义》，台湾商务印书馆，1983。
③ 《全唐诗》卷280《送王录事赴任苏州》。

宋元时期，中国食盐的生产发展主要体现在海盐与井盐方面。随着生产技术的发展，自然对人类的制约越来越小，食盐生产亦是如此。在宋代，由于长期生产、生活经验的积累，沿海地区的盐民对海洋气象的掌握程度越来越高、越来越准确，海盐的生产从过去的"被动接受"转化为"主动利用"。我国沿海产盐地众多，但不同的海滨潮水咸度与沙土附着的盐分都有所差别。人们通过对这一现象的认知，测定了东海各盐场的出盐率和生产时间，促进了两淮盐业的发展，为其明清时期的鼎盛打下了坚实的基础。井盐生产技术的进步主要体现在诞生了以使用新型凿具和汲卤装置的小口竹井壁为特征的"卓筒井"技术。这一重大技术革新标志着井盐业从"大口浅井"进入了"小口深井"的新时期，是钻探业具有划时代意义的技术进步，[①]亦对井盐的生产发展产生了重要影响。

明清时期是我国盐业经济发展的鼎盛时期，此时的盐业生产无论生产技术还是生产组织均获得了较大发展。明清时期的海盐生产在继承了宋元生产技术的基础上，发展了晒盐技术。这种完全利用阳光蒸发水分的制盐工艺，最终取代了传统的刮土淋卤技术，发展成为一种独立的制盐生产技术。但因卤水质量、盐业政策、生产成本等原因，晒盐技术在不同盐区、不同盐场的运用亦有所不同。如淮盐产区中淮南盐一直采用煎盐法，淮北盐场则采用晒盐法。不仅是海盐，井盐生产技术在此时也获得了很大的发展，钻井技术得到了完善。清道光年间，自流井盐区首次钻成世界上第一口超过千米的深井——燊海井。深井开采过程中，储量丰富的天然气也被开发出来，采气、输气、输卤的技术同时也得到了发展，生产规模扩大，井灶分离，有的盐场引气就卤，有的引卤就气。可见，清代四川盐业生产技术已经达到当时井盐生产技术的最高水平，带来了井盐质量的提升、产量的增加和生产管理水平的提高。[②]

由上述分析可知，我国食盐业是一个由利用自然盐转向生产人工盐的过程，人在盐业生产中起到的作用日益增大，与人紧密相关的产盐地城镇村落为适应生产技术的发展，其分布、形态也产生了相应的变化，而盐民的信仰、审美又对城镇村落内部的建筑类型、装饰艺术等产生了直接的影响。

---

① 林元雄：《井盐凿井技术是中国第五大发明》，《盐业史研究》，1988（2）。
② 郭正忠：《中国盐业史：古代篇》，人民出版社，1997。

第三节　古代食盐运销概述

盐为"食肴之将"①，人人所需，若长期不食则四肢乏力，而食盐并非处处可得，加之运盐之利往往大于产盐之利，故自古以来，虽运销方式时有不同，但封建政府对食盐运销的控制却越来越严。

春秋至魏晋南北朝时期，食盐运销主要采取官营的方式。战国时期，齐国首次实行官府直接介入食盐运销的政策，形成了食盐官营制度。秦汉沿用此制，并将盐铁专卖作为一项重要的经济制度推行全国。魏晋南北朝时期，国家战乱、分裂，为解决财政短缺，政府更是强行推行食盐官营的制度。

唐代实行就场专卖制，以商运商销为主。唐代刘晏对原有盐法进行了改革，实行了就场专卖制。此法的实施，奠定了唐后半个时期的食盐运销方式，是汉代实行专卖制度以来的一大进步和突破。它利用专卖价格低于市场价格的优势，鼓励商人积极参与盐业运销，使商人与政府的利益达到有机的统一，同时也扩大了专卖盐税的范围，增加了财政的收入。更为重要的是，此法的实施将商人引入盐业经济，不仅奠定古盐道的形成基础，更加快了文化传播的速度。

宋代在前朝的基础上，对盐销区进行了细化，并且加强了控制。当时全国分为四大盐销区，分别是：海盐销区、解盐销区、井盐销区与土盐销区。其中海盐销区与解盐销区最为特别，海盐销区内盐的运输常与漕运相配合，而解盐销区是我国最早形成盐商垄断的地区，明清实行的"专商引岸制"便是其遗制。宋代盐销区的划定，无形中也为我国文化的传播划定了界限。

明清时期，食盐运销主要实行"专商引岸制"，其内容为：签商认引，划界运销，按引征课，②而这其中划定的运销范围则被称为"行盐疆界"（图1-3）。行盐疆界一般是依据之前的划定范围，结合当时运输路线的长短与便捷程度而确定的。行盐疆界一旦确定，便不轻易更改，且

---

① ［汉］班固：《汉书》卷24《食货志》。
② 郭正忠：《中国盐业史：古代篇》，人民出版社，1997。

具有一定的法律上的意义。盐商只可在指定的区域内运销定量的食盐，如有违规，则与私盐同罪。后由于"专商引岸制"并不适用于所有地区，故而封建政府将票盐制作为补充，与其一同实行。票盐制也属于官盐，但因不同盐区内盐业生产、交通运输、盐商财力等条件各有不同，所以票盐制度实施的时间和范围也有所不同。

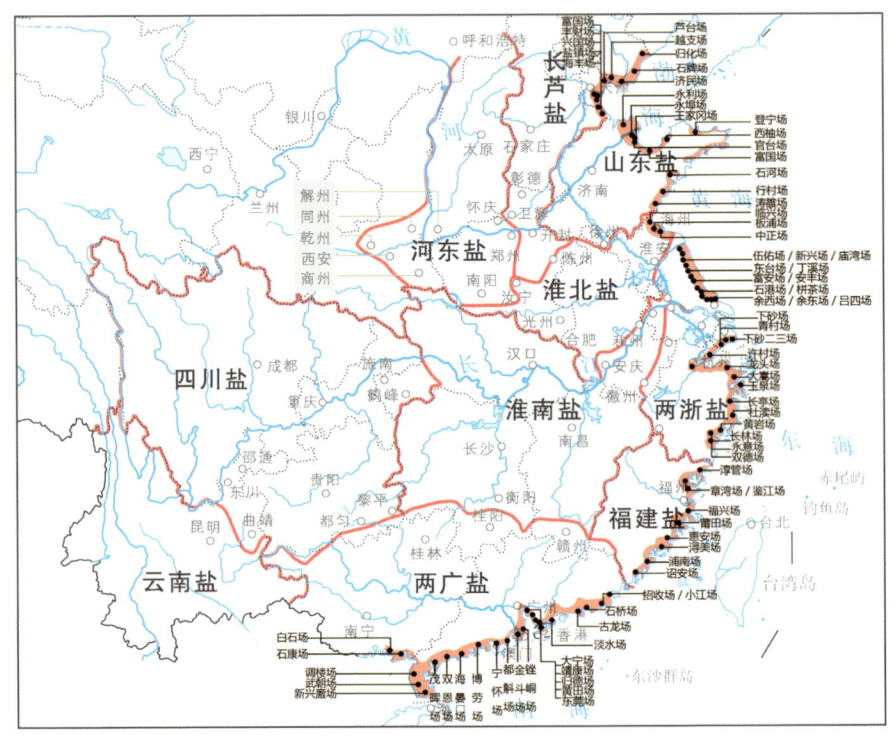

图1-3　清代盐业分区及海盐生产区示意图

由以上分析可知，随着时间的推移，食盐的运销逐渐向着法制化、区域化的方向发展。随着食盐运销的日益规范化，各盐区的运销线路也日益明确、固定，食盐亦逐渐成为古盐道沿线文化的染色剂，浸染着它到达的每一寸土地。本书为便于研究，将图1-3中清代全国十大盐区中淮南盐、淮北盐并称为两淮盐，与两浙盐一起划分为东部盐区；将四川盐划分为西部盐区；将河东盐、长芦盐、山东盐划分为北部盐区；将福建盐、两广盐、云南盐划分为南部盐区。

第二章　中国东部古盐道

中国东部古盐道包括两淮古盐道和两浙古盐道。淮盐与浙盐分别产于江苏、浙江的东部沿海地区，色白味淡，自古便受到皇家青睐。不仅如此，许多著名的文人墨客也为它留下了众多优美的篇章，如唐李白《梁园吟》"玉盘杨梅为君设，吴盐如花皎白雪"[①]，宋周邦彦《少年游·并刀如水》"并刀如水，吴盐胜雪，纤手破新橙"[②]，清陈维崧《满江红·江村夏咏》之一"篱笋细腌红缕敊，吴盐小下银丝鲫"，等等。

第一节　两淮古盐道

淮盐起源于春秋，发展于隋唐，振兴于宋元，又经明代的变革至清达于极盛。清代的淮盐无论是生产规模还是销售范围均达到了空前的水平（图2-1），淮盐税收更是成为清政府的财政支柱，左右着国家经济的命脉，故有"两淮之盐法定，而天下之盐法准此矣"[③]"两淮岁课当天下租庸之半，损益盈虚，动关国计"[④]"两淮之利，重于东南，而两淮为最""淮盐课额，甲于天下……淮盐以一隅，抵数省之课""佐司农之储者，盐课居赋税之半，两淮盐课又居天下之半"[⑤]等说法。

---

① 熊礼汇：《李白诗选》，人民文学出版社，2016。
② [宋]周邦彦著，李保民编：《周邦彦词集》，上海古籍出版社，2010。
③ [清]乾隆《两淮盐法志》序。
④ [清]李发元《盐院题名碑记》，嘉庆《两淮盐法志》卷55《杂志四·碑刻下》。
⑤ [清]嘉庆《两淮盐法志》序。

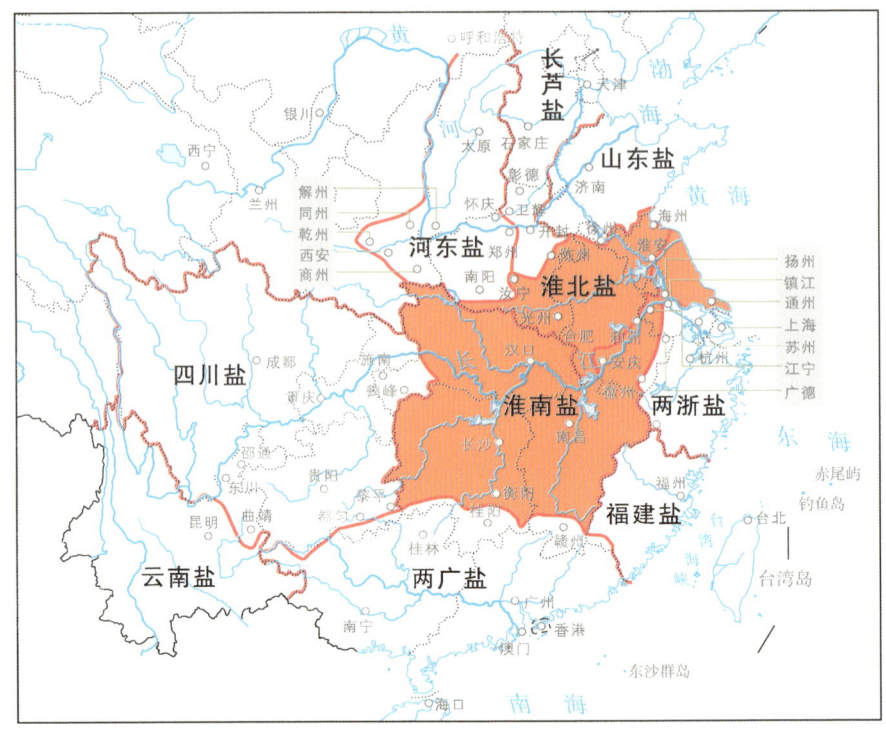

图2-1　清代两淮盐销区范围示意图

一、两淮盐的生产

由前文分析可知，淮盐生产经历代发展，至明清时期达于高峰。明代设有三个分司，分别位于通州、泰州和淮安，两淮三十盐场由这三个分司共同管理。①但明末清初战乱频发，两淮盐业因其丰厚的利润，成为重点抢夺对象。许多盐场的灶户为躲避战乱，四处奔逃，所剩无几，盐场多荒废。清早期，政府虽颁布了相应的鼓励政策以促进淮盐的发展，但有些盐场因环境变迁、生产条件改变等因素的影响一直未能再次发展起来。为便于管理和集中生产资源，乾隆三十四年（1769），清政府将原来的三十场

---

① 通州分司：丰利、马塘、掘港、石港、西亭、金沙、余西、余中、余东、吕四上十场；泰州分司：富安、安丰、梁垛、栟茶、角斜、东台、何垛、丁溪、草堰、小海中十场；淮安分司：白驹、刘庄、伍佑、新兴、庙湾、莞渎、板浦、徐渎、临洪、兴庄下十场。另外，明代天赐场于弘治十年（1497）并入庙湾。参阅徐泓《清代两淮盐场的研究》，第10页；郭正忠主编《中国盐业史》，人民出版社，1997。

合并为二十三场（图2-2、图2-3），并将淮安分司迁至海州，改设海州分司。此时各盐场与分司的所属情况如图2-4所示，其中淮南盐共二十场，而淮北盐仅有三场。

清末以前，因卤水质量、生产技术、运输条件等原因，淮南盐在两淮盐业经济中一直处于主导地位。明清时期，淮南各场因荡地①资源丰富，主要以发展成熟的煎盐法制盐，加上其卤水质量上乘，故所产之盐质好量大；淮北各盐产则主要以明末发展起来的晒盐法制盐，卤水质量和荡地资源均不如淮南，且淮北盐销区内交通运输远不及淮南盐销区便利。因此淮南盐业经济远超淮北，淮南文化亦在淮盐文化中占主导地位。大批盐商聚集于淮南，他们深受淮盐文化的影响，亦对整个淮盐销售区内的文化传播起到了重要作用。

作为淮盐主要生产方式的"煎盐法"，生产相关环节包括修建房屋、开辟摊场、引纳海潮、浇淋取卤、煎盐炼盐五步。

（1）修建房屋：煎盐法生产最初要求盐户集中居住，一则便于生产，二则可以防止私盐产生。此法制盐，必须以"团"为单位修筑生产点，团外设有围墙，类于城墙，团内凿井开池，储存加工海水后获得的卤水。同时，为防止卤水被雨水稀释，在卤池和卤井上方也需用房屋覆盖（图2-5）。

修建房屋是盐业生产的第一步，亦是产盐聚落形成的开始，此为宋代煎盐法形成之初的整体格局。清代，海岸线东迁，生产规模不断扩大，原来的基本生产单位——"团"已不能适应新的环境，故而旧的格局被打破，新的功能分区出现，其中，管理、生活和商业区仍位于宋代最初形成的位置，只有生产区随着海岸线一路东迁。

（2）开辟摊场：卤水的取得靠晒灰，晒灰的场所则称为摊场。为便于生产，摊场沿海边设置。每年，盐工都需对摊场进行牛犁翻耕、敲泥拾草、削土取平等处理，直到场地如镜面般干净平坦，方可使用（图2-6）。摊场周围及中间修小渠，引海水，修灰淋（灰垯），掘卤井。摊场的性质决定了生产区的位置。随着时间的推移，生产区的位置也在不断发生变化。摊场是产盐聚落的一部分，摊场的变化也会对产盐聚落的空间产生重要的影响。

---

① 明清时期，江苏东部海岸线东移后，海滨新淤之地不能耕种，只能成为蓄草的荡地，其所蓄之草正是当时淮南煎盐所用的柴薪。

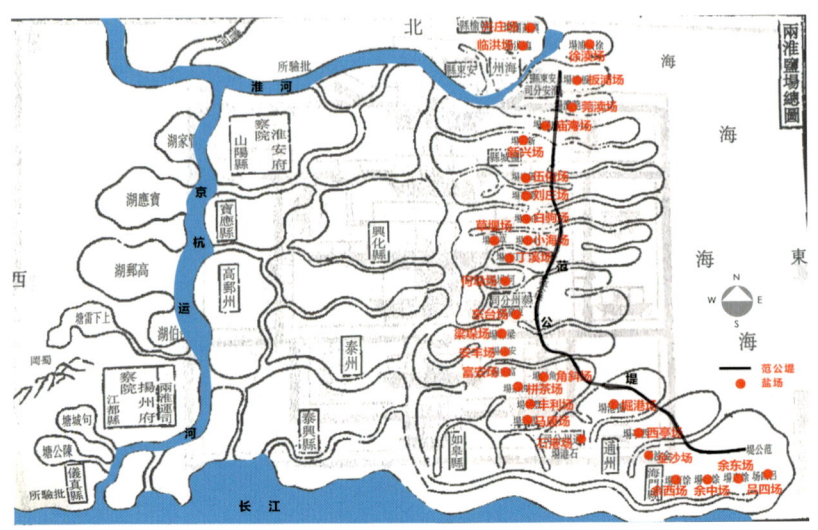

图2-2　明代淮盐盐场分布图
来源：据嘉靖《两淮盐法志》绘制

图2-3　清代淮盐盐场分布图
来源：据《四省行盐图》绘制

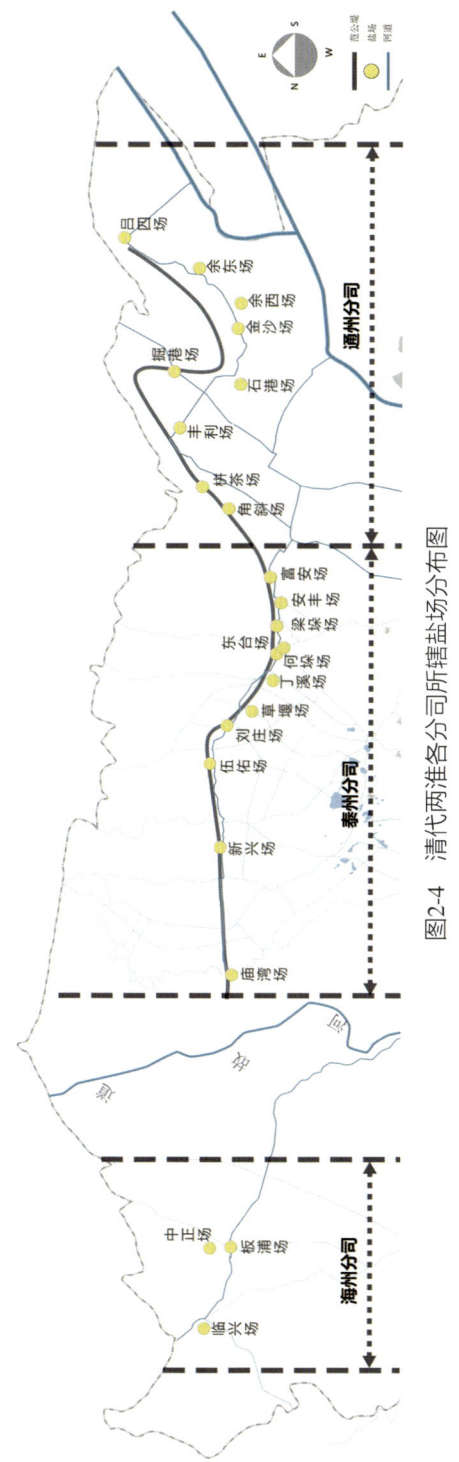

图2-4 清代两淮各分司所辖盐场分布图

图2-5
图2-6
图2-7

图2-5　灶丁修建盐场房屋
来源：扫描于《熬波图》

图2-6　灶丁开辟摊场图
来源：扫描于《熬波图》

图2-7　车接海潮
来源：扫描于《熬波图》

（3）引纳海潮：前两步基本完备以后，即进入生产阶段。生产的流程是以引进海潮开始的，"每团各灶须开通海河道，港口作坝，令开月河，候取远汛，以接海潮"①。每年六、七月是制盐的旺季，"用水浩大，海潮虽遇大汛，亦不入港，必须雇夫将带工具，就海开河，引潮入港，用车戽接"②。"车"即水车，"逐级接高，戽咸潮入港"（图2-7）。而引海水的河沟每年都要"捞洗以深之"③，海潮的顺利引进是海盐生产的前提，而港口、堤坝和月河的修建则是海盐生产不可缺少的基础建设，这也造就了今天江苏东部沿海河网密布的现状。

（4）浇淋取卤：海水引进后，将海水引入盐田之中摊晒，当盐田之中的海水有盐析出之后，盐工用扫帚将盐场中的咸灰扫聚成堆，并用水浇淋，后使浇淋所得卤水流入井内，并用莲杆秤测试的方法对卤水浓度进行检测。如果石莲都浮起，则卤水为上乘；如果没有，则说明浇淋过淡，需次日再晒。

（5）煎盐炼盐：摊场上取得卤水后，船运至团中（图2-8），用草荡中获取的柴薪加以煎炼。煮盐时用盘铁（盘铁为大型铁铸煎盐器）、锅撇（图2-9），根据卤水的浓淡，采用不同的方法将盐沥干，制成干盐，此法适于"团灶"生产。

经过以上生产流程后，淮南盐的成品呈现色白、粒小、味咸的状态，深受各销岸百姓的喜爱。但随着时间推移、社会变迁和海岸线东移等，淮南盐统领两淮盐业的格局在晚清发生了重大的转变。清道光以后，社会经济萧条，全国战乱频发，尤其是太平天国运动的发生，使得长江航运受阻，淮南盐无法依托长江到达两湖销岸，故而很快便失去了销量最大、最为重要的湖南、湖北两口岸，运销量锐减，而产量却未相应减少，不久即陷入销滞产密的困境。同治、光绪年间，战乱平复后，湖北、湖南曾一度恢复为淮盐的销售口岸，淮南盐也因此再次得到发展，成为两淮盐业的主力，但淮南盐业衰退的整体趋势并未改变。而此时淮北盐场因地势靠海，加上晒盐技术的更新、成本降低、产量增大，远超过淮南盐场，成为整个淮盐的主要生产地。两淮盐业的重心也向北转移，盐商亦多聚集于淮北，为淮北城镇聚落与建筑的发展注入了新的活力，开启了新的篇章。

---

① ［元］陈椿：《熬波图·开河通海第八》。
② ［元］陈椿：《熬波图·就海引潮第十》。
③ ［元］陈椿：《熬波图·疏浚潮沟第十三》。

图2-8 盐船运卤图
来源：扫描于《熬波图》

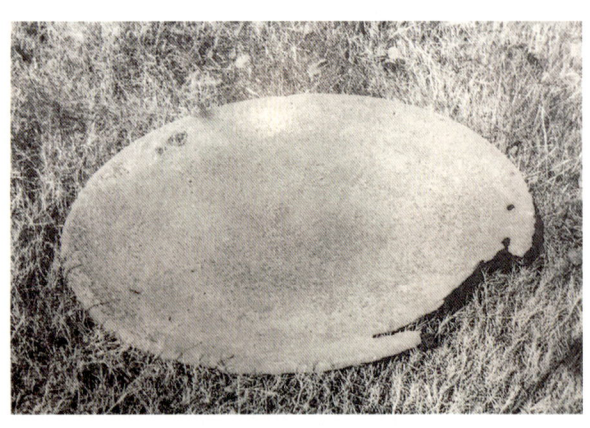
图2-9 清代淮南盐场煎盐所用锅撇
来源：翻拍于《中国盐业史》

二、两淮盐的运销

由第一章对食盐运销的概述可知，历代封建王朝对食盐的运销十分重视，且管控日趋严格。但直至明清时期，才最终制定了系统的盐业专卖制度，划定了具体的销盐区域（图2-10）。

明清实行"专商引岸制"后，封建政府对淮盐的销售范围和运输路线做了明确的规定。且为保证淮盐税收的持续与稳定，清政府还绘制了《四省行盐图》以助沿线官员管理两淮盐务（图2-11）。此图明确表现了淮盐的运输路线，并对沿线各城市、聚落所销售的盐引数量做了明确的标注，是淮盐经济、文化以及沿线城镇聚落研究不可或缺的资料。

（一）淮盐的运输

明清时期，淮盐运输主要采用官督商运的形式。由于淮盐特殊的经济地位和盐政管理等原因，淮盐的运输实可分为两段（图2-10）：第一段为江苏省内从盐场到掣验所一线；第二段是由掣验所放行后至各销售口岸的运输，此为淮盐运输的主要分布线路，笔者将在本章下一小节中对其进行重点阐述。

第一段的淮盐运输主要依靠江苏省内的河运交通。清代，为便于盐业运输，整个江苏省境内疏浚、开通了多条人工河流，加之人运河穿省而过，故省内河网纵横，无论是东西方向，还是南北方向，水运交通均十分发达，如泰州分司所属盐场均与串场河相连，通州分司所属盐场均位于运盐河畔（图2-12）。

淮盐自生产完成到掣验，需经过一系列程序，过程十分复杂。食盐生产完成以后由煎丁装船，运抵场镇，由盐政官员验收称量后收入场垣，并将入垣的盐过筛，分为不同的等级，入廪堆放。盐在运输前，由包商用草绳打包好，场商大使按商人的联票引数装船发盐。淮南盐由场商运往仪征关外等候掣验，掣验时由官员提盐进所，将船放入天池（图2-13）。主事官员将盐过秤，并将多余的盐入余垣。又因江西、湖广等地多山，河道吃水浅且狭窄，故将过完秤的盐改大包为小包，以便运输，而后点包上船，运商押运，领桅封而后开闸入江（图2-14）。淮北盐经运盐河过古黄河口，到淮安批验所称量后出清江闸，入洪泽湖（图2-15）。至此，淮盐第一段运输结束。

第二段的淮盐运输主要依托长江及淮河流域的水运交通运输网并配以陆运进行。长江、淮河是淮盐运输的主要水路通道，安徽南部、江西、湖北、湖南各省内盐运主要依靠长江支流，如安徽的青弋江、裕溪河，江西的赣江、抚河、信江，湖北的汉水、府河、举水等；安徽中部、北部以及河南省内的盐运主要依靠淮河支流浉河、涡河、颍河和汝河。这些支流与局部陆运盐道一起构成一个完整的淮盐运输网络。

中国古代封建社会中，食盐虽由商人运输，实为政府操控，其运输路线已由政府规定好，商人只能按既定路线行盐，这也为淮盐运输沿线聚落与建筑的兴盛奠定了基础。

（二）淮盐的销售

淮盐的产、运、销三个环节中，销售最为重要。这是因为它不仅直接关系到淮盐的生产、运输和整个淮盐产业链的正常运转，还关系到淮盐税收的持续与稳定，因而清政府一直十分重视淮盐的销售。

清承明制，采用专商引岸制度进行销售，范围覆盖了淮河流域和长江中下游流域，横跨苏、皖、赣、湘、鄂、豫六省。[①]其中淮南盐销区沿长江流域展开，包括江苏的扬州府、江宁府，安徽南部的宁国府、池州府、安庆府、太平府，江西的南昌府、瑞州府、临江府、抚州府、建昌府、饶州府、南康府、九江府、袁州府、吉安，湖南的长沙府、岳州府、宝庆府、衡州府、常德府、辰州府、沅州府、永顺府、靖州府、永

---

① 郭正中：《中国盐业史：古代篇》，人民出版社，1997。

州府、澧州，湖北的武昌府、汉阳府、安陆府、德安府、黄州府、荆州府、宜昌府、荆门等地。其中，湖北的襄阳府和郧阳府在盐区划分时为淮盐销售区，但因靠近川盐产区，且淮盐在当地价贵质次，故当地并无淮盐销售。正如当时襄阳府樊城分销局的官员程麟在《录稿备观》中所写："鄂西（北）当地绝无水贩运销淮盐。"①所以在做淮南盐销售分析时，实则不包含襄阳、郧阳二府。

淮北盐销区沿淮河流域展开，包含江苏的淮安府，安徽的庐州府、凤阳府、六安州、寿州、颍州、亳州和河南的汝宁府、光州各地。

清代，为保证盐税牢牢掌握在政府手中，除了固定盐销区外，政府还对各个销岸中的每个地区所销售的淮盐引数做出明确规定和记载，如《四省行盐图》中所示，湖北武昌府行十万六千二百五十引，汉阳府行八万三千七百引，湖南长沙府行一万三千七百引，等等。

三、两淮古盐道的主要线路分布

淮盐运输网络以水运为主体，局部配以陆运。本节将对淮盐运输网络在苏、鄂、湘、赣、豫各省的主要线路做进一步介绍。

（一）淮皖古盐道

安徽省横跨长江与淮河两大流域，是淮南盐与淮北盐的并销之地。本书中所述淮皖古盐道涉及江苏的江宁府（今南京）和安徽芜湖、宣城、宁国、黄山、池州、铜陵、安庆、合肥、桐城、六安、滁州、阜阳、亳州等地。安徽至少有"两横四纵"六条盐运线路（图2-16）。

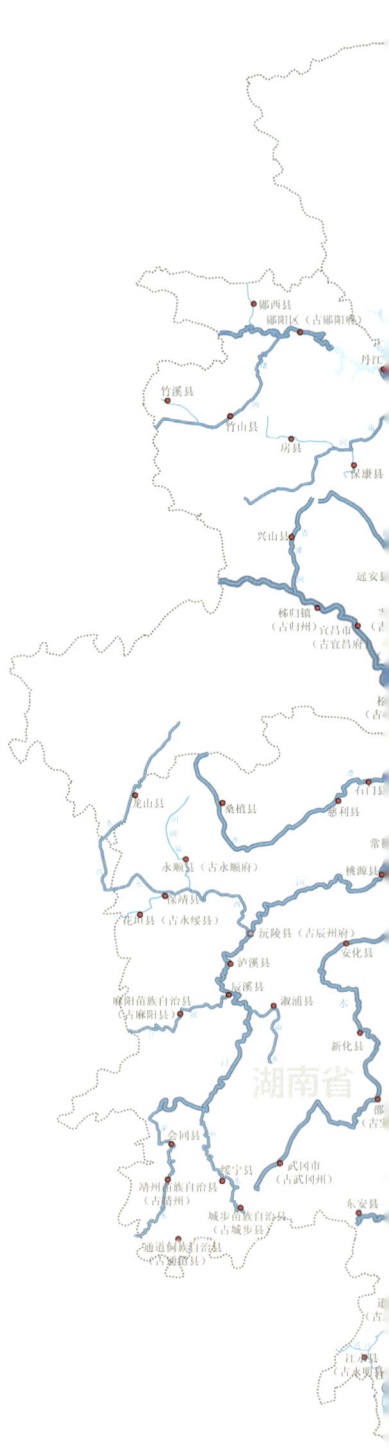

---

① 王正忠：《晚清盐务官员之应酬书束——徽州文书抄本〈录稿备观〉研究》，《历史档案》，2001（4）。

图2-10 清代淮盐运输线路示意图

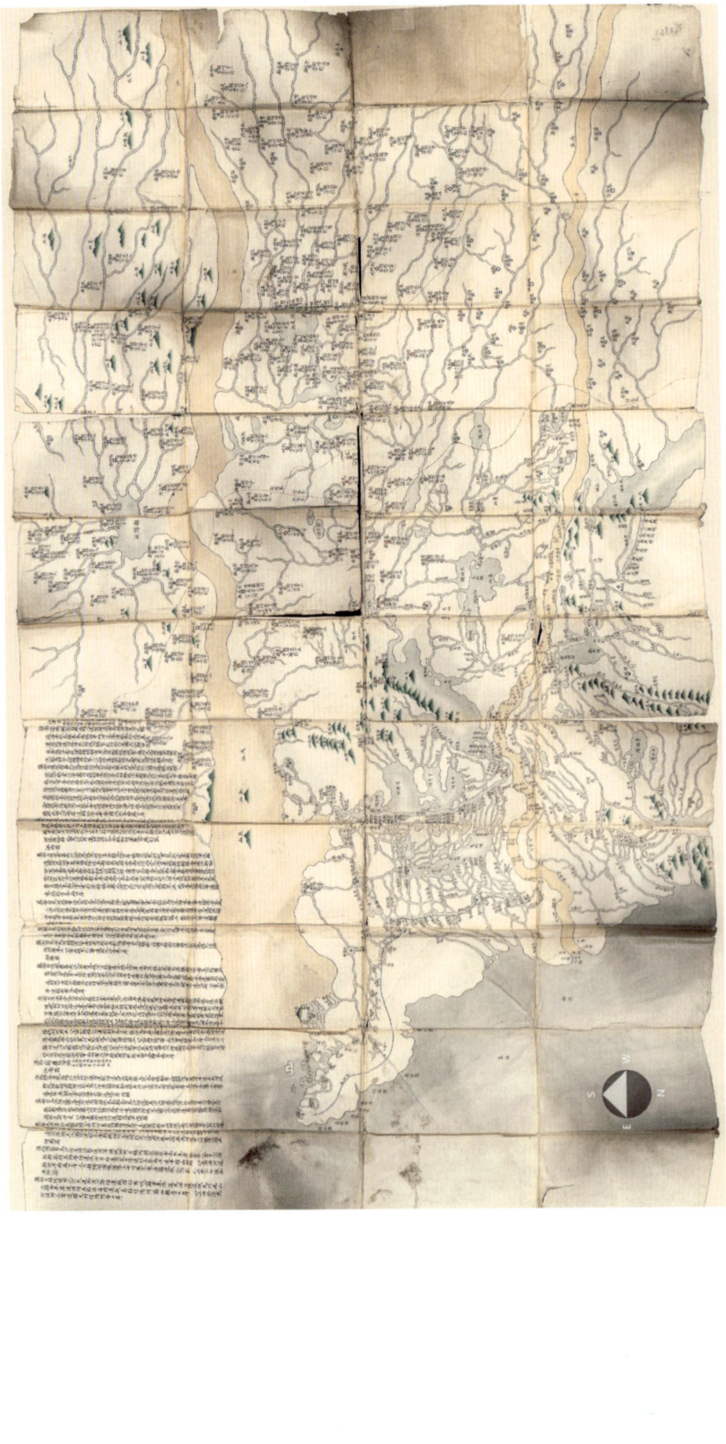

图2-11 清代《四省行盐图》

来源：http://digitalatlas-s.asdc.sinica.edu.tw/index.jsp

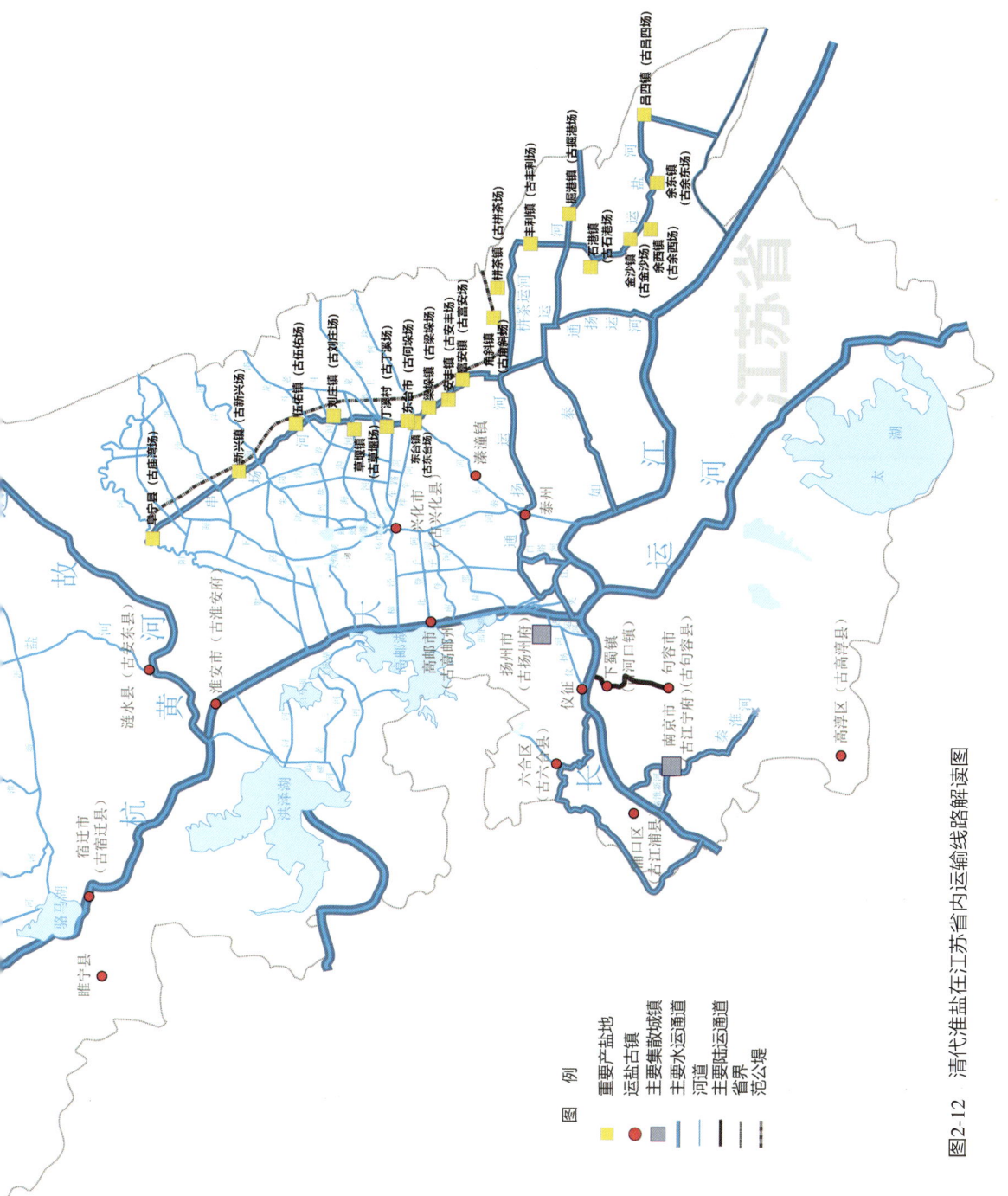

图2-12 清代淮盐在江苏省内运输线路解读图

图2-13
图2-14
图2-15

图2-13 清代仪征天池图
来源：清乾隆《两淮盐法志》

图2-14 清仪所掣盐图
来源：清乾隆《两淮盐法志》

图2-15 清淮安批验所图
来源：清乾隆《两淮盐法志》

1. "两横"

（1）长江线

淮南盐船由仪征放行进入长江后，先在江苏省内行经江宁府各地后再入安徽境内运输，行盐路线分为江南、江北两个部分。

①江南：盐船由仪征出闸后，大致可分为两路。一路进河口镇，陆运到句容县，至观音门进港，经龙江关浮桥抵石城桥盐场分销上元、江宁二县后，再由秦淮河至乌刹桥抵溧水县；一路溯江水而上，经采石到太平府（今当涂县）过芜湖进荻港后一分为二，一进铜陵县，另一进池口后集散，分别运往池州府、大通、青阳县、石埭县、今东至县（原为东流县、建德县）。

②江北：盐船出仪征后亦大致可分为两路。一路由瓜埠镇至浮桥抵六合县后到浦口进港，抵江浦县，再到全椒，自针鱼嘴运销和州、含山二县；一路由长江进江北盐店街后再分两路，分别运往安庆、潜山、太湖、吉水、望江、宿松等地。

安徽段长江亦称皖江，是淮盐运销江西、湖南、湖北的必经之路，也是淮盐在安徽运销的主要线路。图2-16中，皖岸销售淮盐的主要集散城镇共九处，销量均在万引以上。其中，和州、芜湖县、池州府、安庆府以及望江县五处均位于皖江边。大量淮盐在此行销，商人聚集，加之皖江靠近古徽州，因而其在淮盐运输线路中有着不可忽视的重要地位。

（2）淮河线

淮北盐由清江闸出口，过洪泽湖进临淮口后分为两路：一路由五河县进支流抵虹县、灵璧县；一路上淮河，经凤阳、定远、寿州、霍邱县等地。

淮河发源于河南，经乌龙集、三河尖入安徽境内。在清代，淮河流域航道时有变迁，且常年淤堵，尤其是河南境内的淮河，航道长期不通。至皖北段时，因汇集了潢河、史河、颍河、淠河、涡河等支流，水量大增，方可通船，但仍未如今天我们所见到的淮河河道一般稳定清晰。

2. "四纵"

（1）青弋江线

淮南盐经水运汇集芜湖后分为两路：一路进橹港（今芜湖市弋江区鲁港镇）抵繁昌县；一路进湾沚后再次一分为二，一部分进黄池抵宁国府，由府小东门陆运抵宁国县，另一部分由青弋江抵南陵县，到泾县后陆运抵旌德县、太平县。

青弋江古称"清水""泠水"或"泾溪""泾水",是安徽省境内,也是长江下游最大的一条支流。青弋江及其支流构成了密集的水运网,为皖江南岸的淮盐水路运输创造了良好的条件。淮盐由芜湖县入青弋江至旌德县途中,徽商多停留于湾沚、黄池二镇集散,故当地有"盐艘鳞集,商贩辐辏"的说法。青弋江不仅是淮盐运销皖南各地的运输线路,更是清代徽商外出经营淮盐的线路。徽商沿着青弋江,经皖南山区、沿江平原至芜湖,再由芜湖前往扬州、淮安等地。

（2）涡河线

淮北盐由怀远到蒙城,再由蒙城到亳州。涡河是淮河第二大支流,发源于河南,安徽境内的河段长达1500多米。涡河历史上曾为重要的水道,曹操大军南下时由涡河入淮,金入侵南宋时亦由此河入淮。由此可见古代涡河的通航能力之强、地位之重要。不仅如此,涡河亦是淮盐运销的重要河道之一。淮盐由淮河进涡河口后,运销至亳州各地,而亳州的特产可顺涡河南下,入淮河后销往商贸极为繁盛的淮安、扬州等地。故而亳州在清代一度成为商人聚集地,至今亳州市内仍保留有大量商人修建的会馆、庙宇等精美建筑,如亳州的山陕会馆,俗称花戏楼（图2-17）。

（3）颍河线

颍河水系是淮河流域最大的支流,也是黄河夺淮入海的主泛道之一,是淮河流域历史上航运、农业灌溉的重要水源。颍河受古黄河的影响较大,在通航良好时,它是江淮地区与河南主要的水运交通要道,连接明清四大名镇之一的河南朱仙镇。但因河沙淤积,航道时常不通,淮北盐船不得至。到了清末,由于航道淤塞,加之清政府财力严重衰退,颍河的通航能力逐渐丧失,朱仙镇也随之没落。

（4）淠河线

淮北盐船沿淮河行至正阳关,大致分为水、陆两条线:第一条入淠河到六安州抵霍山县,由霍山县分两路南下,一路西进,陆运翻越大别山至英山县,一路东经老关岭、北山关抵舒城、桐城;第二条由陆路运至庐州府。

淠河发源于安徽与湖北交界处的大别山脉,经霍山、六安到正阳关入淮河,是淮河南岸最大的支流。清代很长一段时间内,霍山以下至正阳关河段皆可行船,运销霍山、英山、舒城等地的淮盐盐商汇集于霍山

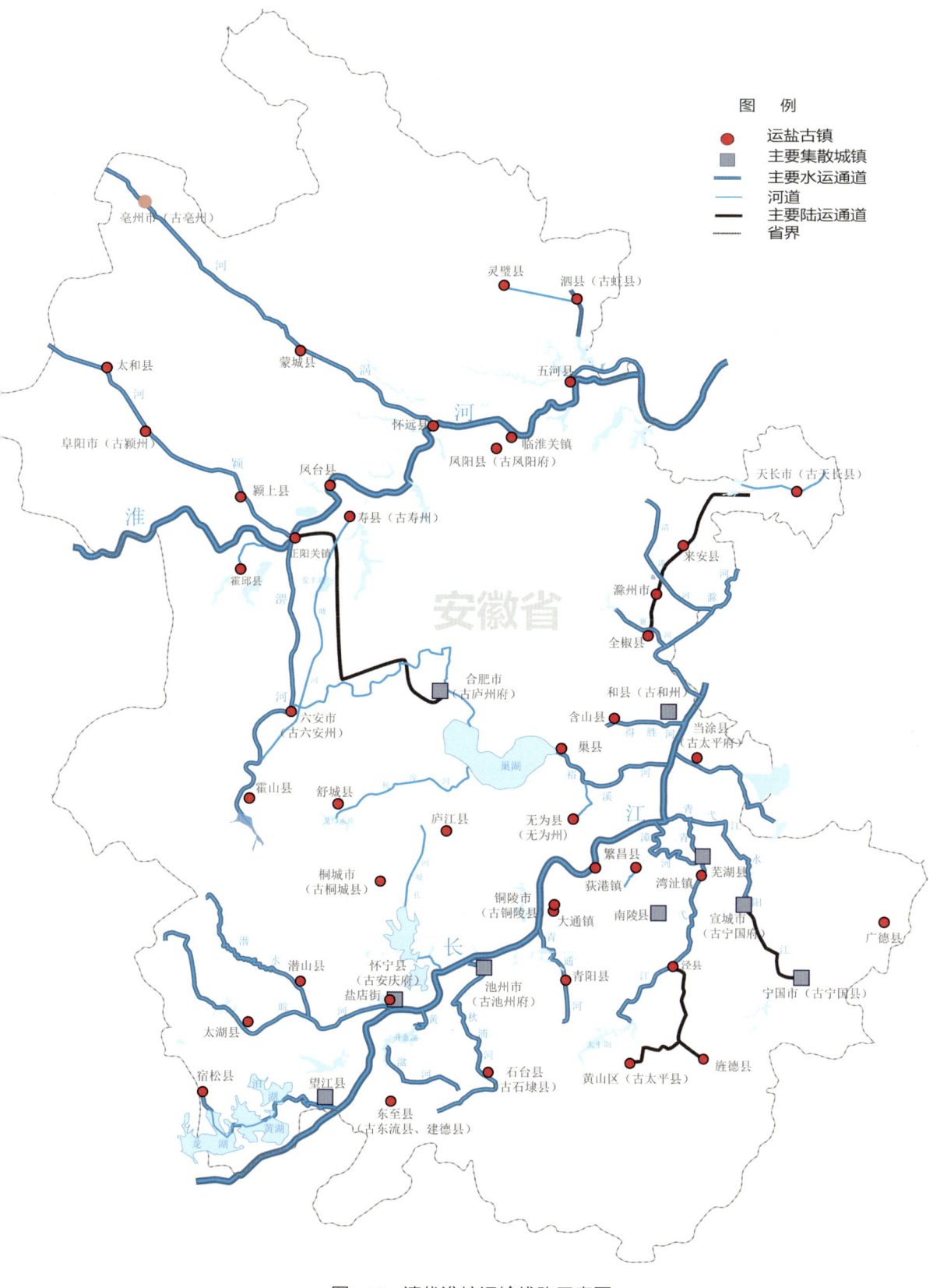

图2-16 清代淮皖运输线路示意图

县，带动了商业的发展。但至清末，河道淤塞，盐船不得至，商贸活动不能正常进行，霍山县经济也逐渐衰退，商人逐渐转移。

（二）淮赣古盐道

江西被大山三面环绕，呈现东、西、南三面地势高，中间丘陵，北面低的地貌。省内因多丘陵地势，陆地交通并不发达，因而主要依托水运交通。特殊的地理条件使得整个江西河运网络以鄱阳湖为中心，赣江、抚河、信江、饶河、修水五条河道呈发散状分布。盐船由长江进入鄱阳湖后，停靠蓼洲头（今南昌）分销江西南昌、瑞州、袁州、临江、吉安、抚州、南康、九江、饶州、建昌等地。淮盐在江西的运输线路主要可以分为西南、东南、北路三条线路（图2-18）。

（1）西南线

此运输线路主要覆盖了江西赣江及其四大支流的范围。盐船出蓼洲头后，一部分盐商向西，沿赣江支流锦江将淮盐运销到高安县、新昌县和万载县；一部分南下到丰城、樟树后分为两路，一路向西进入袁水到新余、宜春等地，另一路继续南下到新干、峡江、吉水县。自吉水县起，由于多条支流共同汇入，故淮盐在此亦分为东、西、南三个方向运输，其范围包括了乐安、安福、永新、永宁、泰和、万安等地，直至赣州府西南边界。由图2-18可知，清代江西赣州府并不在淮盐销售范围内。

赣江是长江主要支流之一，源出赣闽边界武夷山西麓，自南向北纵贯全省。赣江是江西省主要河运交通要道，也是淮盐在江西省内运输的主要通道。笔者在调研时曾听当地人提起"得赣江者得江西"的说法，指的就是两广盐与淮盐争夺销区时，哪一方控制了赣江，哪一方就能获得江西省内实际的盐业销售权，由此可见赣江的运输能力之强、遍布范围之广。此亦足可证明赣江是江西淮盐得以行销的命脉所在。目前，赣江及其支流沿线保留有较大规模的古村落，其中以吉安处为最。漫步古镇巷道，其展现的历史沧桑似乎在向参观者述说着聚落、建筑发展的时间序列。

（2）东南线

盐船由蓼洲头北上一段后分为两路，一路向东南方向南下，顺抚河，至临川县（今抚州临川区），过浒湾到建昌府后，继续南下至南丰县、广昌县；一路东经鄱阳湖上饶州石头街，沿昌江抵浮梁县、景德、桃树镇。

抚河是江西省内仅次于赣江的重要河流，它发源于武夷山脉西麓县驿镇，以南城为界分为两部分，南城以北称为抚河，以南则为盱江。在江西，抚河是淮盐运输的第二大河流，盐船沿抚河南下，运销江西的东南地区。目前，抚河流域仍保留有大量与淮盐相关的文献记载和历史遗迹，如浒湾古镇即为清代淮盐在抚河上的重

图2-17　亳州的山陕会馆

要中转站之一。古镇目前仍沿抚河保留有码头、盐仓等遗迹，且古镇整体格局和内部建筑都保存得相当完整，是淮盐文化在抚河流域的活化石（图2-19、图2-20）。

（3）北路线

盐船由蓼洲头北上吴城镇，入鄱阳湖后，至都昌，接九江。

此条线路主要依托鄱阳湖进行运输。鄱阳湖是淮盐由产区江苏运往江西所依托的重要湖泊之一，鄱阳湖将长江与江西省内的赣江、抚河、信江等五条河流相连，使得彼此之间的运输相通，将江西省内的河道网络与整个淮盐产销区的水运网络相连，形成整体，方便盐船快速到达。位于鄱阳湖、修水与赣江交汇口的吴城镇自古便是商业重镇，拥有千年的历史。古时镇中会馆林立，尤其是坐落于豆豉街中段的徽州会馆，每逢朱熹生日或端午之时，都会举行大型活动。但如今，徽州会馆已被拆除，原本建筑的砖石等材料被当地居民挪作他用，豆豉街中只剩下零星几栋历史建筑，向人们展示着此地曾经的繁荣（图2-21、图2-22）。

图2-18 清代淮赣运输线路示意图

图2-19 江西浒湾古镇鸟瞰图

图2-20 江西浒湾古镇街道图

图2-21 吴城镇豆豉街安徽会馆旧址

图2-22 吴城镇豆豉街街景

（三）淮湘古盐道

湖南与江西接壤，整体地势十分接近，皆为三面环山、中间多丘陵、北部面湖的格局。省内主要河流均发源于东、西、南三面的大山，流经中间的丘陵地带汇入洞庭湖，并整体呈发散状。在湖南，淮盐运销网络主要由澧水、沅江、资水、湘江共同组成，其中又以沅江、资水和湘水为主形成三条纵向的运输线路（图2-23）。由于清代湖南、湖北所销售的淮盐均在汉口集散，故湖南省内并无大型集散口岸，所销售的淮盐也是直接由汉口过簰洲进洞庭湖后直接进入各条运输线路的。

图2-23 清代淮湘运输线路示意图

（1）沅江线

沅江是洞庭湖的第二大河流。图2-23中所标沅江主要集散城镇五处，销量均在万引以上，其中就有两处沿沅江分布，剩下的三处均位于洞庭湖畔，由此可见沅江在湖南淮盐运销中所起的作用。不仅如此，清政府还于沅江沿线的洪江古城设置淮盐缉私局和盐仓，可见当时淮盐在沅江沿线运销之频繁、产生的作用之大、影响范围之广。目前这两座建筑仍保存完好（图2-24、图2-25）。

图2-24　洪江古城淮盐缉私局　　　　图2-25　洪江古城淮盐盐仓

沅江自古便是沿线聚落与外界进行贸易往来的主要交通运输线路，亦是自贵州进入长江流域的必经之路，因而沿线古镇云集，会馆林立。不仅如此，因此条古盐道地势险峻、山高水深，那些长途跋涉的失意文人或者落魄官员在驿站的壁廊之间留下了无数感叹。如屈原在《涉江》诗中写道："乘舲船余上沅兮，齐吴榜以击汰。船容与而不进兮，淹回水而疑滞。朝发枉渚兮，夕宿辰阳。苟余心之端直兮，虽僻远之何伤。入溆浦余儃佪兮，迷不知吾之所如。深林杳以冥冥兮，乃猿狖之所居。山峻高以蔽日兮，下幽晦以多雨。霰雪纷其无垠兮，云霏霏而承宇。""沅"是沅水，"枉渚"是常德，"辰阳"是辰溪县辰阳镇，"溆浦"即现在的溆浦县，而由"深林杳以冥冥兮""山峻高以蔽日""下幽晦以多雨"之句，亦可知当时屈原沿着这条路线被流放时沿途山高林密、雾瘴阴霾的艰难险境。明代翰林院修撰杨升庵于嘉靖三年（1524）被谪云南，夜宿当时属辰州府的马底驿时，曾写下了"戴月冲寒行路难，霜华洞尽绿云鬟。五更鼓角催行急，一枕乡思梦未残"的诗句。如今，许多旧日充满艰难险阻的淮湘古盐道仍深藏在湘西的山高林深处，静守着湘西往事。

（2）资水线

盐船由洞庭过益阳，经安化、新化二县到宝庆府。资水主要运销湖南中部地区的安化、新化、宝庆和武冈等地的淮盐。资水河道弯道较多，整个流域呈狭长带状，且河运十分凶险，故而淮盐在此运输线路中并未向其他方向延伸，只运销资水沿线各府州县。

（3）湘江线

盐船由洞庭湖进长沙，过衡山县，入衡州府、永州府进行销售。湘江是湖南洞庭湖水系中最大的河流，支流较多，如涟水、浏阳河等。清代，湘江及其支流河运通畅，淮盐在湘江流域的运销是湖南省内三条运输线路中数量最多、覆盖范围最广的，不仅到达湘江沿岸，也可到达湘江各支流地区。

（四）淮鄂古盐道

湖北省位于我国第二级阶梯向第三级阶梯过渡区域，省内包含了山地、丘陵、平原等多种类型地貌，整体地势略呈由西北向东南倾斜的趋势。湖北西、北、东三面被武陵山、巫山、大巴山、武当山、桐柏山、大别山、幕阜山等山环绕，中部为江汉平原，南部与洞庭湖平原连成一片，地势平坦，土壤肥沃。湖北省内湖泊众多，号称"千湖之省"，而且省内河道也非常多。除长江外，境内还有蕲水、浠水、巴水、举水、府河、沮水、汉水等支流，其中以汉水运输最为方便。这些支流与长江一起构成了淮盐在湖北的运销网络，主要可以分为东、南、西、北四路（图2-26），这四条运输线路均由汉口开始。

（1）东路线

东路由长江东下浒黄洲（今湖北省鄂州西北，又称白浒镇）直向阳逻镇，由鹅公颈入举水进歧亭至宋埠，抵麻城县；过鹅公颈沿长江东下，由李坪达黄州，入武昌（鄂城）进樊口；再由巴河镇、兰溪镇分别入巴河与浠水，接连罗田县；继续沿长江东下，过蕲州、叫家镇分销广济县武穴镇、龙坪镇，前达黄梅县清江嘴；往东南由富池口入富水过兴国州，一通大冶县，一入杨辛河到达通山县。

东路为淮盐在鄂东南地区的销售路线。图2-26中，东路沿线主要集散城镇有六处，销售均在万引以上。此地区长江支流众多，河运发达，加之明清时期大量江西、安徽居民移至此地，使得人口稠密，商业贸易繁盛，进而对食盐的需求量也日益增大。

（2）西路线

盐船由西路过沙洋、旧口直抵安陆府进行集散销售。

西路线据记载应为淮盐销往鄂西北襄阳、郧阳二府的线路，盐船进汉水，过江汉平原，入丰乐河进鄂西北。但由前文分析可知，鄂西北在清代并未有淮盐由水运到达，故此线路实则仅仅运销江汉平原各地。

（3）南路线

南路沿长江南行，过金口、簰洲后分两路：一路上嘉鱼县，进陆溪口，经东埠、新店东向抵蒲圻，至崇阳县、通城县止；一路往西南过茅埠镇，泊新堤，进荆州河口，挽舟逆流而上，直达荆南、石首、公安、松滋等县。

南路主要的运输路线依托于长江。湖北境内的长江以宜昌为分界点，分为上下两段：宜昌以西，落差较大，水流湍急，河运交通时断时续；宜昌以东，地势相对平坦，落差较小，水运通畅。淮盐在湖北的运销主要依托于宜昌以东段的长江水运。在古时，运输的便利与距离的长短直接影响着食盐的价格和利润，故而盐业的发展在很大程度上取决于交通的可通达性和便利性。淮盐产区与湖北相距甚远，但因占据长江水运之利，便可快速到达湖北淮盐销岸。而宜昌西段的长江水运交通并不便利，加之川盐顺江而下要比淮盐溯江而上来得容易得多，故而淮盐在湖北的销售范围至宜昌便不再西进。

（4）北路线

北路由五通口进滠口至黄陂县，又从汉口经汉川进云口，上刘家隔，至赤岸分别去应城县、孝感县，再由孝感县往东北入永兴店直达安陆县，再分途前往应山、随州。

淮盐鄂东北路线主要依托汉水、府河与滠水河运。汉水是长江最大的支流，在历史上占据重要地位，常与长江、淮河、黄河并列，合称"江淮河汉"。它由陕西白河县将军河进入湖北省郧西县，在湖北省境内由西北趋东南，至武汉汇入长江。汉江径流量大、水力资源丰富、航运条件好，是我国南北向河运交通重要运输线路之一。在鄂东北，汉水与府河、滠水一起组成运输网络，利于淮盐的运销。

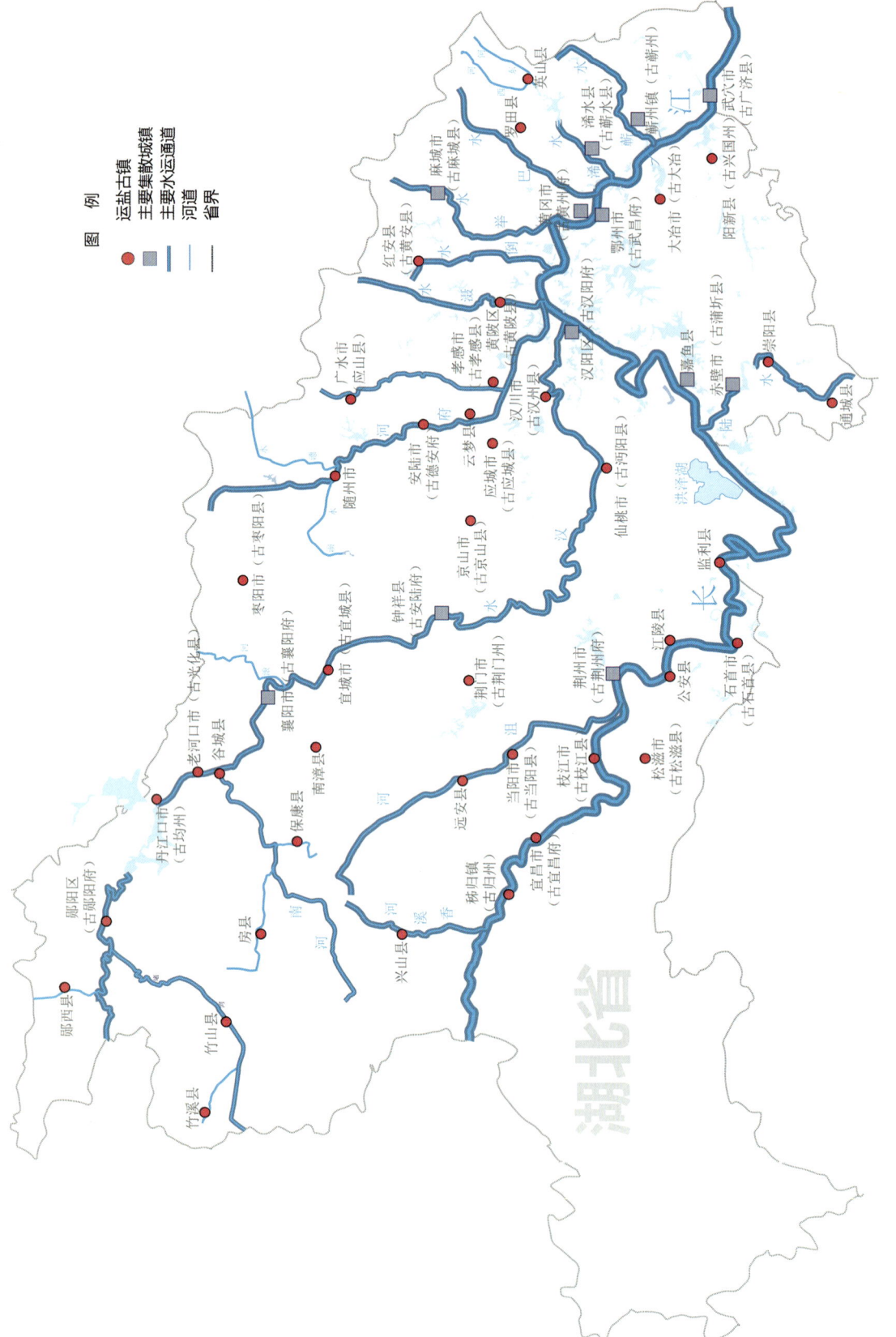

图2-26　清代淮鄂运输线路示意图

(五)淮豫古盐道

清代,河南是淮北盐、池盐、长芦盐和山东鲁盐的并销地。其中,淮北盐主要销往汝宁府和光州各地。淮盐由洪泽湖过安徽后分两路:一路上洪河,经新蔡县至杨埠陆运抵汝宁府至周家口陆运经上蔡、西平、遂平、确山四县;一路沿淮河继续西进运销固始、商城、光州、光山、罗山和信阳等地(图2-27)。

河南淮盐的销售主要依托于淮河,但河南省内的淮河因水流量小,河沙淤积,常年水运不通,因而淮盐在河南省境内的运输主要依托陆运。这也使河南的淮盐运输增加了不少成本。自顺治年间起,淮北盐业的管理官员就陆续上书,请求朝廷实行两引并一引、四引并一引等政策,以此来缓解淮北盐商的运输成本压力。此由《四省行盐图》中淮北行盐所标盐引即可看出。这在清乾隆《两淮盐法志》《两淮鹾务考略》等文献中也有明确的记载。

图2-27　清代淮豫运输线路示意图

第二节　两浙古盐道

两浙盐历史悠久，最早起源于先秦时期的钱塘江两岸，随着海岸线的变迁、海水盐度的变化和产业结构的调整，两浙盐业不断发展，总体呈现由西向东、由大陆沿海向海岛集中的趋势。春秋越国时，浙盐已有一定规模，并设立盐官，有文献记载其产地为朱余（今绍兴市北12千米的朱储村）。秦汉时置海盐县，隶属会稽郡，因地处沿海，斥卤为盐。至魏晋南北朝，浙盐经济已非常繁荣，如《太平寰宇记》中引《吴郡记》所述："海滨广斥，盐田相望，即海盐与盐官之地同也。"[1]唐代，随着榷盐制的实施，政府对食盐生产愈加重视，特别是唐朝中晚期，经历过安史之乱以后，北方人口大量南迁，国家经济重心南移，东南沿海地区的海盐正式登上中国历史的舞台，两浙盐产地也因此剧增，生产规模扩大，产量提升。到了南宋时，两浙海盐生产进入了快速发展时期，关于盐场数量的记载也更加翔实。主要盐场位于嘉兴、杭州、宁波、舟山、温州、台州、绍兴等地，且呈西多东少的格局。元代设两浙都转盐运使司（1277），管理两浙的海盐生产，此时的生产区域格局基本沿袭宋代。后由于钱塘江水系流向改变和杭州湾海岸淤涨冲刷，浙西的芦沥、鲍郎、黄湾、盐官、许村、仁和等场以及浙东的西兴、三江、曹娥等场逐渐衰退。自此，浙东盐场数量高于浙西，两浙盐产区完成了从浙西向浙东的转移，且一直延续至明清时期。

一、两浙盐的生产

由前文分析可知，明清时期两浙盐区基本稳定，北接松江，东至舟山群岛，南至苍南沿浦，盐场沿全省海岸线连绵展开。明嘉靖年间（1522—1566）有盐场三十五处，其中隶都转运盐使司二处：许村、仁和；隶宁绍分司十五处：西兴、钱清、三江、曹娥、龙头、石堰、鸣鹤、清泉、长山、穿山、玉泉、大嵩、芦花、岱山、昌国正场；隶嘉兴分司五处：西路、鲍郎、芦沥、海沙、横浦；隶松江分司五处：下砂、

---

[1] ［宋］乐史著、王文楚等点校：《太平寰宇记》，中华书局，2007。

青村、袁浦、浦东、天赐；隶温台分司八处：永嘉、双穗、长林、黄岩、杜渎、长亭、天富南、天富北。后经合并，至明末共有三十二场。

各盐场因地理位置、生产条件、浙盐政策等原因，规模各不同。与淮南盐相同，两浙盐的生产以"煎盐"为主，其生产亦是以"团"为单位。各盐场中少则三四团，多则达三十九团，每个团内还置有数量不等的煎灶，少则四五座，多则有六十九座。每座煎灶备有一副灶盘（铁盘或篾盘）和铁锅。灶丁或卤丁被强制编制于团灶的组织形式下，以煎灶为中心，以一家一户为生产单位，在总催和甲首的直接监督下，轮流使用铁盘或铁锅进行食盐的生产活动。

二、两浙盐的生产方式对浦东成陆的影响

浦东是由长江挟带的泥沙受海水顶托逐渐沉积而形成的陆地，故最初天然河道不多。为"煮海熬波"制盐，盐民们在当时生产力水平非常低下的情况下付出了极其艰辛的劳作，经过几代甚至十几代人的努力，开挖出无数东西向引潮沟槽，由于与盐灶相通，久而久之，这些沟槽就被人们称为灶港。原来引潮的沟槽起初不宽，小木船能行走就可以了，随着陆地不断东移，盐灶也不断向东迁移，灶港需不断挖深、延长，才能达到引潮进灶的目的。后来，经过数百年的持续疏浚，不断拓宽，灶港逐渐变成有利于航运的河港。它们从一团排到九团，分别称为：南一灶港、二灶港、三灶港、四灶港、五灶港、六灶港，东连运盐河，经宣桥、新场入奉贤境通黄浦江；南七灶港，北一灶、二灶、三灶、四灶、五灶、六灶、七灶港，东连运盐河，西进咸塘港，分由沈庄塘港和周浦塘港西入黄浦江；北八灶港，东连运盐河，西经盐船港，再进咸塘港北上，由白莲泾出黄浦江；南场界港、小五灶港、虹桥港、瞿家港、沈沙港、小三灶港、小四灶港，东连运盐河，西经横沔港北上入长浜进白莲泾；顾家浜、张家浜、界浜，东连运盐河，西至海塘浜通黄浦江。另有王家港、东路港、瞿家港、卢九沟、孙家沟、杨家沟、赵家沟等河流都与运盐河相连接。同时，为了把生产出来的盐运出去，供消费之用，还开挖了规模比较大的通江达海的运盐航道，如吴越王征发民工开挖西自黄浦江、东至下砂①的盐铁塘和南通奉贤县界、北抵白莲泾，南北向纵贯

---

① 古时多写作"下砂"，今为"下沙"。

周浦镇区的咸塘港。其他还有如闸港、周浦塘、运盐河等。由于盐业生产的发展，盐民开挖大小河道200多条，形成浦东特有的人工水系，大致奠定了浦东"江南水乡"的水网格局。

有了运盐河，一船船海盐得以源源不断地运往各地。紧靠运盐河的各码头吸引了大量劳动力迁入，他们定居繁衍后代，使人口迅速增加，就此建立起浦东无数集镇。"一团"俗称头团（即今大团镇），运盐河穿镇北上，将镇区分为上塘街和下塘街，上塘街沿河的吊脚楼都骑河修建，一推窗就可看到运盐河中船来船往的繁忙景象。依托水运之便，此地历来为盐、棉、粮之集散地，经济发达，曾有"金大团"的美誉，南一灶港、二灶港和石皮沥港在此交汇。

时至今日，一些河道在农田灌溉、航运方面仍发挥着重要作用。有的河港虽然由于长期淤塞而废弃不用，但名称仍得以保留。宋朝时，周浦地区建立浦东盐仓后，数量众多的海盐在这里集散，商业逐渐发展，形成集市，为后来周浦发展成为"浦东第一大镇"奠定基础。航头一带在五代后梁开平年间兴建盐场，元代随着盐业生产的发展而成为海盐的集散地。《分建南汇县志》载："航头明时有盐仓，名斜角仓。候商、牙行多聚此，东西街长里许，以盐业运输为主，兼运其他货物。"新场一带，8—10世纪成陆后，始有零星盐场，盐民聚集，开始出现村落。11世纪时，盐场变为盐业监管之地，村落变成市集。12世纪，由于海岸线迅速向东和东南方向推进，盐场也随之不断扩展，两浙盐运司署迁至新场。许多富商巨贾纷至沓来，定居于此，市面渐趋繁荣，市集遂成为镇。据《光绪南汇县志》载："当时其鼎盛之时，盐产量之丰，灶户数之众，曾冠于浙西诸场。"

浦东的一些村落和集镇的兴起大都与煮盐、贮盐、运盐有着密切的关系，可以说一业兴而百业旺。随着盐业生产地域自西向东的迁移，一大批村落和新市镇形成、崛起，这些东西向的引潮河道与南北向的运盐河道共同组成了下砂盐场的水系格局。从现代上海市浦东地区地图可看到：下砂盐场旧时所在地的众多河流是东西向的，其前身都是古时下砂等地盐场东西向的引潮河道。而且在这些"引潮河道"周围发现仍有"下沙镇、盐仓镇、六团镇、六灶镇、三灶镇、大团镇"等以下砂盐场的"团""灶"这些生产单位命名的历史地名（如图2-28）。笔者将这些与盐有关的村落分别做了如下整理。

图2-28 上海浦东与制盐有关的历史地名

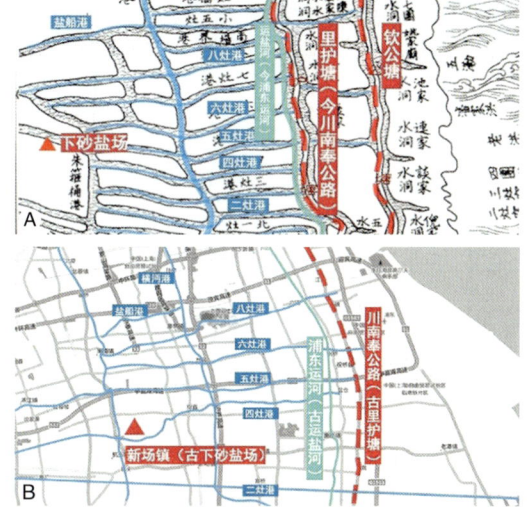

图2-29 两浙盐区上海浦东下砂盐场古今对比图
（A. 雍正南汇县水利图；B. 现代上海浦东新区卫星地图）

由此可见，这些因盐而开挖的河港成了市镇聚落产生和发展的重要动力，市镇聚落沿着盐场内东西流向的引潮河流、南北向的运盐河流以及南北向捍海塘的肌理分布。由图2-29雍正南汇县水利图和现代上海浦东新区地图比较可看出，在下砂盐场遗址所在地，南北向的运盐河对应如今的浦东运河，里护塘对应如今的川南奉公路，浦东新区众多的东西向河流共同造就了现在浦东南部各集镇城市的基本格局。

三、两浙盐的运销

清代两浙盐与淮盐一样，主要采用专商引岸制行盐。两浙盐经多年发展，至清代为鼎盛期，但同时清代也是浙盐由盛而衰的转折时期。清初两浙盐商大致可分为引商、运商、场商，原明代的边商、内商因向运司交纳课银而转变为运商。

浙盐行盐四省（图2-30），分别为浙江、安徽、江西、江苏，或以浙东为主，或以浙西为主。两浙盐产区域东面临海，北靠扬子江，西抵歙县，南达瓯闽之交，整体为三面临淮、一面接闽。在浙盐销售区域内，其运销主要以盐仓批验所为核心展开。据《两浙盐法志》记载，两浙盐销区内主要有杭州盐仓批验所、绍兴盐仓批验所、温台盐仓批验所、松江盐仓批验所及嘉兴盐仓批验所。批验所设置有大使与副史，主司批验所盐仓进出正盐之管理。运盐由场到所，再由所到县，凡商盐运输出场赴掣都有固定线路，不可以舍远走近。商盐经过掣验后再运销各地，亦不可超越规定时限。

图2-30　清代两浙盐销区范围示意图

四、两浙古盐道的主要线路分布

浙盐行盐地以省计有浙江、安徽、江西、江苏四省，以郡计有十七个，包括隶属浙江的杭州、嘉兴、湖州、宁波、绍兴、台州、金华、衢州、严州、温州、处州共十一个，隶属江苏的苏州、松江、常州、镇江共四个，以及安徽省的徽州和江西省的广信（图2-31）。

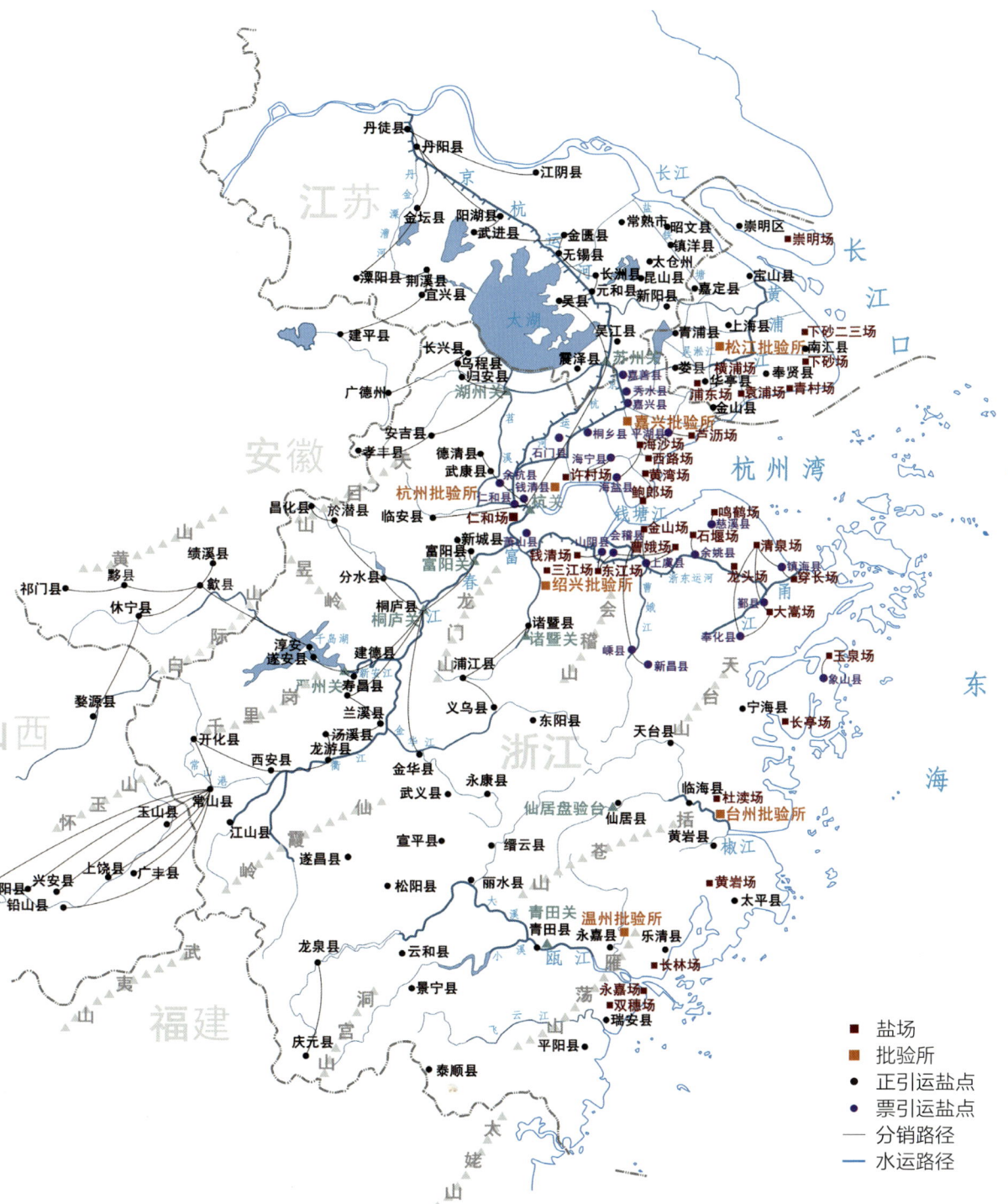

图2-31 两浙古盐道线路示意图

两浙行盐校验批验分四所，即杭州所、绍兴所、温台所、嘉兴所，由场运盐到所，再转运往卖各地，其运输路线和路程各有明确的规定，不得绕道走，亦不得违限迟延，此为定例。其中，温台所水路为浅溪小港，陆路为重冈复岭，距省较远，难限运期；绍兴所由海运过三塘九坝；杭州所分东西两路，运往浙东路过江坝，运往浙西路过官河等坝，解包起驳，不能直接到达销岸，因而它的运道不甚远，但例限较他处特宽，此为变例。

1. 东路

东路运盐区包括宁波府的鄞州、慈裕、奉化、象山、镇海、定海，绍兴府的山阴、会稽、上虞、萧山、诸暨、余姚、新昌、嵊州，台州府的临海、黄岩、太平、仙居，温州府的永嘉、乐清、瑞安、平阳、泰顺，处州府的丽水、青田、松阳、遂昌、庆元、景宁、绥云、云和、龙泉、宣平。盐船由艮山水门入，泊太平桥候掣，掣完后停泊德胜、猪圈二坝，候程开运。运往浙东的盐船，过猪圈坝进武林水门，由中河出凤山水门，至东干闸口过江坝。

2. 西路

西路运盐区包括嘉兴府的秀水、嘉善、平湖、桐乡、石门、海盐（秀水、嘉善、桐乡三地兼销正引），湖州府的安吉、乌程、归安、长兴、德清、武康、孝丰，松江府的福泉、青浦、华亭、娄府、金山、奉贤、上海，常州府的武进、阳湖、宜兴、荆溪、江阴、无锡、金匮、靖江，镇江府的丹徒、丹阳、溧阳、金坛。浙西盐俱掣销杭、嘉二所。盐船由艮山水门入，泊太平桥候掣，掣完后停泊德胜、猪圈二坝，候程开运。运往浙西的盐船，过德胜坝，由官河出北新关，行销各州县地方。

3. 东西路兼行

杭州府的海宁、富阳、昌化、仁和、钱塘、新城、余杭、临安、於潜属于浙西地兼行浙东西引盐，仁和、钱塘、海宁、余杭行销票引，其余俱行正引。金华府的东阳、兰裕、武义、永康、义乌、浦江、汤溪属浙东地兼行浙东西引盐。衢州府的西安、龙游、常山、江山、开化属浙东地兼行浙东西引盐。严州府的建德、桐庐、淳安、遂安、寿昌、分水兼行浙东西引盐。广信府的上饶、玉山、弋阳、广丰、贵溪、兴安、铅山俱分销常山县引盐。

五、两浙盐业运输分区与文化分区的关联性

浙江省整体地势为西南高、东北低，其中西南与福建接壤，属武夷山脉，中部为山地向平原过渡的丘陵，东北部则是低平的冲积平原，故而根据地势，浙江省大致可以分为浙北平原、浙西丘陵、浙东丘陵、中部金衢盆地、浙南山地、东南沿海及海滨岛屿等六个区域。省内因地形、山脉阻隔，以各个江河溪流为纽带，形成了不同的文化分区（图2-32）。

图2-32　两浙盐销区内的文化分区

（一）浙北大运河文化

浙江为大运河的南端，京杭大运河从杭州出发，流经余杭、德清、桐乡、嘉兴等运盐点后向北进入江苏，而嘉善、平湖、海盐、海宁、湖州等浙北诸县市均为古时的运盐点，大运河作为浙北运盐的水路交通，有着不可估量的作用。

（二）浙西祠堂文化

浙西多山，民风淳朴，尤其是浙西衢州在历史上是个"重教兴文"之地。在衢州，自南宋迁都杭州以后，便兴建了孔氏家庙，从此衢州成为南方新的儒学圣地，"南孔儒学"甚至被广泛运用于商业经营。商帮的出现是我国经济发展的重要标志，历史上中国十大商帮之一的龙游商帮的活动区域就在如今的衢州一带，包括龙游、常山、西安、开化、江山五县的衢商集团，简称龙游帮。此商帮形成于南宋，至明代中叶达于极盛，商帮主营盐业、珠宝业、书业和纸张业。衢州一度成为历史上的富庶之地，商贾云集，许多官商不惜斥巨资，竭其所能在故里大兴土木，以显示显赫门庭，光宗耀祖，于是一系列藻饰豪华、气势恢宏的祠堂、宅邸等建筑在浙西落成。

（三）浙东围垦文化

浙东建筑文化的形成与浙东独特的自然环境有关，浙东建筑以7000年前河姆渡人建造的干栏式建筑为雏形，不断发展变化，宋元明各朝典型的代表性建筑皆有遗存，特别是以保国寺大殿为代表的宋代建筑达到了浙东建筑文化的高峰。到近代，又有中西合璧的江北外滩建筑的出现。

（四）浙南耕读文化

浙南耕读文化发展不均，主要集中在永嘉的楠溪江和瑞安的飞云江流域，这也是两浙古盐道南部运销区域的一部分。

（五）浙中八婺文化

金华府领金华、兰溪、东阳、义乌、永康、武义、浦江、汤溪八个县，故有"八婺"之称。八婺大地历史悠久，人文底蕴深厚，由此形成了内涵丰富、个性突出的八婺文化。古时盐商通过马达江、东阳江、义乌江、永康江、白溪、南溪将盐运销周边县市，因此形成了风格独特的古建筑文化。其中较具代表性的有以武义俞源村为代表的集木雕、砖雕、石雕于一体、有粉墙黛瓦马头墙的建筑风格，以浦江郑义门古建筑群和东阳卢宅为代表的家族宅院结构，以兰溪诸葛村和武义郭洞村为代表的聚落建筑布局，以八咏楼为代表的亭楼建筑，以太平天国侍王府为代表的府衙建筑，以武义熟溪桥为代表的桥梁建筑等。

第三节　中国东部古盐道上的遗珍

中国东部的两淮和两浙盐业历尽沧桑，积淀了一段辉煌的历史，也创造了一种流芳百世的文化。有着千年凝重与卓越气质的中国东部盐业文化，伴随着盐业的运销，浸染了食盐到达的每一寸土地。盐业文化在表现出种类繁多的盐俗事象的同时，也透过社会内容和人文意境表现出浓厚的地域色彩，在中国东部古盐道上留下了无数珍宝。

一、淮盐古道上的古镇村落

古人云："因利所以聚人，因人所以成邑。"淮盐古道沿线的聚落形成亦是如此。笔者在调研过程中发现，如今散落于两淮盐销区内的聚落，在清代多沿繁华的淮盐线路分布，只是随着时代的变迁、交通运输方式的改变和盐业经济的衰退，原来的淮盐商贸路线消失，沿线聚落也随之没落，逐渐被人们遗忘。直至近年，因旅游业的开发以及乡土文化、建筑研究的兴起，被藏于"深闺"多年的古镇、古村逐渐走入人们的视野，为人们所知晓和了解。

（一）淮盐古道上古镇村落的分类

淮盐产、运、销的过程构成了淮盐的运输线路，散落于淮盐运输线路上的城镇、聚落与淮盐构成了以下两种关系。

1. 因产盐而"生"

产盐古镇主要分布于江苏东部沿海，原为清代两淮盐场，后随着生产规模扩大、人员聚集和海岸线东迁，原来只有简单的生产功能的地区逐渐转化为集生产、贸易和运输为一体的城镇。功能转化后的盐场中不只有灶丁和盐场管理者，大批盐商及相关产业人员也逐渐汇集于此。他们的到来使得盐场逐渐繁荣，规模不断扩大，功能也相应增强，最终成为当地的经济中心。如东台的安丰古镇自古卤水质量上乘，所产之盐形散、色白、味咸，自明代起便是淮南众多盐场中盐产量最高、质量最好且生产最为稳定的盐场之一。古镇西侧为串场河，可直通长江；东侧是海河，为场镇与盐仓之间主要的水运航道（图2-33）。走在安丰七里长的青石板路上，低头看着脚下，不免会产生几分好奇：安丰本是海边荒芜之地，到处都是盐碱滩涂，且周边并无山脉，这么多青石板从何而来呢？原来，盐商将淮盐运出卸船后，就用青石板装船压仓，便于过桥，久而久之，就形成了这样一条七里石板长街（图2-34）。

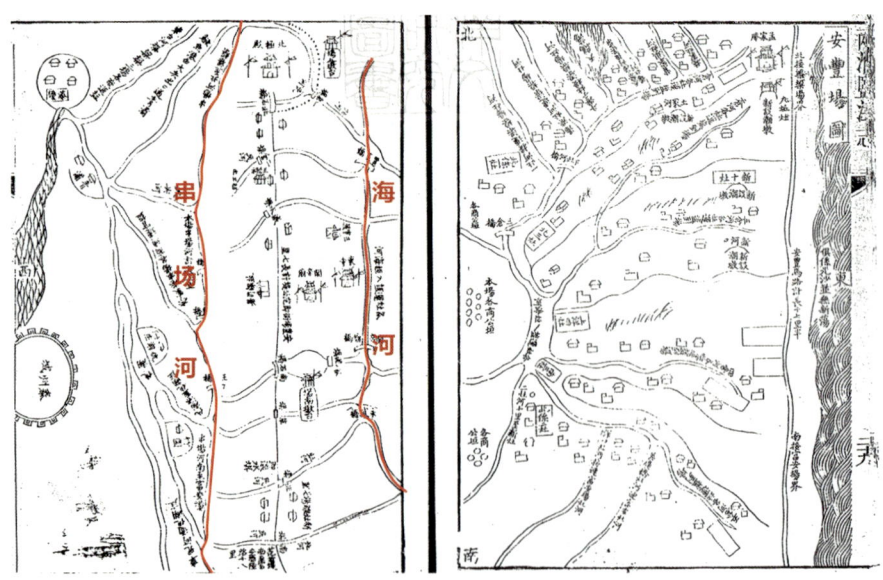

图2-33　清代安丰盐场图
来源：基于清乾隆《两淮盐法志》自绘

长街两侧原有九坝十三巷七十二庙千家店铺，抬盐巷便是这"十三巷"中的一条。它位于安丰盐课司后，巷道东面正对盐包储藏场所，西面直达盐码头，常年运盐量大。巷内还有几家店铺，人流频繁，目前此巷为东台仅存的抬盐巷。走在古巷中，似乎仍能感受到当时的繁华胜景，两侧因盐业贸易而建的商铺忙碌如故。

此外还有如东的栟茶镇。唐代以前，栟茶只是荒凉无人居住之地，唐代以后，淮盐开始生产，人口逐渐聚集，到清代，生产规模达于鼎盛，来自安徽、镇江、苏州等地的商人汇集于此经营淮盐，古镇也就此形成。栟茶古镇四面环水，中间被南北向的运盐河一分为二，原有南街、北街、东街三条主要街巷，但目前只有北街保存较为完好。由于海盐的生产在很大程度上取决于天气，为祈求上天保佑，与其他盐场一样，栟茶在场镇中建有大量庙宇，如法慧庵、准提庵、东岳庙、关帝庙等，但目前大多已毁，只有关帝庙仍保存于古镇东部（图2-35、图2-36）。清代栟茶场的卤水质量属中等，此处海浪甚高，虽然清政府为防止海患已修建多道堤防（图2-37），但仍经常遭遇水患，至今当地还流传着一首民谣："九尺黄岸，三尺蒿，蒿子头上浪浪涛涛。"笔者在调研过程中还了解到，在栟茶有一种牛叫"海子牛"，当地人称"吨牛"，盐场灶丁用此牛可将两吨重的盐快速运到盐仓储存。

图2-34　安丰古镇青石板路

图2-35　栟茶北街鸟瞰图

图2-36　栟茶镇关帝庙

2. 因运盐而"盛"

因运盐而盛的古镇聚落主要位于淮盐运输沿线，其兴衰与盐业运输和盐业贸易带来的商业活动有着密切联系。聚落的形成和发展是多种因素驱动的结果，且聚落的发展不是封闭的，而是依赖于与外部环境的物质交换，依赖于与其他聚落产生的联系，如盐运交通是聚落空间扩展得以顺利实现的依凭，盐业经济是聚落发展壮大的经济基础。沿线因运盐而盛的大部分古镇聚落在淮盐经济发展壮大以前，因农贸商品交换等原因已经慢慢发展形成，只是停留于较低水平，后由于运输线路的贯通、外来盐业资本的介入，这些古镇聚落无论是空间格局还是经济均得到快速发展壮大，盐业经济遂逐渐成为沿线地区的经济命脉。此时，原本相对闭塞的聚落开始对外开放、同外界交往，如仪征的十二圩。十二圩是清代淮南盐批验所所在地，清同治十二年（1873），淮盐总栈设在了十二圩，此后数十年，十二圩一直作为盐运的中转站，并由此兴旺起来。分销湖南、湖北、江西、安徽民众食盐的十二圩，商贾云集，上海、安徽、湖南、湖北等地的盐商纷至沓来，其中徽商最多。一时间，这座江边小镇常住人口高达15万，直接参与盐务的劳工就有5万，苏、皖、鄂、湘、赣各省人士聚居，十八帮会馆共存，水上帆樯林立，岸边房屋栉比，商业日益繁盛（图2-38、图2-39）。但"成也萧何，败也萧何"，随着盐业的衰落，大批商人四处散去，随盐发展起来的商业和其他行业也随之没落。如今的十二圩人烟稀少，许多有历史价值的建筑都已落锁或转作他用，毫无生气（图2-40、图2-41）。

再如江汉平原上的程集镇，古镇位于清代淮盐运输要道——程家集河之畔，属古江陵府（图2-42）。自唐代起，淮盐就溯江而上运往江陵府销售，正如杜甫诗中所云："蜀麻久不来，吴盐拥荆门。"诗中所说的吴盐即当时产于吴地的淮盐，可见当时的江陵府便是淮盐在湖北的经济中心之一。到了清代，湖北被明确

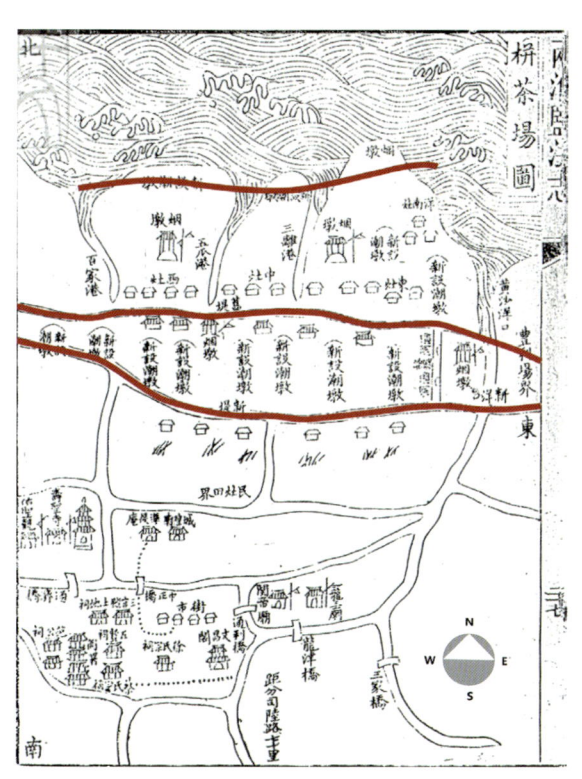

图2-37　清代栟茶盐场图
来源：基于清乾隆《两淮盐法志》自绘

图2-38 十二圩批验所放盐后民众扫盐场景
来源：《扬子晚报》

图2-39 十二圩盐船停靠图
来源：《扬子晚报》

图2-40 十二圩湖南会馆入口

图2-41 十二圩老街现状

划为淮盐销区，程集更是成为江汉平原上淮盐西进的一个重要的集散中心。据《监利县志》记载，盐船需过程家集河后，再过茅埠镇往西运输至荆南、石首、公安、松滋四地。盐商的到来和停留为古镇发展带来了机遇。只是后来随着程家集河废弃，淮盐盐船不得至，古镇经济也随之衰退。笔者调研时发现，至今当地及周边仍有许多街巷保留了与淮盐相关的名称。程集老街现位于程家集河的南岸，分为老街段和三岔街段，以青石板铺砌，老街区历史风貌保存得较为完整。主街为"鲫鱼背"形的青石板路，长五百多米，呈中间平、两边斜坡状（图2-43）。走在老街上，看着两侧的商铺，似乎仍能看见古镇昔日的繁华（图2-44）。

淮盐盐销区内众多古镇村落（见表2-1）的兴衰，和安丰、十二圩一样，都与盐业生产、运输和贸易有着千丝万缕的联系，淮盐在其兴衰过程中扮演着重要的角色。

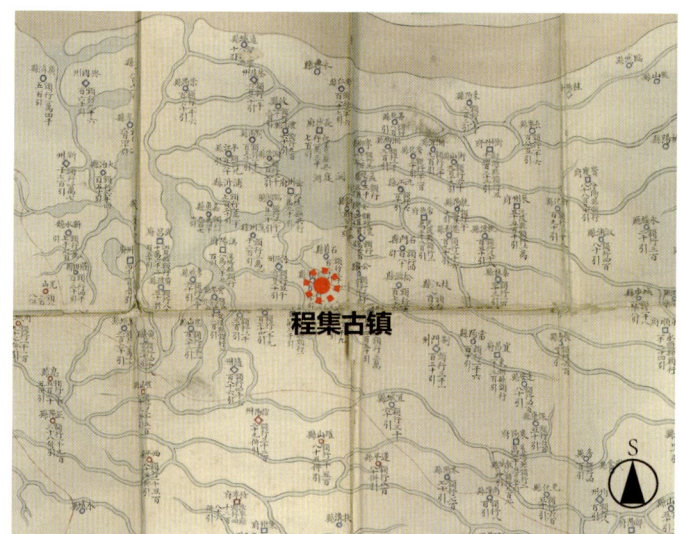

图2-42　《四省行盐图》中程集镇区位图
来源：以《四省行盐图》为基础自绘

图2-43　程集古镇老街青石板路

图2-44　程集古镇老街街景

表2-1 淮盐古道沿线城镇聚落一览表

省	所属市/县	聚落名称	聚落照片	聚落特征描述
			淮南古盐道	
江苏	东台	安丰镇☆		安丰古镇位于江苏省东台市境内，是典型的因产盐而生的古镇，早在唐开元年间就已建镇，明代时古镇是闻名天下的"淮南中十场"盐场之一。清代，安丰镇区建成了南北向七里古街，是至今产盐古镇格局保存最为完整的古镇
		富安镇☆		富安镇与安丰镇紧邻，古镇四面环水，是典型的因产盐而生的古镇。目前古镇老街格局保存较为完整，多处盐商老宅被保留，如崔氏、卢氏住宅等。建筑中精美的砖雕、木雕和石雕无不向人们展示着古镇昔日的辉煌

续表

省	所属市/县	聚落名称	聚落照片	聚落特征描述
江苏	如东	栟茶镇☆		栟茶镇位于江苏省如东县，古属通州分司，亦是淮南盐场之一。古镇整体格局得以保存，尤以北街风貌、青石板路保存最为完整。古镇与清代时格局基本一致，被运盐河一分为二。在运盐河东侧，目前仍保存有清代盐场的"关帝庙"。笔者在调研时了解到当地仍保留有大量与淮盐有关的传说、民谣和风俗等
	通州	余西镇☆		余西古镇位于江苏省东部，古为余西场。古镇四面环水，宛如一座小岛，内部采用"工"字形街道布局。余西是目前江苏因产盐而生的古镇中四面环水格局保存最为完整的
	海门	余东镇☆		海门市余东镇，古称余庆，又名凤城，与余西紧邻，亦是因产盐而生的古镇。目前古镇老街仍在，街巷中的青石板路依稀可见当时盐业之繁华。清末民初，由于海岸线东移，盐业经济衰退，许多余东人撤灶务农，故而形成了今日古镇之景

续表

省	所属市/县	聚落名称	聚落照片	聚落特征描述
江苏	泰州	溱潼镇		溱潼镇为泰州、盐城、南通三市交会点，是江苏省重点镇，旧有"犬吠三县闻"之说。清代，淮南盐自盐场运出后，于溱潼镇停歇后运往扬州
	扬州	邵伯镇		邵伯镇地处江苏省扬州市江都区人民政府驻地仙女镇北部。邵伯镇因运河而生，水上运输异常繁忙，因而各码头不仅多，而且各具功能。盐是其运输的主要商品之一
	扬州	瓜洲镇		瓜洲镇位于江苏省扬州市最南端，处于古运河入江口处，原为淮盐入江处，淮南盐务总栈所在地。但因地势较低，常年受水患之困，给淮南盐掣验带来了诸多不便
	扬州	扬州古城		扬州位于长江与京杭大运河的交汇口，自古便是盐商的大本营。清代因两淮盐务各衙署设于扬州，盐商们便纷纷搬迁至此，兴建私宅，建设会馆、庙宇等建筑，大大促进了扬州城市的发展。目前，扬州古城北起东关街、南至古运河边的范围内遍布盐商遗迹

续表

省	所属市/县	聚落名称	聚落照片	聚落特征描述
安徽				
	宣城	水东镇		宣城市水东镇是淮盐在安徽青弋江运输沿线中重要的中转节点，是淮盐由宁国府运往宁国县的必经之地，亦是徽商外出和归乡的停歇之所
	铜陵	大通镇		大通镇是淮盐出仪征运输皖江流域的重要节点城镇。笔者在对《淮盐四省行盐图》线路进行解析时发现，大通是皖江流域明确规定停靠的口岸之一，且清代时它与安庆、芜湖、蚌埠齐名，为安徽四大商埠之一。且清代，大通还专门设有专征江西、两湖及安徽中路盐税的盐务督销局，由此可见大通古镇在淮盐运输线路中的重要地位
	湾沚	西河镇		湾沚西河镇是淮盐运输皖江南岸青弋江沿线重要的中转站之一，自古便有"盐艘鳞集，商贩辐辏，一郡之盐悉驻湾沚、黄池二镇，六邑赖之"的说法。不仅如此，湾沚也是徽州盐商由古徽州前往扬州等地时沿途停歇之处

续表

省	所属市/县	聚落名称	聚落照片	聚落特征描述
江西			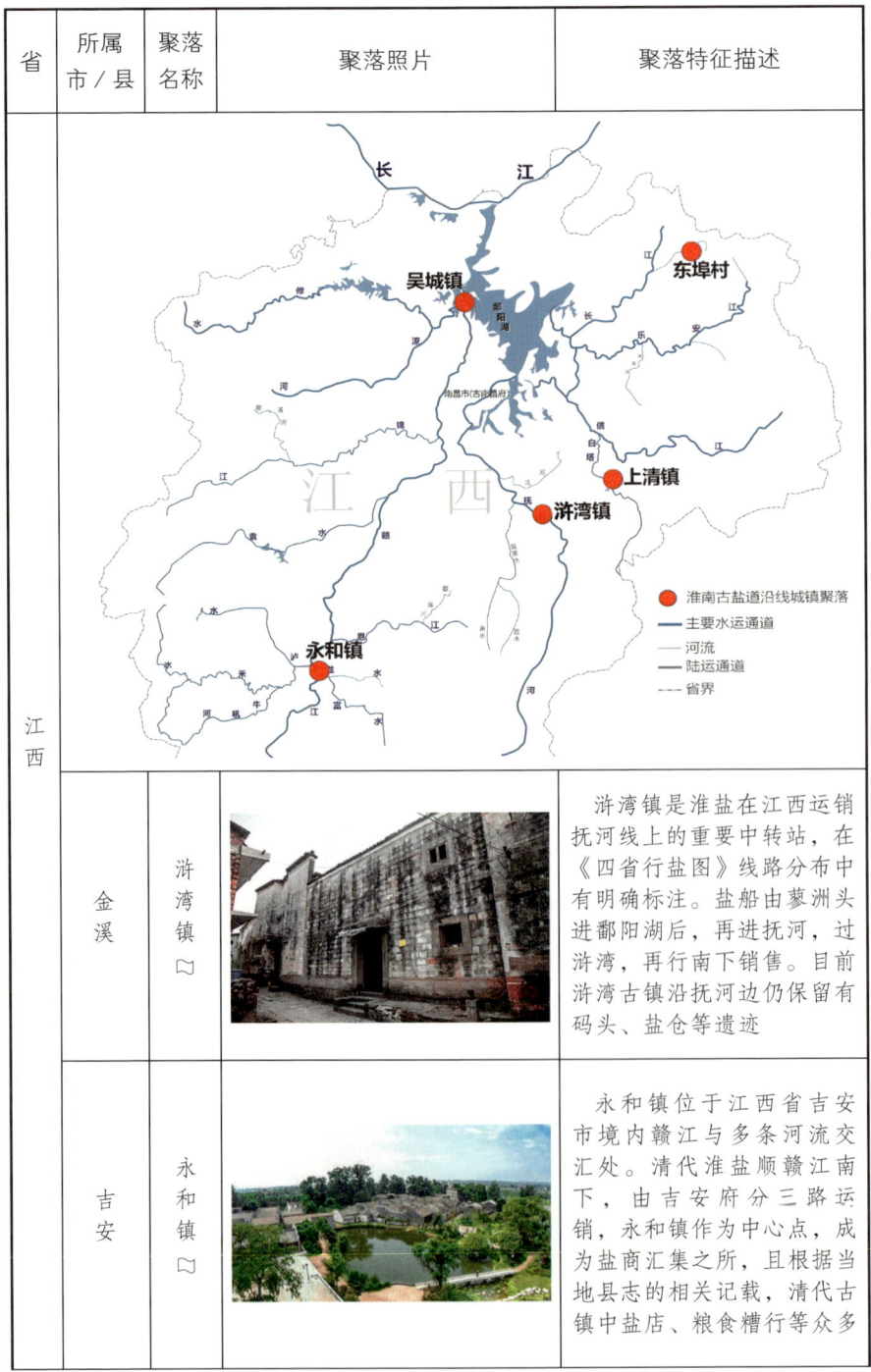	
	金溪	浒湾镇		浒湾镇是淮盐在江西运销抚河线上的重要中转站，在《四省行盐图》线路分布中有明确标注。盐船由蓼洲头进鄱阳湖后，再进抚河，过浒湾，再行南下销售。目前浒湾古镇沿抚河边仍保留有码头、盐仓等遗迹
	吉安	永和镇		永和镇位于江西省吉安市境内赣江与多条河流交汇处。清代淮盐顺赣江南下，由吉安府分三路运销，永和镇作为中心点，成为盐商汇集之所，且根据当地县志的相关记载，清代古镇中盐店、粮食糟行等众多

续表

省	所属市/县	聚落名称	聚落照片	聚落特征描述
江西	鹰潭	上清镇		上清镇位于江西省鹰潭市上清河之畔，是清代淮盐由信江运销资溪县的中转港口
	修县	吴城镇		吴城镇位于鄱阳湖之畔，自古便商贾云集，是江西四大名镇之一。淮盐在江西省内进行北路运输时，吴城镇是最为重要的集散地。清代吴城镇曾经会馆林立，但笔者调研时发现，整个古镇中的历史建筑破坏十分严重，仅江西会馆保存相对完整，其余的皆不见昔日风采
	浮梁	东埠村		东埠村属浮梁县。清代淮盐由浮梁县集散，由东河运往东埠村。古村窑柴、高岭土等制瓷用品兴盛，淮盐是当地人民生活的必需品，故而商人将高岭土、瑶里釉石和窑柴运往景德镇后，再将淮盐带回进行转售

续表

省	所属市/县	聚落名称	聚落照片	聚落特征描述
湖北				
	武汉	汉口镇		汉口镇位于长江、汉水交汇处,兼具长江、汉水之利。汉口自明朝万历年间起就成为淮盐在湖广地区的集散中心,湖广各地淮盐价格均依据与汉口距离长短而定。乾隆年间,汉口所销盐引数已达淮盐全国盐引的一半,是两淮盐业第一销售口岸
	武汉	金口镇		金口镇位于武汉市江夏区内,古称涂口,因金水河(古称涂川、涂水)入长江之口得名。清代金口由于地理位置十分便于船只停靠,故而成为淮盐出汉口向南运输线路中第一个集散地、中转港口。古时金口镇码头、港口众多,商人云集

续表

省	所属市/县	聚落名称	聚落照片	聚落特征描述
湖北	荆门	石牌镇		石牌镇位于湖北省荆门市东端，紧靠汉水河畔。 古镇是淮盐在湖北西路线上的重要节点。西路线原为淮盐运销鄂西北地区的运盐线路，但由前文分析可知，鄂西北并未销售淮盐，西路实为淮盐在江汉平原的销售路线，石牌镇便是此运输线路上的重要节点
	大悟	九房沟		大悟的九房沟镇位于湖北东北，自古便是淮盐的销售范围。由于特殊的地理位置，大悟水运既可通过长江支流水运进入长江，又因靠近淮河而可快速进入淮河流域。集长江、淮河之利于一体的大悟便成了淮盐商人理想的聚居地。目前大悟九房沟保留有大规模的清代盐商颜氏古住宅群
	监利	周老嘴镇		周老嘴镇位于湖北荆州监利县北部。 古时淮盐到达古镇后需分三路运往不同方向，因而周老嘴实为淮盐在江汉平原段销售集散地之一。且第二次国内革命战争时期古镇成为湘鄂西地区的经济中心，把苏区粮棉运出，再换回食盐、药材和军火等商品

续表

省	所属市/县	聚落名称	聚落照片	聚落特征描述
湖北	监利	程集镇		程集镇位于湖北省荆州市监利县西陲，江陵、监利、石首三地交界之处。现存有程集老街和三岔街，街区与程家集河平行，沿河而建，自西北向东南伸展。古镇凭借着紧邻长江支流的地理优势，成为当时淮盐在江汉平原运销的节点
	黄石	龙港镇		龙港位于阳新县西南，以龙港河得名。清末民初，龙港为重要商品集散地，淮盐亦在此行销。抗战时期，古镇沦陷之前，大量商人涌入此地，在此避难经商，为龙港古镇的发展带来了机遇。但不久龙港便沦陷了，且沦陷后淮盐由日军控制，成为一种特殊的商品
	咸宁	白霓镇		白霓镇位于湖北咸宁市，南接江西，西通湖南，素有"生意兴隆昌四海，财源茂盛达三江"之美誉。古时白霓镇原为小型农贸集市，后因大市河堵塞，淮盐盐船在此停留，并于此将淮盐换小包转运下游各地，这使得古镇由原本的小型农贸集市一跃成为周边商品的集散中心

续表

省	所属市/县	聚落名称	聚落照片	聚落特征描述
湖南	长沙	靖港镇		靖港镇位于湖南省长沙市望城区。古镇是淮盐在湖南湘水运输线路中的主要经销口岸。靖港古镇现保存"八街四巷七码头"格局，"宏泰坊""育婴堂"等晚清砖木结构建筑保存完好
	洪江	洪江古城		洪江古城隶属湖南省洪江市，古城是淮盐在湖南沅江销售线路中最为重要的节点，是清代淮盐重要的中转站，故清代曾在此设淮盐缉私局和盐仓。盐仓紧邻缉私局，是用来储存收缴来的私盐的。除缉私局与盐仓外，洪江古城中还有新安会馆，为清代徽商在此经营淮盐之用

续表

省	所属市/县	聚落名称	聚落照片	聚落特征描述
湖南	绥宁	寨市镇		寨市镇位于绥宁西南部，是淮盐由沅江进入巫水销往绥宁的中转站。清代古镇十分繁华，会馆林立，庙宇众多，亦保存有全县最大的书院
	洞口	高沙镇		高沙镇位于湖南淮盐运输资水线路的支流上，此地自汉代起就已建镇，是湘西南的交通枢纽和最重要的农副产品集散地之一。清代淮盐顺资水向南，由此集散于周边地区
	泸溪	浦市镇		浦市镇紧邻沅江，是淮盐在沅江运输时的中转站。浦市镇是湖南境内现存规模最大的古驿道，亦是与湖南境内苗族进行文化交流、物质交换的地方，故清代淮盐盐船便在此停留，再被运销到湘西苗族地区

续表

省	所属市/县	聚落名称	聚落照片	聚落特征描述
\multicolumn{5}{c}{淮北古盐道}			

省	所属市/县	聚落名称	聚落照片	聚落特征描述
江苏	连云港	青口镇☆		青口镇位于青口河的入海口处，与临兴盐场隔河相望，是典型的因盐而兴的市镇。 嘉靖年间，临兴场的"盐课司"曾设在青口街。因淮北盐主要为水运，故盐商曾先后于青口镇出资建造两座天后宫，以祈求平安。区区一镇同时建有两座规模宏大的天后宫，充分反映了当时青口镇盐业、商业之发达
		板浦镇☆		板浦镇位于连云港市云台山脚下，古镇曾设有盐课司，镇旁有运盐河通往淮安府城。 在淮北三盐场中，板浦盐业居淮北之冠。三场之盐全部通过运盐河运至板浦关后，再运往淮安。运盐盛时，板浦盐关每天出船达80余艘。板浦镇凭借板浦盐场，成为商贾云集之地。镇内原有盐课司、龙王宫、玄帝庙等建筑

续表

省	所属市/县	聚落名称	聚落照片	聚落特征描述
江苏	连云港	南城镇☆		南城镇位于连云港市云台山西南隅，因为地处凤凰山与凤凰东山之间，故名"凤凰城"。 古镇始建于六朝时期，明清时期因盐商来到此处经商而获得发展。鼎旺时期，老街店铺林立。现当地仍流传有俗语"穿海州，吃板浦，南城是个古财主"。城内现存南门、普照寺、玉皇宫、城隍庙、侯府等建筑。南门是苏北地区目前唯一保存完整的城门
江苏	连云港	海州古城☆		海州古城位于连云港市新海城区的西南部，南靠锦屏山，素有"东海名郡""淮口巨镇"之称。 海州城是连云港的起点。最早海州城南边是山，北边是海，故古时只有东、西两座城门。城南即板浦盐场与板浦镇。乾隆年间，两淮盐运司淮安分司移驻海州，称为海州分司，但淮北批验所仍旧设在河下古镇
江苏	淮安	河下古镇☼		河下古镇位于淮安府城西北处，古镇西侧即为里运河，是淮北盐转运的一级分销点。 明清时期，淮北批验所设于河下，徽商、晋商等纷纷聚居河下。古镇因盐商的到来面貌大为改观。道光年间，因淮盐积课甚多，陶澍将淮北盐"纲盐法"改为"票盐法"，淮北批验所移至西坝，河下古镇渐渐衰落

续表

省	所属市/县	聚落名称	聚落照片	聚落特征描述
江苏	淮安	淮安古城		淮安古城处于古黄、淮、运河交汇处，漕运总督、河道总督、淮北盐运分司等都驻节于此，故淮安是当时全国漕运指挥中心、淮北盐集散中心、黄淮运河治理中心等，与扬州、苏州、杭州并称为运河线上的"四大都市"
江苏	新沂	窑湾古镇		窑湾古镇位于江苏省徐州市新沂市西南边缘、京杭大运河及骆马湖交汇处。古镇距东海产盐地百余里，海州大批食盐外输西行运至窑湾储存，再经运河向南北城市输出。镇西运河南北横延，镇东骆马湖南汇运河，镇中有中河穿镇而过，其中中河及运河沿岸遍布盐运码头
江苏	宿迁	皂河古镇		古镇北临骆马湖，南接黄河故道，京杭大运河穿境而过，水陆交通十分便利。皂河为古时宿迁西北部经济贸易中心和水陆交通枢纽，大批淮北盐商亦定居于此经营盐业生意。镇上现存大量与盐业经济相关的遗址、遗存，如陈家大院是山东商人来此经营淮北盐业生意所建，皂河龙王庙是乾隆五次下江南宿顿之所

续表

省	所属市/县	聚落名称	聚落照片	聚落特征描述
安徽				
	寿县	寿县古城		古称寿州、寿春，位于安徽省中部、淮河中游南岸。明清时期，寿州属凤阳府，是淮北盐引地。淮北盐出洪泽湖后经盱眙、五河、临淮、怀远抵寿州城运销，寿州城也是淮北盐商休息和中转地。现古城格局保存完好
	六安	毛坦厂镇		毛坦厂镇位于六安市境内。淮北盐船出洪泽湖后，经泗州、五河、临淮、正阳等处，层层设卡收盐税，再通过支流运往盐引地。淠水线上的毛坦厂古镇是淮北盐由霍山县运往舒城、桐城的水陆中转地。在清代，古镇主要以经营淮盐、茶叶为生，大大小小的盐店从街头开到了街尾，并有专门从事盐业的工人

续表

省	所属市/县	聚落名称	聚落照片	聚落特征描述
安徽	合肥	三河古镇		三河古镇位于今安徽省合肥市，是清代巢湖地区淮北盐重要的集散地，淮北盐曾在此设有分销总局。原巢湖地区盐由淮河水运转陆运送达，后由于黄河夺淮影响，淮河流域常有水患，盐运困难。乾隆五十六年（1791）起，转为江运，淮北盐出场后运至瓜洲掣验进江，进入裕溪口运漕镇换船转入巢湖运至三河古镇集散
	亳州	亳州城		亳州地处黄淮平原、安徽西北端，三面与河南接壤。城内有淮河第二大支流涡河穿过。 明清两代，亳州是大商埠，各地侨商来此经营盐业、药业、铁货等。会馆林立，市面繁荣。亳州还被誉为全国四大药材集散地之一。亳州的商业很大程度上是依靠涡河的航运发展起来的。古时城内汇集了安徽、山陕、江西、福建等各省商人
	含山	运漕镇		运漕镇位于安徽省含山市境内，是长江与巢湖之间的重要中转站。 古镇为明清时期安徽江北八大商业重镇之一。古镇自然条件良好，东近长江，西通巢湖。自明代起，运漕镇即为"十二圩盐引岸"，为江北数十万民众食盐集散地。早已垄断"盐引"的徽州盐商们蜂拥而至，古镇由此迎来了第一次繁荣

续表

省	所属市/县	聚落名称	聚落照片	聚落特征描述
安徽	桐城	孔城镇◇		孔城镇古时为长江水运与桐城的水陆中转站。孔城古镇呈半岛形，三面环水，水运发达，依水建埠，依埠建镇，是典型的水乡商埠。古镇以一条商业街为中心，以商贸物流为功能主体。清代，古镇中有专门的淮北盐码头，淮北盐运送至此后转销桐城等地。目前老街整体保存完好，街道两侧店铺林立
河南	光山	白雀园镇◇		白雀园镇位于河南省光山县，早在宋代即有建镇记载。因水陆商运便捷，明清时期这里商铺林立，是清代淮盐沿淮河西进河南后销往淮河南岸的中转站。古镇中目前仍保存着铺有青石板的明清老街

注：☆为产盐聚落；◇为运盐聚落。

（二）淮盐古道上古镇村落的分布特征

淮盐经济与文化是淮盐运输沿线城镇聚落最为重要的发展标识，关系到城镇体系的变迁，其不仅影响了城镇的兴衰，也塑造了独特的聚落分布特征。在淮盐运输线路上，各地因承担的职能、所处的地理位置和周边的交通状况不同等原因，形成了不同类型的聚落。本书将从产盐与运盐两个方面对沿线聚落进行阐释。

1. 产盐古镇的分布特点

产盐古镇在最初形成的时候均是沿着江苏东部海岸线分布的。唐代刘晏的盐政改革将淮盐正式推上了历史的舞台。唐朝修筑了复堆河，到宋代，因两淮盐场常年遭受水患的威胁，盐业生产深受影响，故修筑了范公堤，且为便于运输，还疏浚、延伸了复堆河，并用此河将淮南中部十个盐场串联，故改复堆河为串场河。自此，两淮产盐古镇的分布格局初步形成，即场镇皆位于串场河、运盐河和范公堤之间的平原地带。但由于特殊的洋流作用，加之明代黄河夺淮，由今天淮安北部入海，大量泥沙沉积，江苏东部的海岸线一直处于东移的状态。随着海岸线的不断东移，清代淮盐的生产场地大量增加，生产规模也随之扩大，场镇中出现了细化的功能分区，如生产区、管理区、生活区和仓储区等。经过进一步的发展，以及出于生产条件的需要，生产区逐渐脱离场镇越过范公堤，紧临海岸。而生活区与管理区两者则逐步靠拢，相互结合，形成商业街区。与生产区不同，商业街区需以安全稳定为主，且为便于运输，此功能区虽有东迁，但并未完全越过范公堤。清末，盐业经济衰退，原本靠近海岸的生产区逐渐荒废，人们开始向场镇的商业区靠拢，灶丁也搬迁回到场镇之中。至此，产盐古镇的分布格局趋于稳定。

从以上分析可以看出清代产盐古镇的分布特征为：①产盐聚落分布于串场河、运盐河与范公堤之间的平原地带；②场镇中生产区紧邻海边，与管理区、商业区分离；③场镇核心的商业区、管理区东侧以范公堤为屏障，或位于范公堤以内，或于范公堤穿镇而过，西侧则紧邻主要的盐运河道。

以安丰为例，明代安丰场镇已出现生产区与管理区分离的现象，生产区靠近海边，位于范公堤以东，管理区位于范公堤以西的位置，且此时并未形成商业街区。到了清代乾隆年间，场镇的功能分区细化，管理区以范公堤为中心线，向两侧发展，范公堤上形成七里长的商业街，管理部门依旧位于范公堤以西，此后安丰古镇的格局一直延续至今（图2-45、图2-46）。再如余东场经明清两代，整体格局虽有变迁，但主要商业区仍位于范公堤以内（图2-47、图2-48）。

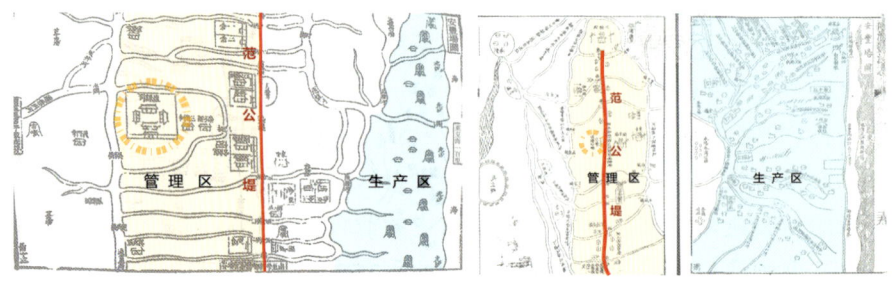

图2-45　明代安丰场图
来源：基于嘉靖《两淮盐法志》自绘

图2-46　清代安丰场图
来源：基于乾隆《两淮盐法志》自绘

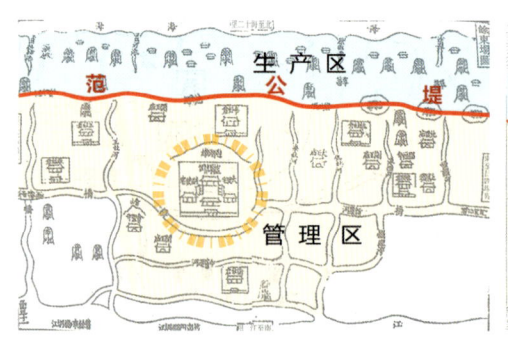

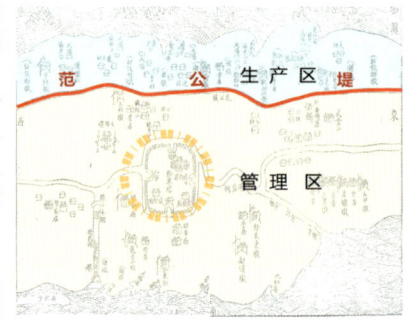

图2-47　明代余东场图
来源：基于嘉靖《两淮盐法志》自绘

图2-48　清代余东场图
来源：基于乾隆《两淮盐法志》自绘

2. 运盐古镇的分布特点

在盐业经济中，除生产外，最重要的便是盐业运销。因盐业运销而产生的运盐古镇与产盐古镇的分布有所不同，它有自己的特点。

（1）分布于河流交汇口

河流交汇口具有较强的辐射能力，连接范围广，是沟通各地区的交通枢纽。再加上河流的冲击，形成若干大大小小的平坡或缓坡。这些地带可建设用地较多，水源充足，不仅为生产生活创造了条件，而且便于集散和储存淮盐，故而河流交汇处的缓坡或平地成为了淮盐集散聚落最理想的选址。如位于汉江与长江交汇处的汉口镇（图2-49）自明代中叶起就是湖广地区淮盐第一集散地。因汉水是南北向的交通要道，而长江则连通东西方向，故古代封建政府规定，湖广行销的所有淮盐均由汉口集散后再行分销。一时间，各大淮盐商人齐聚汉口，使得汉口呈现"十里通津驻盐艘"的盛况。就连乾隆《汉阳府志》中都称："汉口盐务一事，已足甲于天下，十五省中，亦未有可与匹者。"由此可见，便利的交通造就了汉口的繁荣，也对整个湖广地区乃至全国经济产生了重要的影响。再如湖南的洪江古城，古城位于沅水入沅江的交汇口（图2-50），自淮盐行销湖广地区以来便是沅江上淮盐重要的集散地之一，清代古城商贾云集，帆樯林立，会馆遍布（图2-51、2-52），素有"七省通衢""小南京"等美称。不仅如此，清政府曾在古城中设有淮盐缉私局及盐仓。这两个官署一般仅在繁华和重要的集散中心设置，可见洪江在当时湘西经济、文化中的地位。

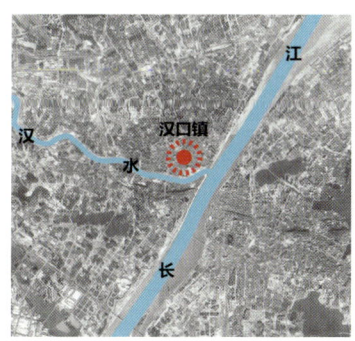
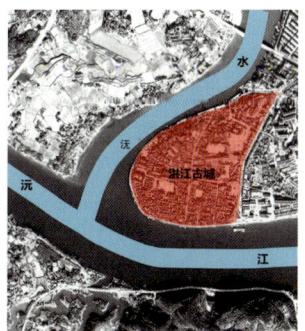

图2-49　汉口镇区位图　　图2-50　洪江古城区位图　　图2-51　洪江新安会馆

图2-52　洪江古城局部鸟瞰图

（2）分布于水运与陆运转换的节点

在淮盐运销线路中，局部地区水路不通，这就需要由水运转陆运送达。因交通运输方式的改变，船需在此停靠，并且装卸需要时间、人力，因而这些转运节点周边原本从事其他生产的居民也逐渐聚集并从事盐业劳动，相关产业也逐渐发展，节点逐渐发展壮大形成城镇。如安徽的毛坦厂镇，明清时期，淮北盐由淠河运抵霍山县后，需运往舒城、桐城二县，但因地处大别山东部，并无发达的水运，故而需在霍山县用陆运将淮盐运输至毛坦厂镇后再转水运运至舒城和桐城两地。所以自明代起，毛坦厂便是淠河流域重要的淮盐水、陆转运重镇。明清时期，毛坦厂以售盐、种植茶叶和养马为经济支柱。在调研时，笔者了解到，古时淮盐由东闸入老街后送往街中盐店，而那时大大小小的盐铺从街头开到街尾，镇中许多居民都是专门从事淮盐运输、销售等工作的。目前老街两侧建筑仍保存较为完好，两侧建筑原多为前店后宅或下店上宅的形式（图2-53、图2-54、图2-55）。

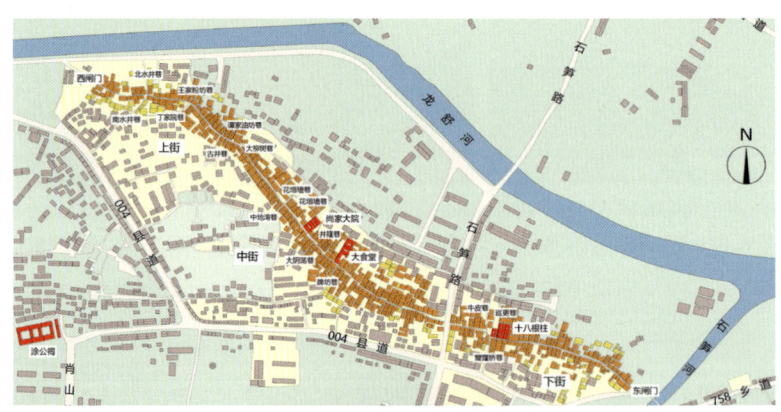

图2-53　毛坦厂镇总图

图2-54　毛坦厂镇中街

图2-55　毛坦厂镇上街

（三）淮盐古道上古镇村落的形态特征

古镇村落的空间形态是各要素在一定的结构关系下组织形成的整体系统。在这一部分，笔者将对淮盐运输线路沿线四面环水的聚落形态特征和以码头为中心的形态特征进行详细的分析。

1. 四面环水的形态特征

因淮盐管理、生产、运输等原因，部分产盐聚落呈现四面环水的空间形态。两淮产盐聚落与其他城镇聚落有所不同，因其由淮盐而生，并因淮盐而兴，故自形成、发展到最终稳定的整个过程均有明显的人工痕迹，如聚落内部的河流多是为便于淮盐生产、运输而人工开凿的。由对两淮盐业生产的分析可知，产盐聚落内部最初以"团"为单位进行建设，且为防止私盐产生，围绕场镇均设有围墙。但由于江苏东部的海岸线不断东移，清代淮盐的生产场地大量增加，生产规模也随之扩大，盐场中功能细化，其总体布局也出现了突破性的改变，原来的"团"的布局方式已不能满足现有的生产需求，故而围墙逐渐被拆除，以河道代替，如此既保留了场镇的封闭格局，也有效预防了私盐的产生，聚落四面环水的布局形态亦最终形成（图2-56）。

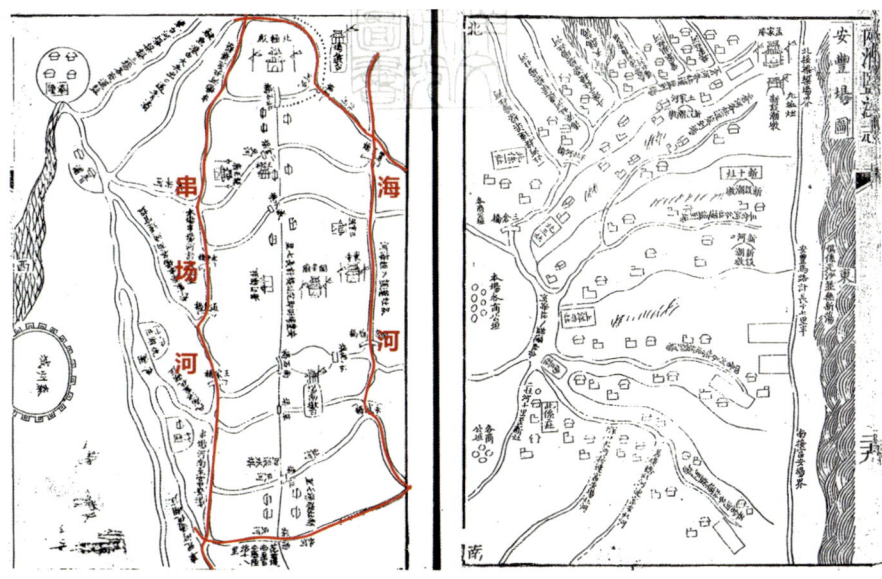

图2-56　清代安丰场镇四面环水的格局
来源：基于乾隆《两淮盐法志》自绘

在产盐聚落中，作为盐业的管理中心，场署、分司公署、盐课司和大使宅是核心区，位于中心位置；盐仓、预备仓通常位于镇的南、北两区。明清时期的场镇已开始向区域中心转化，布局也与城镇布局相似，场镇内部还设有社学、察院、书院、养济院等功能空间。由于淮盐生产多靠自然，为祈求风调雨顺、盐业生产顺利，场镇中的宗教空间十分

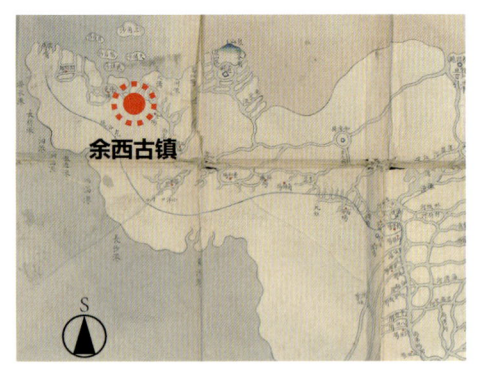

图2-57 《四省行盐图》余西古镇区位图
来源：以《四省行盐图》为基础自绘

突出，每个盐场均建有龙王庙、关帝庙等大量宗教建筑，并且这些宗教建筑空间还伴随着盐业生产空间的扩张而向沿海地区延伸。

以位于南通市通州区的余西古镇为例（图2-57），余西是清代通州全境五盐场的核心，古镇被护城河、运盐河塑造成四面环水的格局（图2-58）。位于古镇南面的运盐河是古时余西盐运的交通要道，海边生产

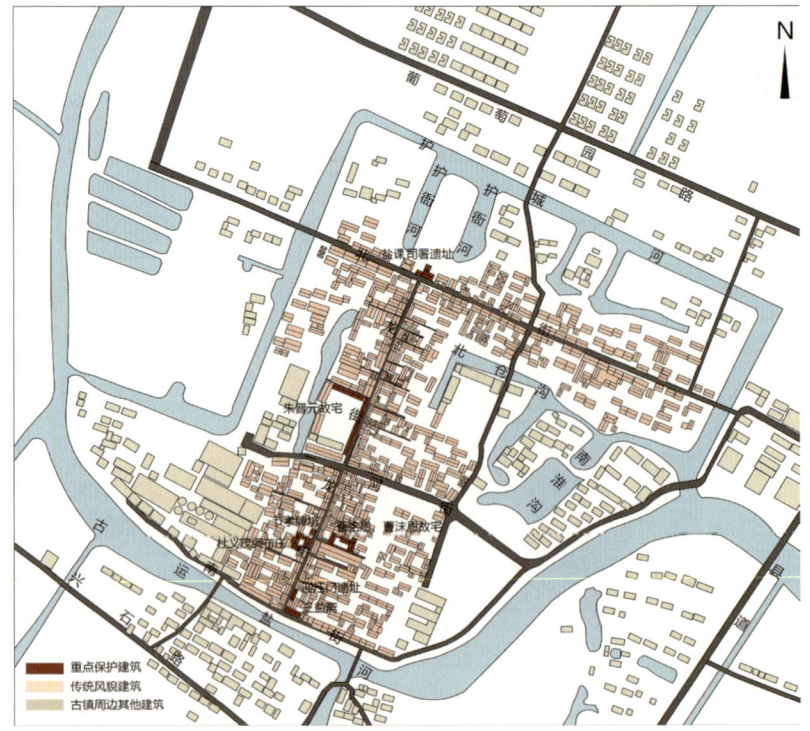

图2-58 余西古镇总图

的淮盐由余西进入运盐河后运往南通，再由南通进入长江运往扬州分销全国各地。余西的街巷空间主要由南街、北街以及南北向的龙街构成，场镇中最为重要的淮盐管理单位"盐课司"位于龙街街头（图2-59），寓龙头之意，统领全镇。但目前盐课司已拆除，仅剩下遗址。盐课司两侧开挖深井，寓意龙眼（图2-60），以此烘托出盐课司独一无二的地位。古街原为商业街区，沿街多为前店后宅的集商业与居住功能为一体的建筑。目前，大部分商业建筑格局仍在，但街道中原有的盐仓、盐店、盐栈已转作他用（图2-61）。老街上原本有迎江门（南）、登瀛门（北）、对山门（西）、镇海门（东）四座城门，延续了清代的古镇布局，但目前仅迎江门还剩下些许遗迹（图2-62），其余三座城门随着城镇的变迁已不复存在。

图2-59　余西盐课司旧址

图2-60　余西"龙眼"　　图2-61　余西老街街景　　图2-62　余西迎江门

2. 以码头为中心的形态特征

分布于河流交汇口或水陆转运节点的运盐古镇，一般以码头为中心展开布局。在运输沿线，盐业运输是聚落经济发展最为重要的因素，盐业交通是古镇建设最基本、最核心的部分。

如江西的浒湾古镇便是典型的以码头为中心发展起来的聚落。古镇位于抚河淮盐运输线路之上，是此运输线路中重要的节点聚落。清代，淮盐由浒湾集散，分别运往金溪、建昌等地。古镇沿抚河原设有多个码头，并靠近码头设有多个盐仓、漕仓。聚落整体形态以码头为中心，呈发散带状布局（图2-63、图2-64）。

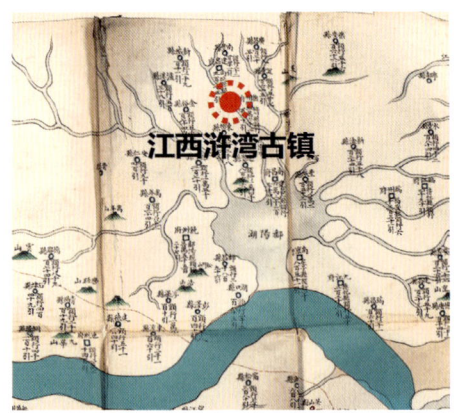

图2-63 江西浒湾古镇在《四省行盐图》中的区位
来源：根据《四省行盐图》自绘

再如湖南的洪江古城，与江西的浒湾古镇类似，古城沿沅江和沅水设有多个码头，镇中的街道垂直于码头延伸，形成整体为发散带状的布局。码头是每一条街道的起点，亦是整个聚落的中心（图2-65）。与码头功能相关的官署、会馆等建筑围绕码头布置。如洪江古城中的新安码头为清代徽商运输淮盐至洪江古城集散所用，而新安码头周围分别建有淮盐缉私局、淮盐盐仓以及新安会馆等建筑（图2-66）。

图2-64 江西浒湾古镇总图

图2-65　洪江古城总体布局

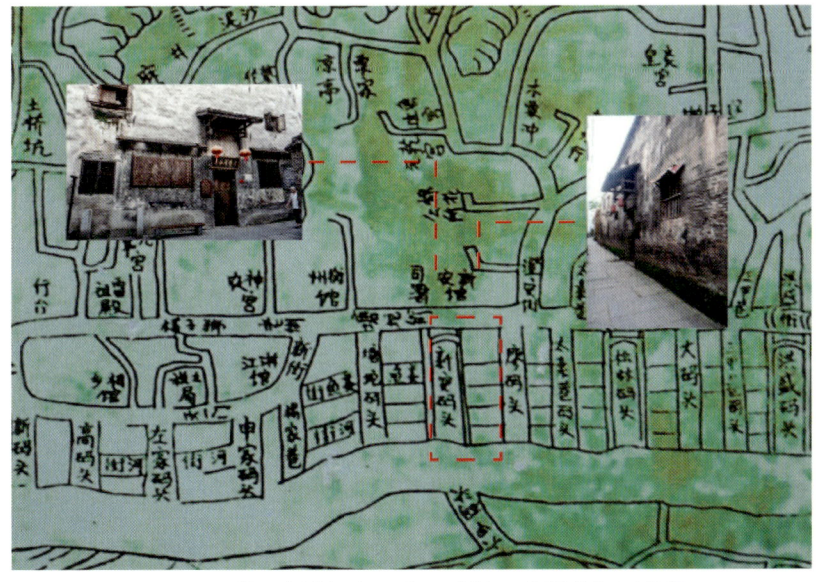

图2-66　洪江古城新安码头及会馆、官署的相对位置

二、两浙古盐道上的古镇村落

两浙盐业兴盛于两宋期间，宋代两浙古盐道上有许多古镇村落，两宋时期两浙各地先后兴起的市镇有近五百个，其中规模较大的有一百多个。从市镇的发展过程来看，北宋时期为初兴阶段，主要表现为镇级中

心地的逐步形成和草市的大量兴起。南宋时期为繁荣阶段，主要表现为市镇经济的全面兴盛及社会形态的日趋成熟。

1. 澉浦镇

浙江省海盐县澉浦镇位于县境南端（图2-67），东、南濒临杭州湾，西与海宁市黄湾镇接壤，北靠甪里、长川坝两乡。澉浦镇原为北宋时期产盐小镇，至南宋时，因海运发展，一度成为杭州外港，并单独设立了市舶务。当时澉浦盐业十分发达，鲍郎盐场等处还设有监税和专管盐业的官吏。到南宋后期，镇上居民已达五千余户，超过了一般县级城市的规模。北魏郦道元《水经注》卷二十九："谷水于县出为澉浦，以通巨海。"澉浦就是源于海宁流经海盐的谷水，它在澉浦这里入海，靠近出海的一段河道叫澉川（今已湮没），故该城即名澉浦。"澉浦"这个名字带着长长的地理历史记忆，可以追溯到其历史上的地理区位。

2. 所前镇

所前镇位于浙江杭州市萧山南部（图2-68）。相传南宋时期各路盐商聚集于此，此地亦成为盐业商贸的集散地。据民国27年（1938）《绍兴县志资料》载："所前以设盐务批验所而得名。"明朝在此设绍兴批验所衙门，掌管盐政，镇上设盐号四十家，杭、徽、绍各地盐商均集于此。民国22年（1933），批验所衙门撤销，古镇亦随之没落。所前老街现存两百余米，老街依西小江而建，两侧建筑以一层为主，少数为楼房。建筑沿街设置店铺，后面为作坊、住宅等。漫步老街中，仍可见有些建筑墙壁上留下的商铺店名。

图2-67　澉浦镇区位图

图2-68　所前镇区位图

3. 霞山古村

霞山古村位于钱塘江源头皖浙赣交界处的浙西开化县城北、唐宋古驿道旁（图2-69）。开化县为明清时期一个重要的运盐点，霞山古村滨马金溪而筑，马金溪为古时一个重要的水运通道。盛时的霞山古村落中有园林、书院，有祠堂、钟楼、寺庙、桥梁、水碓等，老街上还有不少酒店、肉铺以及出售南北布匹等的商业建筑，类型丰富，几乎囊括了封建社会自然经济条件下的所有建筑内容。如今的霞山仍较为完整地保存了明、清及民国时期的民居、祠堂等古建筑约三百座，村落基本体现了民国时期浙西山地聚落的历史原貌。

霞山古村落的总体布局由北向南呈现出不同的结构特征，反映出宗族文化与商业文化两种因素的重要影响。霞山民居与徽州民居类似，以"合院+天井"为基本单元，马头墙、砖雕门楼、青瓦、白墙等外观特征一应俱全。

4 新场古镇

新场古镇位于浦东新区中南部（图2-70），是古时浦东平原上一座因盐而形成并发展起来的江南古镇，曾有"新场古镇赛苏州"之美誉，由此可见当时新场古镇之繁华。古镇约建于南宋建炎二年（1128），其得名源于下沙盐场南迁形成新的盐场，故名"新场"。元代初年即有两浙盐运司署松江分司迁徙于此，后来因盐场变迁以及战乱等原因，新场曾几经兴衰。新场古镇上穿镇而过的狭窄河道、雕刻精致的石拱桥、傍水而筑的民居、高垒的石驳岸、沿河人家的马鞍形水桥，共同构成一个富有文化气息的江南水乡古镇。

图2-69　霞山古村区位图

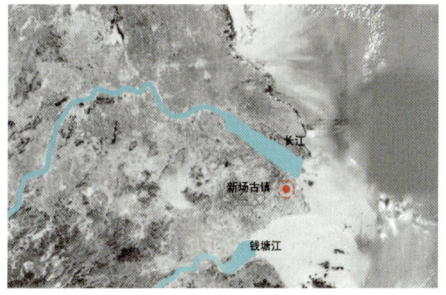

图2-70　新场古镇区位图

表2-2　两浙古盐道沿线城镇聚落一览表

所属区域	所属市/县	聚落名称	聚落照片	聚落特征描述
江苏南部	无锡	甘露古镇		甘露古镇位于江苏省无锡市境内。 无锡自古就形成了"以水不以陆"的交通特点。内河航船曾经是早期米市、布码头流通运输的基本载体。因此，在"水运经济"时代，那些紧靠河道，扼守太湖、运河要冲的集镇，往往是经济繁荣的区域中心。甘露周边水网密布，船运发达，又在与邻县交界处，经济发展盛极一时，素有"金甘露，银荡口"之称，清末民初已是苏南盐粮油茧丝工商市肆名镇之一

续表

所属区域	所属市/县	聚落名称	聚落照片	聚落特征描述
江苏南部	无锡	惠山古镇		惠山古镇地处无锡市西、锡山与惠山的东北坡麓。惠山古镇各行业会所占一定数量，其中山货公所、耍货公所、石作公所、盐业公所、建筑业行会、婺源会馆等成为古镇亮点。惠山古镇具有水陆两条交通线，水路由京杭大运河支流三里至古镇腹地，陆路离城五里，交通十分便利
	苏州	同里古镇		同里古镇属于江苏省苏州市吴江区，宋代建镇。镇区内始建于明清两代的花园、寺观、宅第和名人故居众多，元明时同里渐移至南，因镇内三条东西向市河成"川"字形，又名"同川"。屯村汉代成集市，始称"屯市"，唐初已达兴盛。宋建炎年间，成为明清时期京杭运河运盐段的重镇，居此地者千余家
	镇江	西津渡		镇江位于京杭运河江南运河段的起点，西津渡古街是镇江文物古迹保存最多、最集中、最完好的地区，是镇江历史文化名城的"文脉"所在。至少从三国时期开始，西津渡就是著名的长江渡口。镇江自唐代以来便是盐运重镇、交通咽喉，西津渡则是当时镇江通往江北的唯一渡口

续表

所属区域	所属市/县	聚落名称	聚落照片	聚落特征描述
上海	青浦	青龙镇◇		青龙镇，上海市早期兴起的集镇之一，位于上海市境西部青浦区东北境，北接青龙江。青龙江为古松江（今吴淞江）故道，青龙镇是一个重要的运盐贸易古镇。北宋初，杭州设立两浙市舶司，是海上及内河航运、贸易的管理、征税机构，华亭市舶司就设在青龙镇，位于吴淞江口的青龙镇是水上盐运的重要通道。后来青龙镇衰落，一个原因是南宋中期后吴淞江淤塞和改道导致航运、贸易衰落，海船难以顺吴淞江到达青龙港。"黄浦夺淞"以后，吴淞江成为黄浦的支流，但长江入海口仍被叫作吴淞口
	浦东	新场古镇☆		新场古镇位于浦东新区南部，地处黄浦江东岸，是一座因盐而兴、随盐业衰落而衰落的古镇。

续表

所属区域	所属市/县	聚落名称	聚落照片	聚落特征描述
上海	浦东	新场古镇☆		上海东面靠海，是海盐的重要产区，盐场的主管区设在下沙。上海是冲积成陆之地，受到海洋潮汐的作用，海岸线不断向东推进，宋时另选靠海更近的地方建立盐场——新场。盐场的建立促使了新场的繁华和新场镇的出现。水乡城市为保证船只的通行多设环龙桥。到了明朝末年，整个上海煮盐业衰落，新场也开始衰落
		大团镇☆		大团镇地处黄浦江东，濒临东海之滨，是由长江携带的淤泥冲积而成，是宋以后重要的产盐场所。随着大批灶户在盐场定居，盐场规模逐渐扩大。为便于管理，对灶户进行分组，并用"团""灶"对各组进行命名，且一直沿用至今。如大团镇在今上海浦东地区，其中清代盐商汪兰培侨居上海业盐以富，富后乐善好施，雍正七年（1729）捐百金修护塘港坝
	奉贤	青村镇☆		青村镇位于上海市奉贤区。宋及宋代以前，这里是青墩盐场的主管机构所在地。上海东濒大海，东流的河水泄入大海时，受潮汐的影响，水的流速发生变化，江水中夹杂着的泥沙沉淀下来，海岸线不断向东推进。现代考古证明，今天上海南部的奉贤、金山地区主要是钱塘江出海的杭州湾向东推进形成的陆地。公元4世纪，这里的南北海岸线刚刚推到青村一带，青村近海才成为盐场。当海岸线继续向东推进时，青村远离海岸，青村的煮盐业也逐渐衰落

续表

所属区域	所属市/县	聚落名称	聚落照片	聚落特征描述
浙江北部	湖州	南浔古镇		南浔古镇位于湖州市南浔区，地处江浙两省交界处。南浔靠近京杭运河，成为京杭运河上的一个重要的运盐场地。南浔古镇的张氏旧宅建筑群的主人张石铭在江、浙、沪经营盐业，京杭运河沿线的扬州、镇江、常州、无锡、苏州、嘉兴、杭州、绍兴、宁波都有张家的盐公堂。张石铭的旧居是一个非常大的宅院，前面是中式，后面是西式。风格奇特，结构恢宏，尤其有众多精美生动的木雕、砖雕、石雕以及从法国进口的玻璃雕花。该建筑群的精华在于近代西洋建筑与中式徽派建筑的完美结合
	杭州	塘栖古镇		塘栖古镇，位于杭州市北部。著名的京杭大运河穿镇而过，使其成为苏、沪、嘉、湖的水路要津。历朝历代以来，塘栖一直为杭州市的水上门户。塘栖始建于北宋，自元代商贾云集，蔚成大镇。明清时期此地富贾云集，盐业贸易来往十分频繁，是京杭运河段上一个重要的运盐古镇。明嘉靖九年（1530）设立水利通判厅，其主要职能是监管水利、捕盗，明后期多从事缉私盐

续表

所属区域	所属市/县	聚落名称	聚落照片	聚落特征描述
浙江北部	杭州	西兴古镇◌		西兴古镇西兴老街西端连着浙东古运河的源头，是全长250多千米的浙东古运河的起源。浙东古运河途经萧山、绍兴、上虞、余姚、宁波，在镇海城南注入东海。西兴古镇是南来北往的一个中转码头，万商云集，士民络绎，市容繁华，南北客商、东西货物都须集此中转，是一个重要的运盐中转点。西兴过塘行及码头是世界遗产预备名单中的"大运河"之"浙东运河"的组成部分
	海宁	盐官古镇☆		盐官古镇隶属浙江省海宁市，位于中国长江三角洲南端、沪苏杭的中心位置，东濒钱塘江，南部靠近杭州，是一个重要的产盐、运盐古镇。历史上盐官的盐业生产非常发达，自秦汉时期发端至唐代中期，具有一定规模的盐场有4座，宋代前期迅速翻倍，北宋太平兴国四年（979），盐官境内盐场8座，年产盐额达133 970余石（担）。北宋熙宁五年（1072），朝廷曾将钱塘江边上的盐场按海水出盐率划分等级，盐业成为朝廷课税的主要来源之一，其时"民之业盐者，十四五"。在海宁，沿江如今仍有旧仓、新仓、老盐仓、大荆场、黄湾等与盐有关的地名，亦可见历史上盐官盐业发展之一斑。直至清代中期海宁江岸线被基本固定，沙涂的坍涨被约束在塘外，盐场由于"海失故道"而消失

续表

所属区域	所属市/县	聚落名称	聚落照片	聚落特征描述
浙江北部	慈溪	鸣鹤古镇☆		依托白洋湖水域纵横交错的河道，鸣鹤古镇在以渡船为主要交通工具的古代人丁兴旺，发展鼎盛。宋代就被设为鸣鹤场，明代设盐课司，成为浙东重要的盐场。明清民国时皆为乡建制，中华人民共和国成立后改为镇。据记载，古镇之名来源于唐初当地望族虞氏，唐代名臣、大书法家虞世南之孙虞九皋。虞九皋，字鸣鹤，青少年时文采出众，颇受乡人推崇。可惜虞九皋在唐元和年间中进士后不久即在长安英年早逝，悲伤的家乡人为纪念他，就用"鸣鹤"来命名这里
	象山	石浦古镇☆		石浦古镇地处浙江中部，沿海，象山半岛南端。石浦镇盐厂是历史上产盐的地方，该村名一直沿用至今。石浦镇盐仓前历史上是制晒、堆盐所在地，故此得名
	台州	蟠滩古镇♢		蟠滩古镇位于台州市境内。古镇因运盐而兴，又是水陆交汇之地。船沿灵江、永安溪的水路在蟠滩泊岸，通往浙西的苍岭古道也自蟠滩起始。清朝中期，蟠滩古镇颇具规模，主街道呈龙形，鹅卵石铺嵌，弯曲有致，长达2千米。除"水埠头"外，镇内还分布着"埠头"五处：武义埠、东阳埠、缙云埠、永康埠和公埠。古镇集中了大量明清建筑群，有店铺、民居、书院、祠堂、庙宇等

续表

所属区域	所属市/县	聚落名称	聚落照片	聚落特征描述
浙江西部	衢州	霞山古村		霞山古村落位于钱塘江源头皖浙赣交界处的浙西开化县城北唐宋古驿道旁。开化县为明清时期一个重要的运盐点，霞山古建筑傍马金溪而筑，马金溪为古时重要的盐运线路
		廿八都		衢州江山市廿八都古镇地处浙闽交界处仙霞岭山脉的浮盖山下。当时福建、广东沿海一带的海货、食盐、荔枝等因道路阻隔无法往江浙行销，江浙一带的布匹、绸缎、陶瓷也无法进入福建沿海。自从有了仙霞古道，商贾云集，沿线出现了许多集市村镇。独特的移民现象带来了独特的建筑风貌：湘西的木构、徽式的马头墙、浙式的屋脊、赣式的楼檐
		清湖镇		运盐码头清湖镇为浙闽要会，闽行者自此舍舟而陆，浙行者自此舍陆而舟，此地繁盛胜于县城，万商云集，百货星罗，是当年仙霞古道上的一颗明珠

续表

所属区域	所属市/县	聚落名称	聚落照片	聚落特征描述
安徽东部	黟县	宏村◿		宏村位于安徽省黟县境内。村内颇具规模的建筑几乎都是由外出经营盐业的徽商所建，如宏村乐叙堂是汪氏的宗祠，位于月沼北畔的正中，是村中唯一的明代建筑。承志堂建于清末，是大盐商汪定贵的住宅，它是村中最大的建筑群，砖木结构，内部有房屋60余间，围着9个天井分别布置
	歙县	棠樾村◿		棠樾村，属安徽省黄山市歙县，以牌坊群而闻名于世。牌坊群由7座牌坊组成，按忠、孝、节、义的顺序相向排列，分别建于明代和清代，都是旌表棠樾人的忠孝节义的。在牌坊群旁，还有男女二祠，建筑规模宏大，砖木石雕特别精致，近年已修复如旧。中国牌坊博物馆也在这里筹建。棠樾村是鲍氏村落，鲍氏家族历代以经商为生，明清时期出过大盐商

注：☆为产盐聚落；◿为运盐聚落。

三、淮盐古道上的物质文化遗产

（一）淮盐古道上的盐商宅居

盐商宅居是淮盐线路上数量较多的一类建筑，它们由盐商直接出资建造，最能反映盐商的经济实力、地位和审美，可以说是盐商形象的物质体现。此类建筑虽未与淮盐生产、运输和销售产生直接联系，但由于淮盐商人是淮盐经济最直接的参与者甚至是操控者，因而各盐商的宅居建筑也深受淮盐经济、文化的影响，是淮盐建筑文化研究不可忽视的一部分，如扬州现存的卢氏盐商老宅、个园盐商住宅、徐氏盐商住宅以及湖北大悟颜氏淮盐商人的建筑群等（图2-71、图2-72、图2-73、图2-74）。

图2-71　扬州卢氏盐商住宅

图2-72　扬州个园盐商住宅

图2-73　扬州徐氏盐商住宅

图2-74　湖北大悟颜氏盐商住宅

1. 古盐道上盐商宅居建筑的选址

清代淮盐商人以徽商为主,他们在进行宅基地选择时受徽州文化的影响较深。但盐商宅居建筑并不只有居住功能,它们还需满足盐商处理淮盐各项事务的功能需求,且清代两淮盐商已不仅仅是单纯的商人,他们是政府记录在册的官商,这一身份亦成为盐商宅居选址的决定因素之一。在整个淮盐运输线沿线,盐商宅居建筑的选址主要有以下三个特点。

(1)靠近水运。俗语说"秤不离砣,砣不离秤",淮盐商人与水运的关系亦是如此。运盐船户认为"盐主不能照管,是为己物,恣为侵盗"[①],所以淮盐运输沿线盐商进行宅居选址时多考虑水运交通发达的河道沿岸。如扬州南河下西接小秦淮河,东、南临古运河,且古时运河边码头众多,于是南河下便成了大批盐商的寓居地。著名的淮盐商人江春、汪鲁门、廖可亭等均曾居住于此(图2-75)。再如汉口的淮盐巷垂直于汉正街,靠近汉水水运,清代此地是淮盐商人最初聚集之地,亦是当时汉正街经济最为繁荣之处,巷中曾有大批盐商修建私宅,该巷因此得名"淮盐巷"(图2-76)。

(2)靠近衙署。淮盐经济的特殊性使得清代经营淮盐的商人除普通商人身份外,还多了一重官商的身份。到清中后期以后,盐商与官员已纠缠在了一起,他们之间不再有清晰的界线,盐商甚至越过官府,直接把控着整个淮盐经济。故为便于处理各类事务,靠近衙署便成了盐商宅居选址所要考虑的因素之一。

(3)靠近商业中心。紧邻商业中心,这是商人最基本的要求。但两淮盐商与一般商人在这一点上有一定区别。由于徽州文化的影响,盐商宅居往往选择靠近商业中心但又与其有一定距离的位置进行建设,大宅与主街之间以巷道相连,正如《汉口竹枝词》中所说"街上不居居巷内",如此既能获得相对安静的环境,亦可兼顾商业及

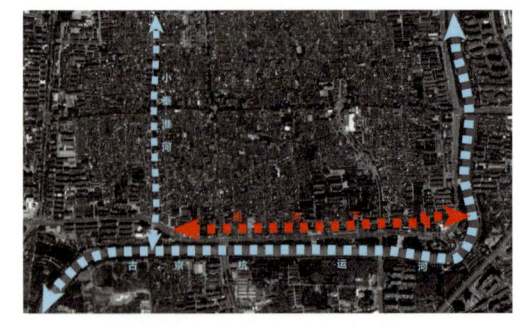

图2-75 扬州南河下区位图

---

① 黄继林:《狄家店》,《扬州日报》,2008(4)。

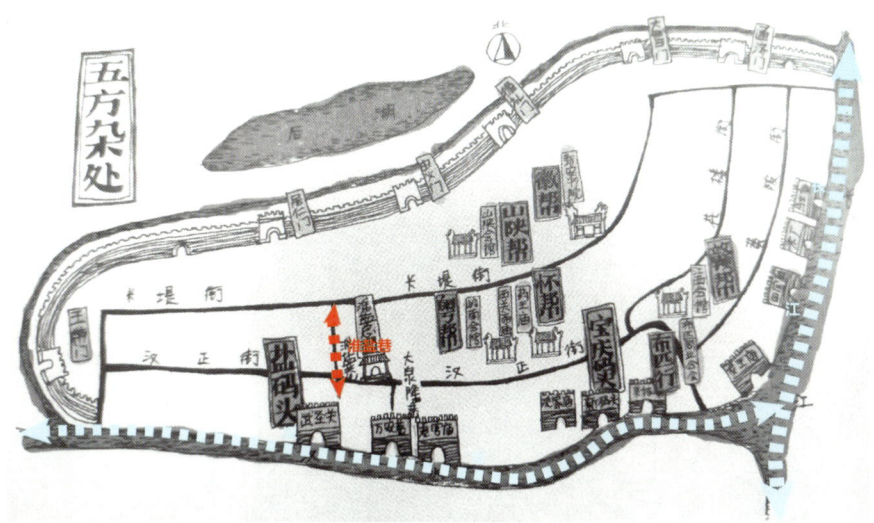

图2-76　汉口淮盐巷区位图
来源：基于《寻城记》图片自绘

交通。如在汉口，建有大量盐商住宅的"淮盐巷"与主街汉正街之间以淮盐督销总局相隔（图2-77）。

2. 古盐道上盐商宅居建筑的空间布局

（1）盐商宅居的空间形态

盐商宅居因受徽州文化的影响，其整体建筑空间形态采用天井院落组合式布局，并且通过建筑四周环绕的高墙将整个宅居打造成内向性的积聚空间（图2-78）。在淮盐运输沿线，盐商宅居一般由居住区和花园两个部分组成，其内部的布局具有明确的空间序列，按照"前公后私"的模式，入口

图2-77　汉口淮盐巷内安静的景象

图2-78　扬州街南书屋空间形态

空间、主体建筑空间、服务空间以及花园空间依次展开,以天井的形式进行空间组合,形成了宽窄、虚实的对比(图2-79)。

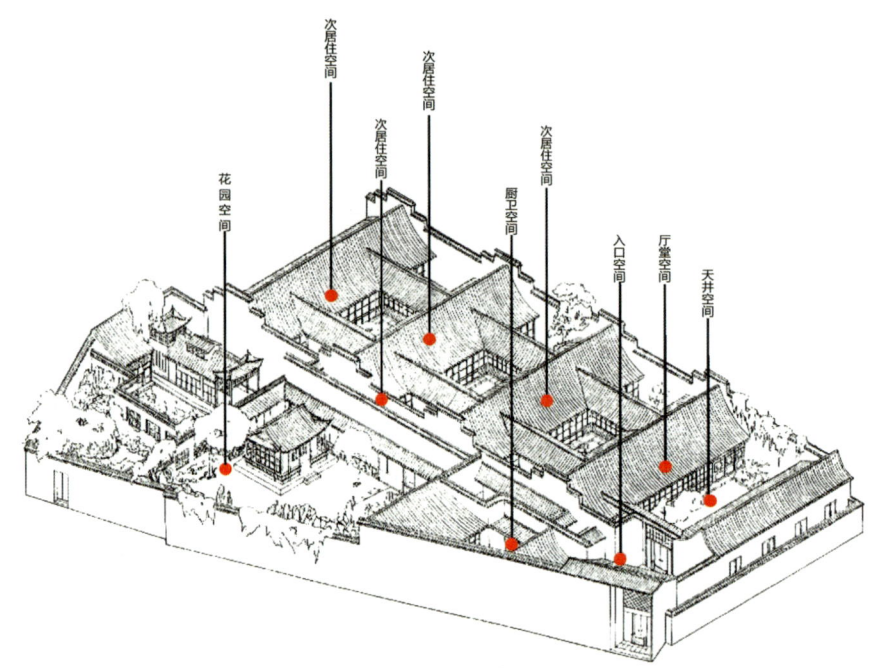

图2-79　盐商魏次庚宅居空间形态分析
　　　来源:根据《扬州园林》资料绘制

(2)盐商宅居的平面布局

淮盐运输沿线盐商宅居的平面规模有大有小,地势有平坦也有起伏,但是不管规模与地势如何,盐商宅居内部的平面整体布局却都一直保持着以下两个特征。

①轴线布局。淮盐商人强烈的宗族观念和等级观念,使得他们在建设宅居时会利用轴线布局。虽然各盐商财力不同,其宅居规模的大小、主体建筑进数和路数也都不相同,但其共同的特点是住宅内部具有明确的主轴线关系,其他的辅助轴线围绕整个主轴线展开,轴线关系控制了整个盐商宅居的布局,使其即使在用地轮廓线不规则的情况下也能保持规整的格局。如汪氏盐商宅居的住宅部分分为东路、中路和西路,每一路都有明确的中轴对称关系,轴线对称统领了整个宅居区域;卢氏盐商

宅居虽仅有中间一路，但正屋厢房等仍严格按照轴线布置；廖氏盐商住宅亦如汪氏住宅一样采用左、中、右三路并联的平面形式，其中左、右两路为三进三天井串联的平面布局，中路为整个建筑的主轴线，采用四进四天井串联的形式（图2-80）。

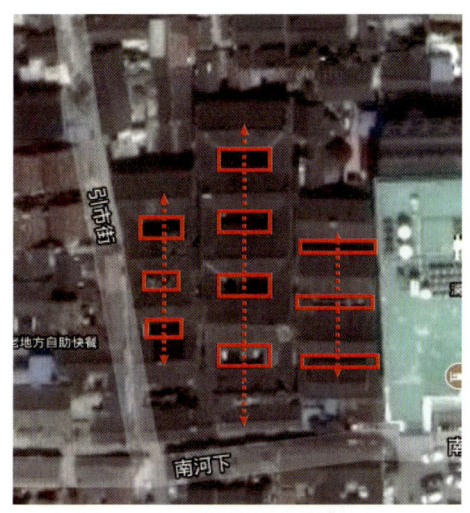

图2-80　扬州廖氏盐商住宅轴线分析图

②宅园一体。盐商宅居中"宅"与"园"紧密结合。盐商宅居虽深受徽州建筑文化的影响，但也不尽相同。徽州建筑重视儒学，讲究严谨。盐业民居重视商业，强调享乐。因而徽州古民居在进行平面布局及空间组织时，充分融入了儒学思想，以规整著称，在主轴线两边设置对称的功能空间，围绕扁平四方形的天井布置。而淮盐运输沿线的盐商宅居在内部空间组织上要比徽州民居来得更为活泼、开放。淮盐盐商更多地注重商业及其身份地位的显示，故在建筑布局以及空间组织上做出了相应的改变，将住宅与园林融为一体。居住部分仍旧采用轴线布置，而在居住主轴线的后侧或一侧设置园林，如此便将居住与休闲融为一体。如扬州的卢氏盐商住宅中，主轴线后侧便设有开敞且充满野趣的"意园"；汪氏盐商宅居也与卢氏住宅类似，于主轴线后侧设置花园，其面积较之于卢氏更大；再如安丰鲍氏大楼之中由于功能需要，花园被设置于主轴线的一侧，以便将前面的店铺与后面的住宅部分分开，形成各自独立的功能空间。不仅在扬州，湖广地区亦是如此。如清代盐商包云舫在汉口所建的怡园，是当时的"汉上胜地"，其建造的园林式别墅在汉口远近闻名，为当时的一大胜景。翻阅相关的文献资料，从描述文字中似乎可见此民居当时的华美与灵动，可惜的是目前此盐商老宅已被拆毁，并未留下遗迹，我们也只能去文字中领略其昔日的风采。

（3）淮盐古道上盐商宅居的案例分析

①扬州卢氏老宅：扬州卢氏盐商老宅曾有"扬州盐商第一楼"之称，

是目前扬州盐商老宅中保存较为完好、利用率最高的建筑。老宅位于扬州南河下街区，靠近古京杭运河边（图2-81）。老宅整体分为前后两部分，前面的建筑空间为居住部分，以天井为中心，结合各进厅堂，沿轴线展开布局；后面的空间则是名为"意园"的花园部分（图2-82）。

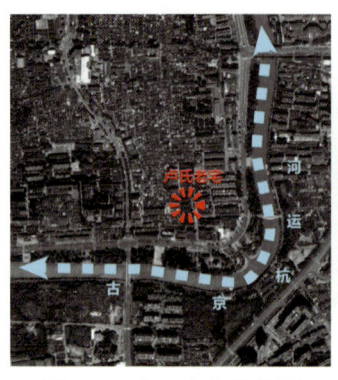

图2-81　卢氏老宅区位图　　　图2-82　卢氏老宅"意园"

居住部分的空间布置：老宅的居住部分前后共七进，第一进是一排七间的两层建筑，东侧五间底层辟为门屋及门房，西侧两间与之分开，并用院墙分出一区独立的小院，因而使门屋偏东。入门北向为倒座，过天井为二门，即照厅（图2-83），天井中设有福祠，为淮扬地区盐商建筑所特有，功能类似于土地祠。此福祠雕刻精美，在扬州地区实属难得（图2-84）。

二门位于轴线上，面阔三间，两侧设有厢房，过去被用作客房。二门内是两带有廊庑的天井，廊庑将二门两侧分隔成小天井院落，并通过中间的月洞门连通（图2-85）。正对二门的是大厅，名"庆云堂"，两侧亦各连两间附房，相互间以板壁隔断，当需要大空间举行仪典时，可以除去，打通空间，而平时却能自成独立的建筑和院落。大厅之后是二厅，以回廊相连，构成天井。如果说大厅是接待那些需要礼仪周全但并不亲密的客人，那么二厅所接待的客人关系则要密切得多。二厅面阔三间，两侧各有两间附房，做了明确的分隔，被用作客房和账房。二厅之后砌以隔墙，穿过隔墙的中门便进入了内宅。在过去，"男女有别"是礼法特别强调的，故主人为访客中的女眷另设厅堂，隔墙之后的第一进建筑被设为三间女厅，其两侧所连的附房亦被用作女眷的客房，并用塞口墙予以分隔。第六、第七两进系主人居住之处，为面阔七间的楼房，两侧连以厢楼，使之

图2-83　卢氏老宅二门

图2-84　卢氏老宅中的福祠

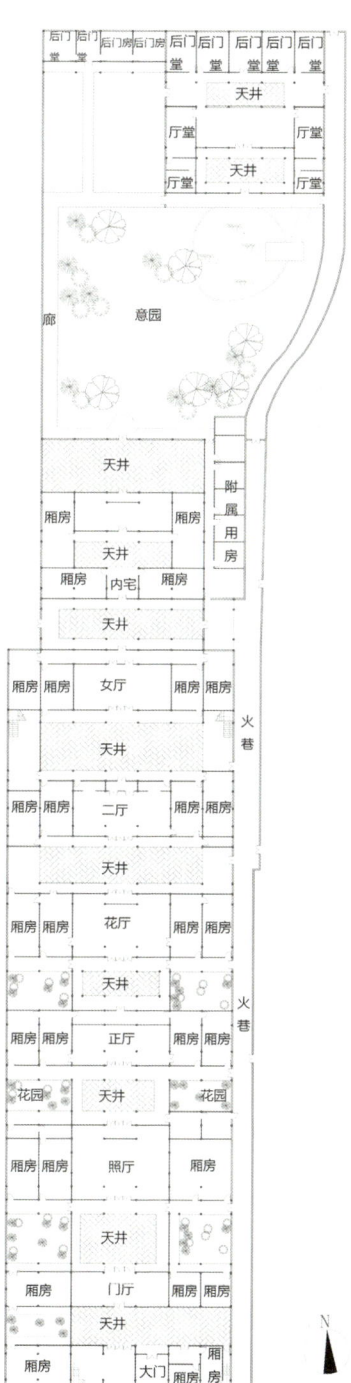

图2-85　卢氏老宅平面图

前后互通。再入是相对独立的一区，用墙垣加以分隔，面阔五间，系亲友临时留居之地（图2-86、图2-87、图2-88）。建筑后一部分主要为书斋和藏书楼，此区域自成一体，并在西侧设后门（图2-89）。

图2-86　卢氏老宅第五进天井

图2-87　卢氏老宅第六进与第七进之间的天井

图2-88　卢氏老宅第五进与第六进之间的天井

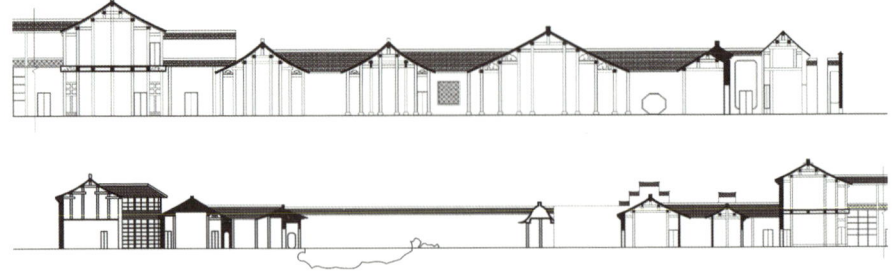
图2-89　卢氏老宅剖面图

花园、庭院的灵活布置：古宅前五进主轴线两侧的天井内都有湖石花台，并配以树木，形成幽静的空间，同时在廊庑的分隔墙中设计有镂空的砖墙雕花（图2-86），使得建筑内部庭院空间在视觉上产生连贯性，增加了天井的空间层次。

图2-90　卢氏老宅花园

建筑之中还布置有一处花园，内有池沼亭构、游廊，并点缀以湖石、花木，打造出江南园林的景观（图2-90）。建筑原本较为严谨，花园的设置打破了原有的建筑轴线，在严格遵从礼制的布局基础上增添了灵动之美，亦反映出盐商生活态度的转变和审美的变化。

②扬州廖氏老宅：廖氏盐商老宅位于扬州河下街区内，笔者调研时发现，目前老宅已被分割成约六十户居民的住家，其中二十多户为原廖氏后代。基于大量的实地调研，笔者发现，一般由盐商后代继续居住和拥有的盐业民居，均保存相对完好。相反，由外姓人拥有的盐业民居则多已被破坏（图2-91）。

图2-91　由外姓居住的廖氏老宅破坏现状

廖氏盐商老宅整体格局与卢氏盐商老宅类似，有天井与厅堂建筑共同组成的左、中、右三路。笔者实地调研时发现左、右两路内部的建筑已被居民改动得面目全非，仅能从顶视图中看见天井、厅堂的平面串联组织形式。中路居住的主要是盐商廖氏的后人，故而保存得最为完好。建筑皆是两层楼房，前后主房五进。首进房屋面北，立面为四开间；二进朝向南方，是廖氏住宅的大厅，经过考察发现，其前置设有卷棚（图2-92、图2-93）。楼厅柱石上下同样雕刻花纹，左右分别设置厢楼与首进两层楼房串联。只可惜岁月流逝，花楼屋檐之下，其原有山石、草木皆已面目全非。

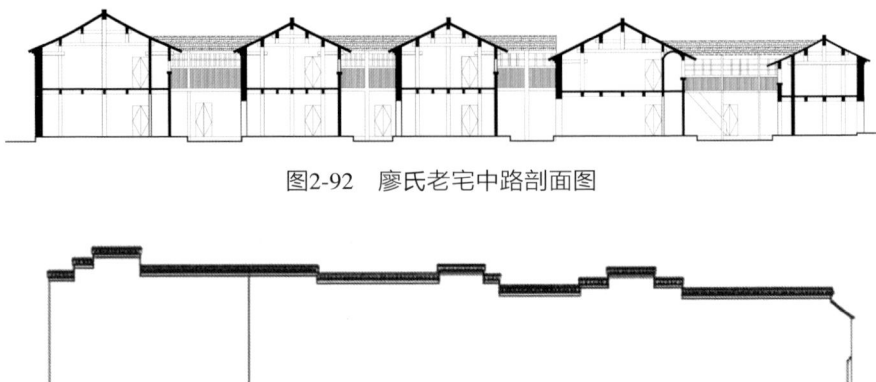

图2-92　廖氏老宅中路剖面图

图2-93　廖氏老宅外立面图

廖氏老宅原来分别设有大门与偏门，大门为迎接当朝官员所用，两侧偏门则以过亲属等日常使用为主。目前现存的入口是后人为方便使用随意开设的出口，而原来的入口已在建筑多次易主时被毁。

花园、庭院的布置：廖氏大宅原也在右路轴线内设有花园、风月亭等园林建筑空间，以此来打破轴线的沉闷，但目前已无迹可寻。

廖氏盐商老宅虽仅剩中路保存较为完好，但其整体格局大体仍在，且中路结构、装饰构建等一应俱全，因而极具欣赏和研究价值。

（二）淮盐古道上的控盐建筑

在淮盐经济中，控盐建筑占据着重要的位置。封建政府对淮盐的控制十分严格，整个淮盐运销线路中控盐建筑必不可少，且数量较多。尤其是在淮盐运输线路上的重要节点城镇，一定会有相关的控盐建筑。此类建筑多为官式建筑，与盐商宅居存在着明显的区别，其建筑选址、空间布局、建筑的用材和结构形式均受官式建筑的影响。本部分将从选址、空间布局和结构形式等方面对控盐建筑进行深入的分析。

1. 古盐道上控盐建筑的选址

①紧邻主要的运盐河：此类建筑是为对淮盐运销进行监督、控制而建的，因而紧邻主要的运盐河道是其必须具备的选址条件之一。淮盐由水运运输而来，官员可让盐船直接靠岸接受检查、称量，无须远距离搬运，既可以提高效率，也能减少不必要的损失。这类控盐建筑包括盐城位于串场河边的盐政衙门（图2-94）、汉口曾位于汉江边的盐运司（图2-95）等。

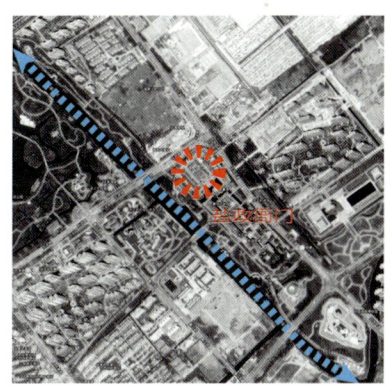 

图2-94　盐城位于串场河边的盐政衙门　　　图2-95　芷江天后宫门楼石雕中汉口汉江边的盐运司

②位于商业街区的核心位置：此类控盐建筑的官式建筑性质决定了其在整个聚落布局中的中心地位。产盐古镇傍水的形态特征也能体现控盐建筑分布于聚落的核心位置。如余西古镇中，盐课司虽未设于街道中间的位置，但根据风水，将盐课司设于"龙街"街头处，意为龙头统领整个古镇，取盐业经济繁荣昌盛之意（图2-96）；安丰古镇中盐课司在清代时一直位于场镇中心，是场镇目前保存最为完好的一座盐业建筑，由于场镇规模不断缩小，盐课司虽不再位于中心位置，但从历史文献中仍可确认其当初的核心地位（图2-97）。

③紧邻盐仓：紧邻盐仓设置的控盐建筑主要分布在淮盐销售区内，尤其是在运盐聚落中。由前文可知，产盐聚落中的盐仓主要分布于古镇两侧，这是由于在产盐古镇中，管理淮盐的盐课司不仅仅是淮盐生产、储存的控制者，也是产盐聚落地方事务的管理者，且淮盐生产区靠近海边，加上产盐古镇中的食盐储存量极大，将盐仓放置两侧，便于其运输和保存。而在运盐古镇中，盐运司、淮盐督销总局等控盐建筑只需管理

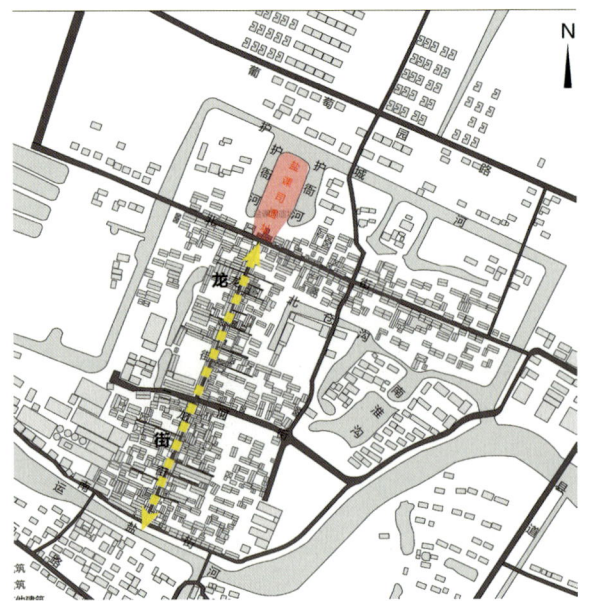

图2-96 余西古镇盐课司选址图

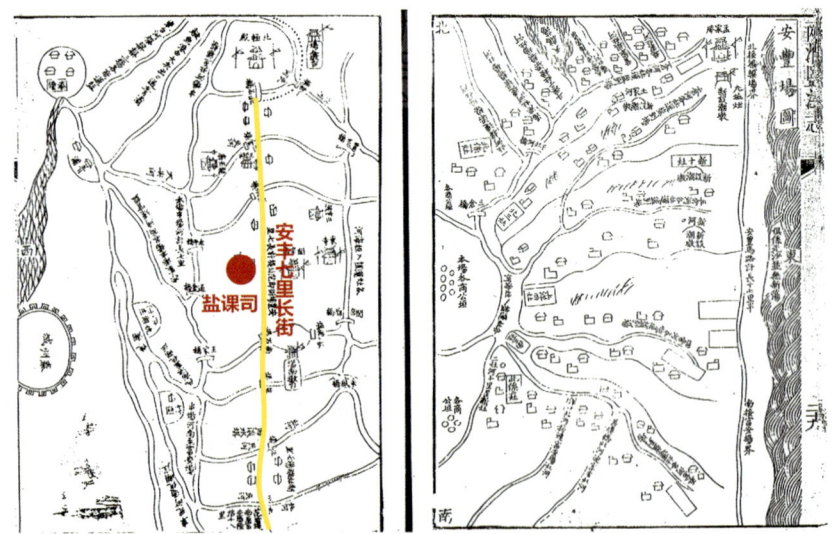

图2-97 清代安丰古镇盐课司选址图
来源：基于清代乾隆《两淮盐法志》自绘

与淮盐运输相关的事宜，且储存数量相较于产盐古镇要小，因而一般紧邻盐仓。如在湖南的洪江古城中，淮盐缉私局便是紧邻盐仓而设（图2-98、图2-99）。

图2-98　洪江淮盐缉私局　　　　　　图2-99　洪江古城盐仓

2. 古盐道上控盐建筑的平面布局

在淮盐运输沿线，控盐建筑为封建政府所建，属官式建筑的一部分，其空间布局深受官式建筑规制的影响，因而坐北朝南、对称布局为其最基本也是最核心的布局形式。

控盐建筑一般为多栋建筑组成的建筑群，根据级别的不同，建筑群亦有单轴和多条轴线并联的形式（图2-100、图2-101），主要的办公空间位于主轴线上，两侧分别设置辅助用房。与盐商宅居不同的是，由于控盐建筑属于官式建筑，其受徽州建筑文化影响较小，受北方建筑文化影响较大，故在建筑平面布局时并未采用天井，而是采用了庭院式的布局，如盐城盐政衙门中均有庭院（图2-102）。

除一般的建筑布局外，一些特殊的控盐建筑由于修建时间较晚，受到了西方建筑的影响，因此在建筑中出现了西方的建筑形式，如下文所分析的汉口的督销淮盐局。但即使采用了西方建筑的样式，其建筑整体格局仍遵循传统官式建筑的对称布局。

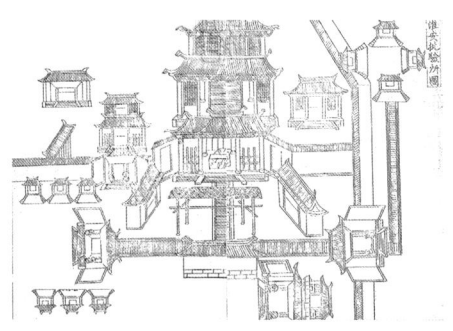 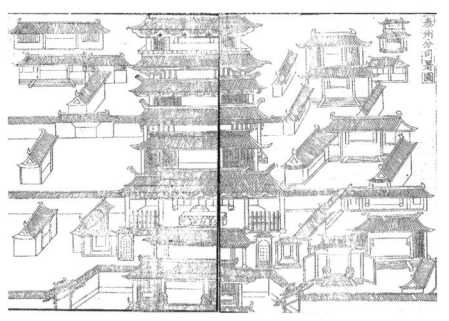

图2-100　清代淮安批验所单轴线布局　　　图2-101　清代泰州分司多轴线布局
来源：清乾隆《两淮盐法志》　　　　　　来源：清乾隆《两淮盐法志》

图2-102　盐城盐政衙门内部庭院

3．古盐道上控盐建筑的案例分析

（1）盐城盐政衙门：盐城是一个已经有两千多年历史的著名的海盐产区，清代盐城是两淮盐业重要的管理中心之一。盐政衙门位于盐城市内串场河之畔。

平面布局：建筑采用中轴对称的布局形式，主轴线上由南向北分别是入口门厅、审讯堂、议事堂和高义堂。

目前盐政衙门左右两侧分别为钟楼和鼓楼，整体为对称的三进院落。第一进为门厅，是正门入口走廊，也是门子打更、报时和监管人员进出的第一道防卫之门；第二进由大堂、前厅和左右厢房组成；第三进为内宅，曾是范仲淹的住处（图2-103、图2-104）。

（2）安丰盐课司：安丰盐课司是清时安丰场镇征缴盐课和田赋的办

公处所，也是盐官处理民间纠纷的地方，是目前江苏省内仅剩的一座保存完好的盐课司，亦是研究控盐建筑不可忽视的部分。

平面布局：建筑群主体为轴线对称式，在主入口前有一个较为宽敞的广场，建筑有主衙门、东厢房、西厢房、戏台（图2-105、图2-106），其中主衙门为审案公堂，后院是正副大使的审案公堂、宿舍、伙房和其他用房。由于安丰场在淮盐运销中的重要地位，安丰场历任正副大使（含复任）较多。目前盐课司已经过整修。由于是官式建筑，整个建筑群采用中轴对称的布局形式。建筑外部采用青砖砌筑，内部则采用木构抬梁式结构，且用料粗大。盐课司虽为官式建筑，不如盐商大宅、会馆来得华丽，但屋脊上仍旧采用了石雕作为装饰，屋脊处也做了瓦饰。

（3）汉口督销淮盐局：汉口督销淮盐局位于淮盐巷与汉正街之间（图2-107）。沿着窄窄的巷道往南前行，映入眼帘的便是清代淮盐的征税机构"督销淮盐局"（图2-108）。与其他控盐建筑不同的是，建造汉口督销淮盐局时，西方建筑风格已在武汉盛行，拥有巨额财富的徽商白

图2-103　盐城盐政衙门入口

图2-104　盐城盐政衙门内部庭院

图2-105　安丰盐课司前古戏台

图2-106　安丰盐课司主入口

然会选择新型的建筑形式,故而督销淮盐局的建筑风格与淮盐运输线路沿线其他的建筑存在很大的差异。尽管如此,传统官式建筑的对称式布局仍在此处有所体现。如今建筑虽破损严重,但从其所存现状中,我们仍可发现,建筑立面采用了对称的设计(图2-109)。古时督销淮盐局朝向淮盐巷开设主入口,这是由于当时淮盐巷是淮盐商人的聚集地,为便于与淮盐巷内联系,主入口设于北侧。后来由于淮盐经济衰弱,淮盐巷内早已不见大盐商的身影,督销淮盐局也被挪作他用。

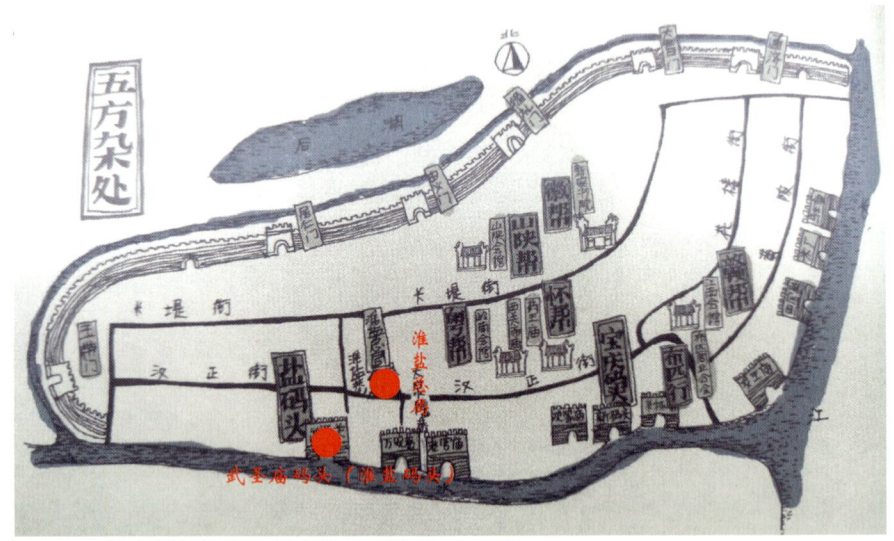

图2-107 汉口督销淮盐局的位置
来源:基于《寻城记》自绘

图2-108 汉口督销淮盐局

图2-109 汉口督销淮盐局立面的对称

(4)湖南洪江古城淮盐缉私局:淮盐是湖南人民生活必需品,常常有人贩卖私盐牟取暴利。淮盐缉私局设于清同治十一年(1872),是为打击食盐走私而设，同时也收盐税。缉私局旁边的盐仓是用来存放缴获的私盐的。此建筑深受徽派建筑的影响，但又具有湘西建筑的特色。从窗户的开启扇可见，洪江建筑的木雕装饰远不及扬州和湖北地区。建筑现为民居，随着淮盐经济的衰退，其原本的功能渐渐消失，而被居住功能代替（图2-110）。

图2-110　洪江淮盐古城淮盐缉私局入口远景

（三）淮盐古道上的销盐建筑

1. 古盐道上销盐建筑的分类

在运输沿线上，销盐建筑主要分为以下三类。

（1）盐商会馆：盐商会馆由一个或几个地区的商人共同出资建造，便于商人获得淮盐销售的相关信息，也便于商帮之间协商讨论淮盐定价、销售量等相关事宜。因而其主要分布在淮盐运输沿线重要的节点聚落中，如江苏扬州、湖北汉口、江西南昌等地。

（2）盐神庙：每个行业都有自己的信仰，盐业也不例外。两淮盐场中曾有大量用来祈求风调雨顺、生产顺利的盐业宗教建筑如关帝庙、城隍庙等，笔者在前文聚落分析中已对其进行了描述。目前淮盐运销沿线仅江苏栟茶古镇中的关帝庙仍保存相对完好。笔者调研时了解到，栟茶关帝庙在中华人民共和国成立后多有改名，最终又改回原名。翻查乾隆《两淮盐法志》栟茶场图发现，现存建筑与清代关帝庙位置一致，均位于场镇运盐河东侧（图2-111）。

图2-111　栟茶镇关帝庙第二进庭院

还有一类盐神庙主要分布于沿线节点城镇中，由盐商出资兴建，一般规模较大，建设也相对精美，为盐商祈求盐业经济兴盛之所。此类盐神庙相对于前一类数量较少，但规模较大。根据文献记载，此类盐神庙仅扬州与泰州有，目前仅扬州的保存完好。

（3）盐业店铺：在淮盐运销中，盐业店铺是盐业销售最直接的承担者。淮盐运输线路中，销盐店铺数不胜数，无论是在产盐古镇，还是在运盐古镇中，盐业店铺均是数量最多的建筑。盐业店铺由于售盐需要，均分布于聚落中的主商业街两侧。目前笔者调研时尚未发现此类建筑实例，因此本书对销盐建筑的分析仍以盐商会馆和盐神庙为重点。

2. 古盐道上销盐建筑的空间特色

销盐建筑同宗祠建筑一样，对特定使用人群来说是标志性建筑和精神文化的象征，因此自然需要一个能显示其地位、气势的入口形象。盐业商人会馆和盐神庙一般选址于盐业城镇中心繁华地带，其修建者为显示自身财力、地位，便将建筑的主入口作为重点打造的部位。因此这类建筑的主入口一般体量高大、建造精美，以随墙式门牌楼为主，但又各不相同，有的极尽工巧，有的简洁庄严，有的简单利落，有的庭院深深，复杂多变。正是这些不同的入口样式形成了建筑丰富多彩的主入口特色。总体而言，盐商会馆的主入口要比盐神庙的主入口更为复杂气派。

如扬州的湖南盐商会馆，主入口采用随墙式"八"字形门楼，屏风状，五幅面，是典型的"五凤楼"造型（图2-112）。"五凤楼"原为皇宫建筑中所用，后被徽派建筑吸收，用于门楼造型。在扬州本土建筑中，此造型多在盐商大宅、会馆、庙宇等建筑中出现，可见其受徽派建筑文化影响之深。门楼平面为"八"字形，在主入口大门与街道之间形成一个小型的退距空间，狭窄的街道空间在此得以扩大，突显出会馆的重要性。同时，局部放大的街道空间还有利于门楼气势的展示。门楼分为正楼、次楼和边楼，屋檐采用磨砖飞挑，出檐深远，上覆蝴蝶青瓦。主楼屋檐最高，次楼、边楼逐级降低，以烘托主楼之雄势。湖南会馆门楼全部采用磨砖对缝的方式砌筑，墙面整齐，气势威严。较为特别的是，屏风面采用了较为小巧的六边形水磨砖，与整幅墙面高大的尺度形成对比，更加凸显出会馆门楼的气势。由于湖南会馆目前仅存门楼，故笔者对此主入口的分析主要集中于门口及外部的空间。

与湖南盐商会馆极尽工巧的入口相比，厂盐会馆的入口门楼则显得简洁庄严。门楼也是采用随墙式，立面为磨砖对缝砌筑，但并无过多变

图2-112　扬州湖南盐商会馆入口

化，仅使用扁平砌筑法砌筑。屋顶为硬山式，下设水磨仿木挑檐，底部的水磨砖上刻有简单的砖雕用以装饰，使得主入口简单又不失大气（图2-113）。与湖南盐商会馆不同的是，其入口平面为"一"字形，并未在主入口处形成局部放大的空间。会馆原为多进布局，与一般会馆门牌楼后布置戏台的入口空间不同，厂盐会馆的入口空间受扬州当地建筑空间布局的影响，采用了两道门的布局形式。主入口位于建筑第一进轴线偏东的位置，这主要是受风水文化的影响。进入主入口后，面对的是一扁平长条形天井。根据轴线，在第二进开设有第二道门，进入此门后才能进入建筑内部空间。目前厂盐会馆内部已被分作民居使用，加建改建现象十分严重，原本以天井为中心展开的布局已很难恢复，仅入口空间部分保存完好（图2-114、图2-115）。

图2-113　扬州厂盐会馆主入口

图2-114　扬州厂盐会馆二门

图2-115　扬州厂盐会馆内部现状

相较于会馆,盐神庙的主入口设置要相对简洁得多。因其主要功能为祈福、祭祀,并非如会馆般是盐商身份、地位与财富的象征,故其相较会馆要更为质朴一些。如扬州的盐宗庙,主入口位于第一进门厅建筑轴线上,空间设置较为简单,并未做特殊的处理,但主入口仍用水磨砖砌筑,整洁威严,与盐商会馆整体风格一致(图2-116)。

图2-116　扬州盐宗庙主入口

3. 古盐道上销盐建筑的案例分析

(1)扬州岭南盐商会馆:岭南盐商会馆是扬州遗存的会馆建筑中保存最为完整的一座。无论是历经沧桑的建筑,还是记录岁月的碑刻,皆对建筑史和盐业史研究有着很高的价值。

会馆主入口与湖南盐商会馆在格局形制上大体相似,为牌楼式、"八"字形、五幅面、屏风状。但岭南会馆的建造极其精细。牌楼屋顶并非常见的小瓦,而是筒瓦。正门牌楼檐牙高啄的四面屋角,不仅有欣欣向荣之感,更像大雁展翅高飞之状。屋檐之下乃是仿木的磨砖叠置的飞椽、檐椽,做工精致,令人叹为观止。其屋檐之下的两层额枋同样是仿木而做,配以精细的雕花,颇有欣赏价值。同时,额枋中嵌有四幅浮雕人物图案,神态各异,栩栩如生,而且周围有三种形态不一的花瓣为衬托,再配以四方花叶首尾相连,其精美程度毫不逊于湖南盐商会馆。

岭南盐商会馆原布局为东、中、西三路并列,目前在其近百间的房屋中唯有中路保存相对完整。主屋前后共有五进院落，立面开间都是三间，有门楼、照厅、正厅、殿宇，两旁置披廊（图2-117）。大门之后为照厅，大厅之前的走廊与两侧厢廊相连，但其厢廊部分唯有柱脚磉石保留下来，其他均已遗失殆尽。刻有楷书字迹的东廊石碑仍在原地，碑面虽被历史洗刷，但其上文字仍依稀可辨。柱脚磉石乃覆盆式，周围雕刻莲花瓣，上面是圆润的石鼓。三间大厅都安置屏门，门后也相应设置走廊，并且与两侧厢廊连接。后一进立面为三开间。按照扬州人的说法，其应该为正厅，而在粤人眼里通常被视为供奉武帝神碑的殿堂。最后两进院落的楼房与宅邸相连。目前岭南盐商会馆已被改建成为一间酒店，中路的厅堂也改成了咖啡茶室，但整体建筑结构并未改动，仍旧保存了建筑原本的样貌（图2-118）。

（2）扬州盐宗庙：历史上与盐商有着千丝万缕的关系的三个人——夙沙氏、胶鬲、管仲皆在此庙中被来往运盐之人供奉。夙沙氏即传说中第一次煮海为盐的人，与解州盐宗庙里的"宿沙氏"应为一人。胶鬲是盐宗之一，本来是商朝纣王大夫，后经

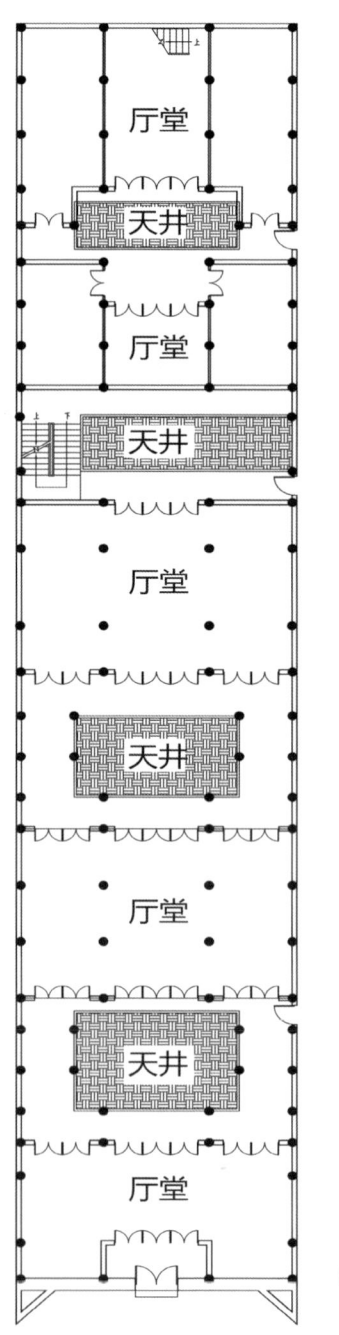

图2-117　扬州岭南盐商会馆现存中路建筑平面图

商销盐，被称为最早的盐商。管仲乃春秋战国时期齐国政治家，最早的"食盐官营制"政策便是由他提出，此政策对盐业赋税产生了极大的影响，管仲也被后人称为最早的盐官。因此在淮盐的盐宗庙中，这三位被奉为神明。

盐宗庙原有前后五进，现存三进，分别为门厅、二厅、祠堂。建筑虽只存三进，但其布局仍是典型的淮盐建筑布局形式，即天井仍是建筑布局中的核心，不可或缺。天井与前后三进房屋相连，形成"四水归堂"之势。两个大井均与厅堂连接，空间较大，因第三进为祠堂，为便于进行祭祀等活动，二、三进之间的天井较之一、二进之间的天井空间要更宽敞一些（图2-119）。

图2-118　扬州岭南盐商会馆内部空间结构现状
来源：丁洁雯摄

（3）栟茶关帝庙：在清代淮盐盐场中，每一个盐场均在场镇中心位置设有关帝庙，以祈求风调雨顺、盐业丰收，但目前保存下来的仅栟茶镇一座关帝庙。笔者调研时了解到，此关帝庙在中华人民共和国成立后多有改名，最终改回原名。翻查乾隆《两淮盐法志》栟茶场图发现，现存建筑位置与清代关帝庙一致，均位于场镇运盐河东侧。

该建筑整体采用对称式布局，前两进保存较好，为混合式结构。其中明间采用抬梁式，次间则采用穿斗式，屋顶为硬山顶。建筑整体已经过修缮，但前两进的框架和格局未经改动，尤其是第一进，几乎保留了原貌。建筑外墙用青砖砌筑，并无过多的装饰，仅入口处做了局部的砖雕，但多已损毁（图2-120）。

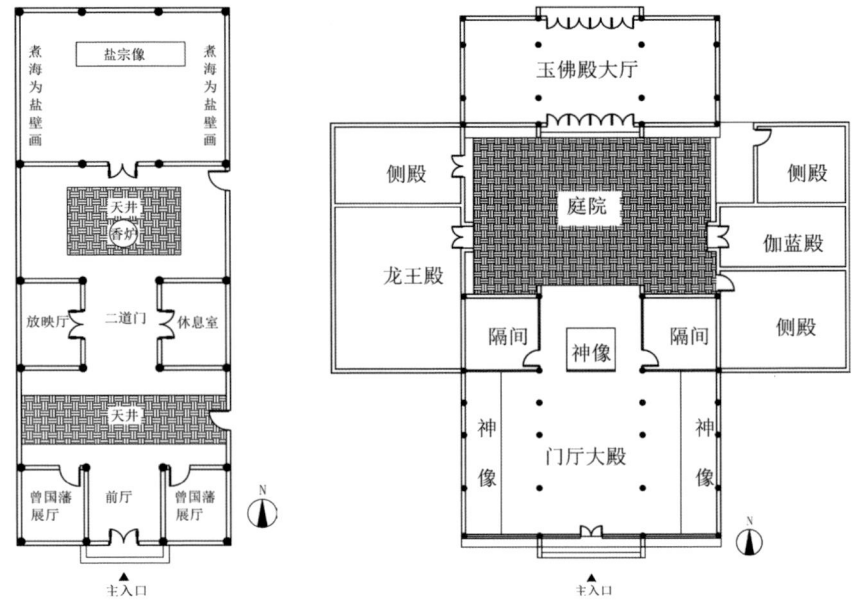

图2-119　扬州盐宗庙平面图　　　图2-120　栟茶镇关帝庙平面图

（四）淮盐古道上的其他物质文化遗产

1. 连云港市赣榆区汉代盐仓城遗址

盐仓城遗址位于今连云港市赣榆区龙河乡境内，"赣榆"为古越语"盐"的音译，因本地多产盐，又因煮盐部落的吴人曾经在此居住而得名。盐仓城遗址是战国至汉代储存海盐的盐仓所在地，据相关文献记载，因当时海盐生产规模逐渐扩大，产量不断增加，故急需一处平坦开阔且靠近海边的空地修建盐仓，故而遗址中有不少形圆而稍椭的土垒，考古学家推测这些土垒即为当时的盐仓。

遗址整体为方形，城墙为夯土，四周各边长约1千米，但目前城墙仅存西南、西北两段。而近年来考古学家发掘发现，城内不仅有盐仓，还有房基、陶器、青铜器、铁器以及其他遗迹，由此可见，此城在古时不仅仅是盐仓所在地，更应该是海盐集散地。

2. 清代盐政勒石

勒石出土于板浦灌云县职业中学院内，出土时碑身保存完好，文字清晰，且从碑文上的文字记载来看，这应是当时专门记载当地盐政管理的勒石。记载中写明，清同治十二年（1873）十二月，正值太平天国运动爆发，长江航运受阻，淮盐多处引地丢失，所产之盐无法销售，盐商资金无法周转。为管理两淮盐务，临兴场大使沈福恒颁布此布告，并在布告中强调："垣商固不准以大筐浮收，灶丁亦毋许以浅筐挞交……如敢阳奉阴违，一经访闻，定即照例究办。"从这一内容可知，当时盐政管理已经开始关注盐商与灶民之间的利益平衡，表明当时盐政管理较之以前已经有了很大的进步。

目前此勒石存于灌云县历史博物馆中，它是盐业史、经济史乃至城市历史学术研究的重要历史遗存。

3. 草堰石闸

草堰石闸始建于宋代，又名"鸳鸯闸"，因闸口有两个，故得其名。石闸呈南北向串联于范公堤上，与范公堤一起抵御海潮，保护核心街区，庇护盐民，是当时草堰镇核心街区与郊区的分界点。范公堤上原串联有十多座闸口，但草堰闸是目前保存最为完整的一座。

4. 海春轩塔

海春轩塔是位于东台市西溪镇境内的一座八角密檐塔，此塔始建于唐代，据《扬州府志》和《西溪镇志》记载，海春轩塔系唐尉迟敬德建，古时原为海盐运输船只引渡之用。目前该塔是盐城境内保存下来的最为古老的建筑之一。

5. 永宁桥

永宁桥是草堰场镇中又一历史遗存，此桥始建于明万历三十六年（1608），横跨于古运盐河之上，桥身全部由石头垒砌，比例和谐。由于地处五个方向的交会点，故而此桥踏步分为五个方向，其中河东分为两个方向，分别通向草堰大街和运盐河沿岸，河西分为三个方向，分别通向西面尼姑庵和运盐河沿岸。

四、两浙古盐道上的物质文化遗产

（一）宏村承志堂

宏村承志堂建于清末咸丰五年（1855），是大盐商汪定贵的住宅。它是村中最大的建筑群，占地约2100平方米，内部有房屋六十余间，分别围绕着九个天井布置。正厅和后厅均为三间回廊式建筑，两侧是家塾厅和鱼塘厅，后院是一座花园。院落内还设有"吞云轩"和"排山阁"

等。全宅有木柱一百三十六根，木柱和额枋间均有雕刻，造型富丽，工艺精湛，题材有"渔樵耕读""三国演义戏文""百子闹元宵""郭子仪拜寿""唐肃宗宴客图"等。

（二）浙江省杭州紫阳书院

浙江省杭州市紫阳书院，原名紫阳别墅，始建于康熙四十二年（1703）。紫阳书院的初期建造都是由安徽的盐商捐款集资，为了后代能够考取功名，这些盐商对此确实十分慷慨。当时书院的山长卢文弨特意写了篇《重修紫阳书院记》，此记中明确讲到了本院的来由："而紫阳与崇文皆前任鹾使之所倡建，鹾商相与踊跃，以襄厥成。盖鹾商多来自徽郡，实古之新安，其子弟又许其别编商籍，与土著者一体考试，故皆乐于顺上之指而不由于勉强。"由此可证，该院就是盐商所建，而盐商建造这座书院的唯一目的，就是让自己的子弟能够跟当地的孩子们一起参加考试。书院初名"紫阳别墅"，咸丰十一年（1861），院舍毁于战乱，同治四年（1865）得以重建，更名为"紫阳书院"。

（三）大云桥

大云桥是绍兴古城内历史较为悠久的石桥之一，记载于南宋《嘉泰会稽志》中。该桥横跨府河，东接秋官第（今鲁迅中路），西连狮子街（今鲁迅西路），地处闹市。南宋时桥两端曾有大云桥东市和大云桥西市两处重要的贸易场所。

（四）进德桥和际云桥

芹川村村口进德桥，下为单孔石拱桥，桥上建有似亭似廊的建筑，因此又称进德廊桥，两头各有两扇洞门，可以左进右出。此桥既便于交通，又可避风避雨，劳作后休憩。此桥因处于水口，形同关隘，在过去有一夫当关、万夫莫开之效。这是芹川古村落的标志性建筑。

村口际云桥，也为单孔石拱桥，桥北侧面阴刻楷书"际云"及"崇祯三年冬月吉建"字样，拱券青石甚为规整。石桥一侧有五级台阶，一侧与村道平行。桥之上游河段深远笔直，两侧民居古色古香。古桥、流水、古居，画面直击人心。

（五）浙绍会馆

浙绍会馆是清代浙江绍兴盐商来扬议事聚会、联络乡谊的场所，同时兼作交易、憩息、娱乐之所。据《重修浙绍会馆牌》记载称："扬地扼江淮之要，盐策殷富，百物所聚。而越人之客于扬，率托业于金银钱炭为多。于时民物繁阜，相见以信，而贸迁利饶，集其羡余，修葺房宇，故不伤财而事易举也。洎道光十一年辛卯春，廷罢巡盐御史厘盐弊，而淮南北多更旧章，因是越人之贾于扬者多半星散，而会馆亦因之浸坏矣。"

五、中国东部古盐道上的非物质文化遗产

中国东部古盐道自夙沙氏煮盐起至今，经历过漫长的岁月，留下了辉煌的篇章，其沿线不仅有丰富多样的物质文化遗产，还有众多纷繁的非物质文化遗产。它们共同积淀，相互作用，形成古盐道上独特而极具魅力的盐业文化。

（一）盐宗祭拜

旧时，两淮盐业生产多依赖于天气，加上长期文化熏陶，两淮盐区内的官员、盐商以及盐民多信奉盐神、盐宗。而在当时，官员、盐商多将夙沙氏、胶鬲和管仲一起尊奉为盐宗，在每年春节期间悬挂三人画像，供奉香火，以求庇佑，并在扬州和泰州分别修筑了两座极具规模的盐宗庙。由前文介绍可知扬州盐宗庙位于南河下老城区康山街，而泰州盐宗庙则位于泰州城北篮子行街。两座盐宗庙均由淮盐商人出资兴建。在当时，每年两淮盐商、盐政官员和部分盐民都会去扬州或泰州的盐宗庙参加一年一次的祭祀活动，祈求"盐神"的护佑。

（二）烧盐婆纸

烧盐婆纸主要是两淮盐场中盐民之间流传的习俗。盐民与盐官、盐商不同，因他们直接参与生产，故主要信奉与产盐相关的盐神，盐婆便是其中之一。关于盐婆的传说有多种版本，其中流传最广的一个是盐婆严氏出生于海边一户穷苦人家，一次偶然的机会她发现了海盐，并将海盐分发给左邻右舍，治好了大家的浮肿病。大家十分感激，认为盐是盐

婆所赐，故把盐婆奉为盐神。相传盐婆在生日（正月初六）当天有了笑脸，天气就会晴朗，盐的收成就会很好，是大吉之兆。因此，盐民都会在盐婆生日这一天进行祭祀。祭祀时各家需准备三炷香、小红烛，以及红、白、黄三色印有龙纹团的裱纸，到滩头烧纸磕头，以求产盐顺利。此习俗被称为"烧盐婆纸"。

（三）晒龙盐

晒龙盐在每年六月初六进行。相传这一天为东海龙王的生日，其他三海龙王要齐聚东海。故东海龙王命令虾兵蟹将对东海境内的海水进行清理，并用清理后的海水煎炼成盐，招待贵宾。清理干净的海水所煎之盐不仅色白味美，而且腌菜不苦，炖汤鲜美。后来此事逐渐流传于民间，盐民也在这一天用海水晒盐，故农历六月初六这日所晒之盐被称为"龙盐"。盐民对"龙盐"十分珍视，将其作为礼品馈赠亲友。

第三章　中国西部古盐道

中国西部古盐道即川盐古道。"川盐古道"是源于四川东部及南部，对川、鄂、湘、黔交会地区产生巨大影响力的千年古道。它因盐而兴，成为推动经济、传播文化的重要载体。但是随着现代交通的发展，"川盐古道"因路途艰险，百余年来逐渐被人们遗忘，对它的研究和开发相当匮乏。本章在大量考察和调研的基础上，对川盐古道的分布线路和沿途的古镇村落形成、发展、衰落的过程进行分析研究，并对盐业古镇上的民居、会馆等建筑的建造特点、建筑形式以及技术传承展开系统的论述，以期从全新的视角研究这条贯穿巴蜀地区的极具特色的文化线路。

第一节　四川古盐道

一、川盐的发现

在距今约两亿年前的中生代三叠纪，我国地形还是东部高、西部低，今长江上游的四川盆地、云贵高原、青藏高原地区尚是浩瀚的古地中海的一部分。在这期间，由于气候干旱高温，海水蒸发，盐化海膏泥沉积，形成了渝东的三叠系盐层。到了三叠纪晚期以后，由于印支造山运动，我国西部地区地壳上升，海水从盆地西南退出了大陆。这时的秦岭地槽上升，黄陵背斜耸起，四川盆地基本形成。存留在盆地内的海水和积水成为一个内陆湖"巴蜀湖"。在"巴蜀湖"形成的同时,四川盆地以外的西南和东面方向还形成了一系列有水道连通的湖泊。在西南方向,"巴蜀湖""西昌湖""滇池"自成一体,湖水沿着海退的路线从西南方向的南涧海峡流入古地中海;在东面方向,"秭归湖""当阳湖""鄂湘湖"等彼此相通。经过了漫长的侏罗纪的炎热和干燥气候,四川盆地这个深广的内陆湖及盆地周围的一些湖泊相继蒸发缩小,盆地内只剩下了四川的"蜀湖"。在这个过程中,四川盆地东部沉积了较厚的盐矿结晶。侏罗纪末兴起的燕山运动,使得四川盆地东部边缘褶皱隆起,形成了渝东地区一系列平行的褶皱和逆断层,并在盆缘形成了七耀、巫山、黄陵三处背斜,背斜上出现一些相反流向的河流,河流的下切作用使得这三处背斜的低洼处越来越深,一个四川盆地的缺口正在形成。白垩纪中云贵高原和四川盆地北部地区的逐渐抬升和盆地南部的凹陷,使盆地南部形成了"巴湖"。白垩纪末开始的喜马拉雅运动使长江上游地区剧烈上升,中国西高东低的地形形成,上升的云贵高原及青藏高原堵塞了四川盆地积水的西南出口,"巴湖"在汇集了盆地诸水后,经盆地东南边缘的齐跃山、巫山及黄陵背斜低洼处的河流下切地带,夺路东泄,形成了壮丽的长江三峡。①在四川盆地的形成过程中,海水和湖水中的浓缩盐卤结晶成矿物质沉积下来,埋藏在地下,成为盐岩和盐卤等重要的矿藏。由于地质作用,许多盐矿裸露于地表,在地下水源作用下形成天然盐泉,被早期人类发现利用,成为远古人类的"天赐珍品"。

二、川盐的分布

四川盆地的盐矿蕴藏量十分丰富,"东到万县、石柱,西至洪雅、盐源,北到仪陇、阆中、江油,南到长宁、江津等县",都有盐盆分布。这些盐盆厚度大,夹层小,"主要的盐盆有威西、万县、垫江、南充、成都五处"。盐矿有盐岩和盐卤两种形式,固态的盐岩通常都深埋地下,只有个别地点才有盐岩出露,可以加水熬煮成盐。值得注意的是,较早的古书记载的盐岩露出地表的地点,除岷江上游边远山地的汶

---

① 孙华:《四川盆地盐业起源论纲——渝东盐业考古的现状、问题与展望》,《盐业史研究》,2003(1)。

川县外，①就是渝东长江边上的云阳县了。王隐《晋书·地道记》记录朐忍县（今重庆云阳县）汤口的可以煮盐的石头时说："入汤口四十三里，有石，煮以为盐。石大者如升，小者如拳，煮之，水竭盐成。"②液态的盐卤是自然出露较多、最容易被人们认识和开采的盐矿。这种盐矿资源分布十分广泛，盆西的乐山、邛崃、蒲江等县市，盆中的自贡、蓬溪、盐亭等县市，盆东的宣汉、云阳、奉节、巫溪等县，都有矿化度较高的盐卤分布，许多地方还有天然盐卤出露。早期许多利用盐泉进行生产的遗址都位于河流旁。这种区位选择除了考虑运输的便利外，很大的原因是卤水常聚集于山脉的背斜之内，河流的下切使得卤水更接近地表，容易被人们发现，也有利于卤水的采集。

在历史文献记载中，渝东地区自然出露的盐卤相当多，即使排除掉可能是人工凿井取卤的"盐井"这一类名称外，诸如"盐泉""咸泉"等自然出露的盐卤也不少。据南宋王象之《舆地纪胜》所记，就有夔州路涪州武隆县乌江边上的"咸泉"、黔州彭水县的"盐泉"、南州军盐井江岸的"盐泉"、大宁监宝山的"咸泉"。忠县、万县、云阳自然盐卤的取卤制盐，据文献记载，至迟在汉魏时期已经形成了相当的规模，《汉书·地理志》记巴郡所设唯一的盐官就在今云阳县③。《华阳国志·巴志》记临江县（今重庆忠县）"有盐官，在监、涂二溪，一郡所仰。其豪门亦家有盐井"。北魏郦道元《水经注·江水》引《华阳记》作："县有盐官，自县北入盐井溪，有盐井营户，溪水沿注江。"

从四川盆地盐矿的自然分布状况可知，川东地区盐矿不仅蕴藏量较大，而且埋藏较浅，自然出露较多。在尚没有发明和广泛使用铁器的远古时期，这里自然出露的盐卤理所当然地成为人们优先利用的对象。井盐生产以钻井和取卤最为艰难，井越深，难度越大。南宋祝穆《方舆览胜》卷五"总论蜀盐"中说："《朝野杂记》有龙州之仙井，邛州之蒲江，荣州之公井，大宁、富顺之井监，西和州之盐官，长宁军之淯井，皆大井也。若隆、荣等十七州则皆卓筒小井，用力甚艰。唯大宁之井，咸泉出于山窦间，有如飞瀑，民间分而引之。"这种容易发现、省力省物的自然出露的盐卤，成为四川地区人们最早利用的盐源。四川井盐业

---

① ［南朝］范晔：《后汉书·南蛮西南夷列传》。
② ［北魏］郦道元：《水经注·江水》。
③ 原文作："朐忍，容毋水所出，南入江。有橘官、盐官。"

由川东地区发端，是由盐矿资源状况这一自然环境决定的。

三、川盐盐场

1. 自贡盐场

自贡是四川东部最重要的产盐基地，川盐水运经沱江进入长江，南运至湖北、湖南、贵州，向西经"蜀身毒道"进入云南。北周武帝时，因富世盐井而设富世县（今富顺县），因大共井而设共井镇（今贡井周围地区），盐井周围逐渐聚集人烟，形成了今天自贡市的雏形。清末民初，自贡已经是遍地盐井的城市了。据民国3年（1914）12月24日的场署报告："查福荣厂有火井560眼，盐井320余眼，现停3600余眼，废井8200余眼。"也就是说，民国初年，已经有1.2万多眼井分布在自贡市，其密集程度堪称全国第一。抗战结束时，其产盐量占全省60%，税收占全省80%。自贡现在仍有西秦会馆（陕西盐商会馆，今为盐业博物馆，图3-1）、王爷庙（船工行帮会馆，图3-2）、桓侯宫（屠沽行帮会馆）以及众多的井架、盐井等盐业遗存（图3-3、图3-4）。

图3-1　西秦会馆入口

2. 犍为盐场

犍为盐场位于四川盆地西南、岷江下游。犍为置郡于西汉，建县于隋朝，历史源远流长，自公元583年建县，至今已有1400多年。犍为地处入成都平原的黄金咽喉水道。清乾隆、嘉庆年间是四川盐业生产迅速发展的时期，这一时期形成了以犍为永通厂、富顺自流井为代表的盐业生产中心。犍为永通厂是主管犍为境内盐区盐引发放、盐税征收、私盐督捕的政府机关，其主管的辖区盐的产量在川盐中首屈一指。据嘉庆十九年（1814）《犍为县志》记载："从康熙年间到嘉庆十七年，计开新旧盐井共2080眼，煎锅2902口，到嘉庆十九年，现额上、中、下盐井共有1106眼，煎锅1654口。"犍为盐业兴旺，带动了地方经济的繁荣，财政收入丰富，每年征收锅课、引税就有近53 000两白银。得益于永通厂盐务，犍为因此"民无淡食，税无蒂欠，官民两便，地称富饶"，时有"金犍为"之称。

图3-2　王爷庙戏楼

图3-3　1938年自贡布满井架天车的小城　　图3-4　现存盐井天车
来源：原作者孙明经，翻拍谢洪

3. 涂井盐场

涂井镇位于忠县县城东北40千米、汝溪河下游涂井溪边，所产之盐经西沱入长江（图3-5）。涂井镇红赤村汝溪两岸分布有大量的盐井、蓄卤池、输卤笕槽支架柱洞、大型熬盐的灶炉遗址及损毁的寺庙基址（图3-6）。历史上，这一带产盐颇具规模。中华人民共和国成立初期，汝溪河两岸还有重兵把守，以防私盐偷运。20世纪60年代，盐场由于卤水含盐量降低而停产。

图3-5　涂井古镇

图3-6　涂井溪烧盐炉遗址

4. 云安盐场

云安镇位于老云阳县城汤溪河上游16千米处，水路经汤溪进长江，陆路经马道运销至两湖及陕西、河南等地区。云安是著名的产盐大镇，曾被誉为"川东八大盐场之冠"。唐贞元元年（785），云安井置云安监，设井监史，直属朝廷。盐业兴盛时，这里会馆寺庙云集，有"九宫十八庙"之称，如江西会馆、陕西会馆、湖广会馆等。各种房屋依山而建，大街纵横，小巷深幽，其中不乏大户深宅。老镇因离长江只有十几千米，大部分属淹没区，现已与云阳、双江一起搬迁至新云阳县（图3-7）。

图3-7 已经被淹没的云安古镇

5. 宁厂盐场

宁厂镇位于巫溪县大宁河边，所产之盐经大宁河过巫山县进入长江，运至湖北地区。由于有天然盐泉涌出，又有大宁河交通之便，春秋时期此地便有先民逐盐而居。唐代，这里曾被列为全国"十监"盐场之一，有"一泉流白玉，万里走黄金"的美誉。古镇街区背靠宝源山，面临后溪河，房屋在绝壁之间断断续续沿江边延伸，多为一边是房、一边是崖坎的半边街（图3-8）。

图3-8 大宁河边的宁厂古镇

6. 郁山盐场

郁山镇位于重庆东南部彭水县的郁江边，其所产之盐供应鄂、渝、湘、黔等地。由于郁山镇盐泉易于开采，故较早被古人开发。汉代起，郁山就有征收盐税的盐官。唐代时，郁山被列为全国"十监"盐场之一。到清乾隆二十六年（1761），此处产盐553万公斤，曾有"万灶盐烟，郁江不夜天"的盛况。至今还保留有三条老街，并存有童家祠、苏家院子等古建筑。

第二节 川盐的运销

清代以前，食盐运销方式不断改变，未有定法，直至清代，国家才制定了系统的盐业专卖制度，并规定了具体的销盐区域。据《四川通志》卷十四"盐法"记载："宋朝之制益州路则陵井监及二十八井，邛州九井……夔州路则夔州有永安监，忠州五井，达州三井，万州五井，黔州四井，开州一井，云安军云安监及一井、大宁监一井，所出盐斤各给本路，监则官掌，井则土民干鬻，如数输课，听往旁境贩卖，唯不得出川峡。"关于川盐的销售，在唐、宋、元、明时期，虽然实行划分销区的办法，但史书上并未说明哪处销哪个盐场的盐。从清雍正时起，政府规定了按人口卖盐的办法（即计口授食盐办法）。每一县销多少盐，从哪个盐场配运，都有一定的制度。并且还有水引、陆引之分，陆引只能由旱道运销，水引就遇水行水，水路行程走完了还没有到达指定的销盐地区时，再转由陆路运输，直至抵达目的地。清雍正七年（1729）二月实行计口授盐，推行分岸分场"引岸制"，规定盐销本省为计岸，销外省为边岸，销两湖（湖南、湖北）为楚岸。不同盐场都有各自的销售区域，以云阳的云安盐场为例，朝廷规定云阳盐计岸有云阳、奉节、开县、新宁、梁山、万县、巫山、达州、东乡、太平、建始等十一个州县，边岸有石柱直隶厅等。

总体来讲，不管川盐销售制度和销售区域怎样变动，巴蜀地区，特别是川、鄂、湘、黔交会地区千百年来食用川盐的传统一直未变，因此，无论川盐在全国销售区域如何更改，巴蜀地区仍然是川盐产、运、销的核心地带。

川盐运输主要向东、南两大方向辐射（图3-9）。向东的辐射主要通过长江、清江、酉水、汉江水系，销售至川东（主要是重庆地区）及两湖（湖南、湖北）地区。向南辐射主要分三部分：一部分通过乌江、綦江、赤水、永宁河销售至贵州；一部分通过金沙江、南广河水道以及"蜀身毒道"行销云南；再一部分是由渝东盐场向南，经鄂西南至湘西，这部分主要是陆运通道，它连接东西走向的长江、清江、酉水、汉江水系，是川盐东运楚地的重要补充。除这两大方向以外，在特殊时期（如抗日战争时期），川盐还曾西销西康，北销陕西、甘肃部分地区。

图3-9 清代川盐运销区范围图

第三节 川盐古道的主要线路分布

川盐古道是以水路运输为主体、陆路运输为辅助的综合运输网络。本部分将就川盐的主要水路运输和运往鄂、湘、黔、滇各省的主要通道做进一步介绍。

川盐运输最初发展起来的要数水路交通，这是由于大多数盐场都位于长江干道及其支流上，如大宁盐场位于大宁河旁，彭水县郁山镇盐泉临乌江支流郁江，云阳县云安诸井位于汤溪河畔，忠县诸井位于涂井溪、瞽井溪、盐井沟、小井溪畔，开县诸井位于清江东溪河畔。

各盐场所产之盐的外销以及盐业生产所需之物的运输主要靠水运。如自贡盐运销彭水，有长江和乌江之便，从富顺盐场起运，经泸州、重庆、涪陵转入乌江至彭水，全程水道760千米；从犍为盐场起运经重庆、涪陵至彭水，全程水道850千米；由射洪盐场起至彭水，全程水道780千米；盐在涪陵转载，用木船装运溯乌江而上，经武隆、江口至彭水，全程水道215千米。又如大宁盐场，依靠巫溪（大宁河）为主要水道，盐场之盐经巫峡大昌镇至巫山龙门峡入江，旧为135千米，经整治，河道今为80千米，虽滩多水急，但仍可通舟楫。大宁河历来是巫盐出峡的主要交通道路，据苏轼《金盐说》："峡中大宁监，日有定数，若大商覆舟，则盐泉顿增。"可知当时巫盐的增减对全国盐价都颇有影响。《四川盐法志》载：清雍正年间，四川始实行"计岸"授盐，由大宁厂运至大江，有巫山、巴东等"巫楚计岸"九处，至"长乐岸"（现在的五峰县）最远，计程620千米。道光年间，大宁河盐船发展到六百余只，年运盐出峡710万公斤。清人魏光烈有诗赞美道："黄金走万里，待看往来船。"

总体来说，长江是川盐运输的主要水路通道。四川周边各省盐运主要依靠长江支流，如贵州是乌江、赤水、綦江、永宁河、芙蓉江；湖北是清江、酉水、汉水；湖南主要是酉水经沅江进入洞庭湖流域。这些江河与巴蜀境内连接各运盐口岸的陆运盐道一起构成一个大的川盐运输网络（图3-10）。

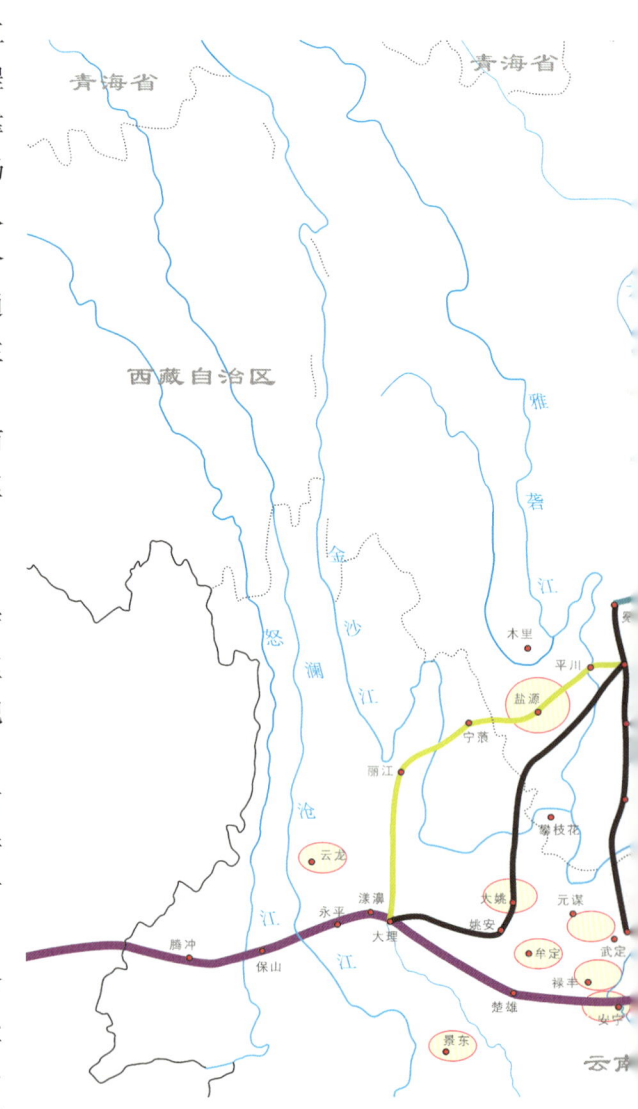

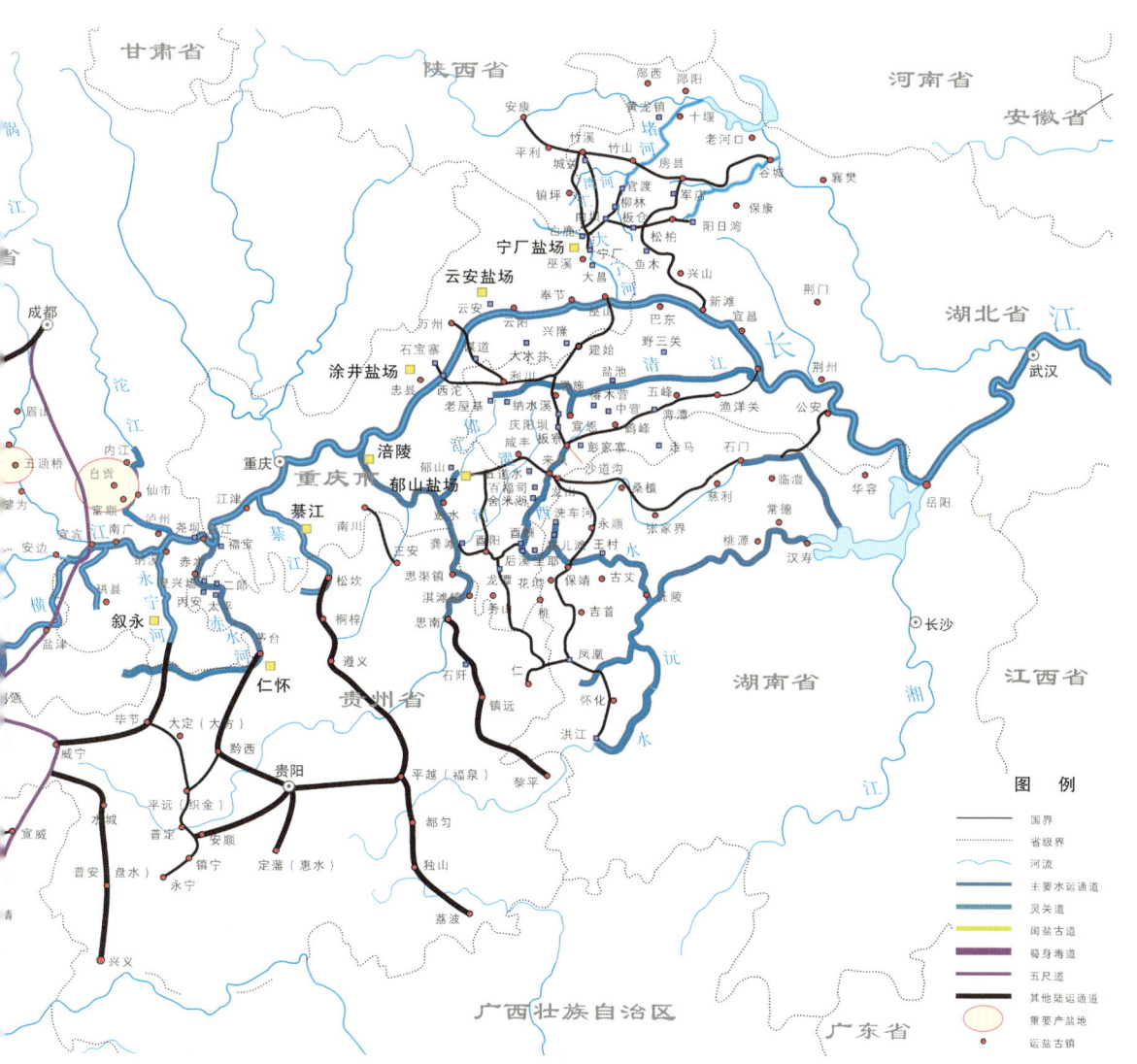

图3-10 川盐古道线路示意图

一、川鄂古盐道

鄂西是川盐销售的重要区域,这是由于川盐的重要产区如郁山、忠县、云安、大宁等地,其东部完全被鄂西大山包围,而古时长江航运时断时续,在江运不畅之时,川盐要东进两湖地区,必要翻越鄂西的崇山峻岭。并且鄂西的恩施州、神农架地区由于受东部山麓阻隔,淮盐难以到达,一直有食川盐的传统。

本书所述川鄂古盐道,包括湖北宜昌、郧阳、安陆、襄阳、荆州、荆门五府一州,即今鄂西南的宜昌、兴山、秭归、鹤峰、长阳、建始、利川、恩施、宣恩、咸丰、来凤等市县,鄂西北的竹山、竹溪、郧阳、房县、保康、均县、襄阳、谷城、枣阳、宜城、南漳,以及钟祥、京山、潜江、天门、公安、石首、监利、松滋、枝江、宜都等地。

根据川盐的来源不同,在武陵地区至少有"四横一纵"几条著名的古盐道(图3-11)。"四横"以水、陆配合运输,水路主要是长江、清

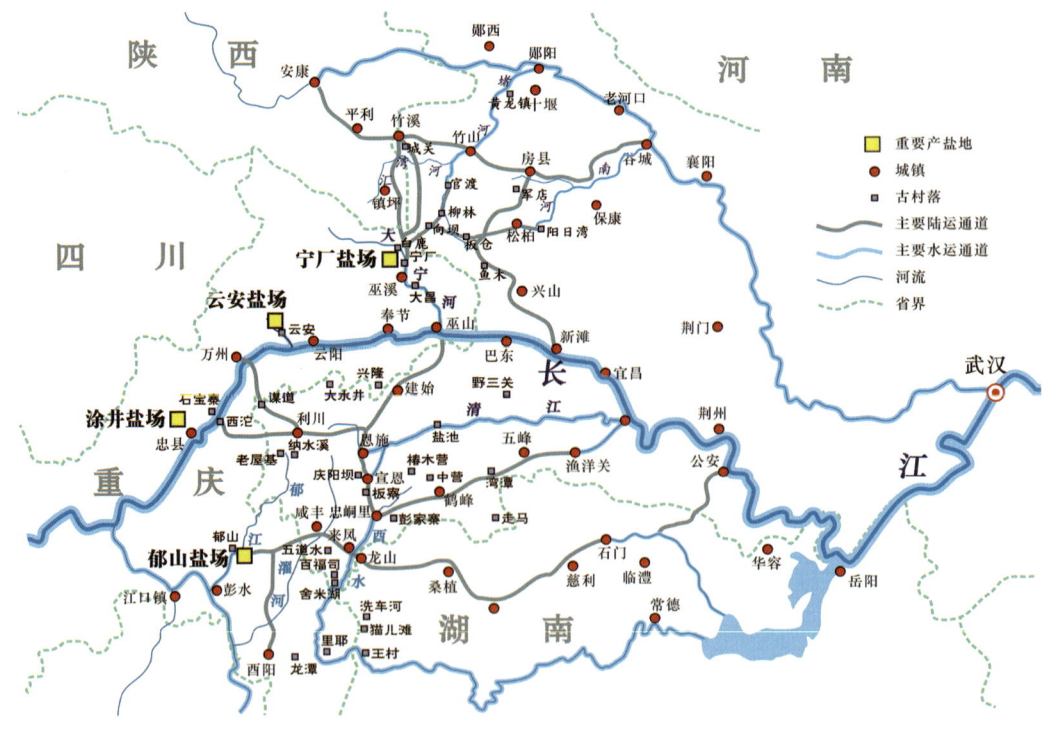

图3-11 川鄂古盐道线路示意图

江、酉水、汉水，这与鄂西主要山脉的东西走向相对应。"一纵"是连接各江运码头的重要陆运路线，它与山脉垂直，翻山越岭，路途险阻，与"四横"一起形成贯穿鄂西地区的主要盐运网络。

1. "四横"

（1）长江线

川南的自贡、富顺、犍为之盐顺沱江进入长江，渝东云安、大宁之盐经云阳、巫山进入长江，再沿江东运，经重庆、西沱、万州、奉节、巴东、新滩、宜昌、武汉等盐运码头，进入湖北地区，这是川盐最主要的外运通道。长江下游是淮盐销区，上游是川盐销区，中游从宜昌到洞庭湖流域则是川盐、淮盐争夺之地。在国运昌盛时，政府一般会采取压制川盐、鼓励淮盐的政策。而当国运衰败、江运受阻时，由于长江上游地势险要，易守难攻，政府又靠川盐救国，鼓励川盐外运（如清末太平天国阻断长江中下游船运、抗日战争时日军对长江封锁时，政府都兴起了声势浩大的"川盐济楚"运动），故有"国衰则川盐兴，国兴则川盐衰"的现象，而这主要是由长江沿线的运输能力决定的。

（2）汉水线

大宁、云安之盐北运至陕西安康，或陆运经竹溪、竹山、房县至谷城，再沿汉水向东南，经襄阳、荆门运至武汉，销往两湖地区。抗日战争时期，随着武汉、宜昌沦陷，川盐沿长江只能运至新滩、秭归，再沿香江北至兴山，翻越神农架林区至房县、谷城，再由汉水进入楚地，因此这一时期汉水线尤为繁忙。

汉水水系自古交通地位十分特殊。由于汉水位于我国中部，介于黄河、长江两大水系之间，北边是秦岭山脉，南边是大巴山脉，汉水穿流其间，形成两山夹一川的贯穿通道，是沟通东西的重要走廊。流域内的汉中盆地、南阳盆地和襄阳盆地是我国西部和中部地区南北交往的必经区域。特别是西部的山陕地区是"汉"文明的主要发源地，古代秦人从山陕地区进入水土丰腴的两湖盆地，必要翻越秦岭和大巴山两座屏障，汉水则是一条天然通道。秦人能一统天下，山陕商人能"商通全国"，汉人之所以称"汉"，都与汉水不无关系。巴人能靠巴盐与秦、楚交易，过上"不织而衣，不耕而食"的生活，也是依赖北有汉水，中有长江，南有清江、酉水的水运之利。

汉水线除汉江水运外，陆运亦是重要补充，但陆运大多要穿越原始森林，常有虎豹出没，异常艰辛危险。清光绪时严如煜辑《三省边防备览》中记载：其盐道"东连房竹，北接汉兴，崇山巨壑，鸟道旁通"，"山中路路相通，飞鸟不到，人可渡越"；房县东南阴条岭，"交四川大宁、巫山二县界，自上龛以南，山大林深"；大宁场盐运至竹山县，所经之土地塘段"均大山峻岭，间有未辟老林"；由兴山过大、小九湖翻越神农架所经之路，"大、小九湖坪由老林中觅路而行，极其幽邃，一路间有棚民而荒凉特甚。西流溪等处，均千百年未辟老林，青葱连天，绝少人烟，进者迷出入之路"。①

（3）清江线

忠县涂井、䜴井盐和自贡井盐经水运汇集忠县西沱镇，陆运经石柱、利川、恩施，再由恩施经清江水运，过长阳、宜昌，进入湖北腹地。

清江发源于鄂渝交界的齐跃山脉，从东到西贯穿整个鄂西南地区，被许多学者誉为"土家族的发源地"，而清江自古便与"盐"有着密切关系。《后汉书·南蛮西南夷列传》引《世本》载："（廪君）乃乘土船，从夷水至盐阳。盐水有神女，谓廪君曰：'此地广大，鱼盐所出，愿留共居。'"夷水（又称盐水），即今清江。《水经注》解释说："夷水，即佷山清江也。水色清照十丈，分沙。蜀人见其澄清，因名清江也。昔廪君浮土舟于夷水，据捍关而王巴。"熊会贞在《水经注疏》中进一步判断："泉在今长阳县西。"《世本》记载的"鱼盐所出"之地即长阳县最西端的渔峡口一带。笔者在清江沿线考察时，发现在清江水布垭水坝旁的盐池镇，至今还有盐池温泉涌出。而从当地残存的建筑遗迹不难推出，这里曾是非常繁华的古镇。

现在的清江，由于隔河岩、水布垭等梯级电坝的建设，行船已成为历史，但清江两岸的峡谷仍然保留了许多原生态、未开发的秀美景色。特别是以平洛峡、巴山峡和伴峡而组成的"清江三峡"，更是令人流连忘返，沿途呈现典型喀斯特地貌的石林、溶洞等自然景观多不胜数，其自然景观与人文景观水乳交融，互为映衬，形成了一条难得的文化景观线路。

---

① 严如煜：《三省边防备览》卷3《道路考下》。

（4）酉水及渔洋河（汉洋河）线

郁山及酉、秀、黔、彭地区盐场之盐经利川忠路—咸丰—来凤，再分两条：一条沿酉水进入湖南洞庭湖流域；一条向东经宣恩两河口—鹤峰（土家族最大的容美土司所在地）—湾潭—五峰—渔洋关，再经渔洋河由宜都入长江，进入湖北平原，或由鹤峰经走马、石门进入湖南。

渔洋河线是古时由湖北穿越鄂西南进入四川的重要通道，其中由渔洋关至忠峒里（今沙道沟）段以陆运为主，清时著名文人顾彩写《容美纪游》时就是从这条线进入容美土司领地的。而渔洋关作为土家族、汉族的分界线，商贸自古繁荣，在民国时亦有"小汉口"之称。据《长乐县志》记载："渔洋关旧属长阳，后属长乐县，东接枝江夷道，南连松滋、石门……群峰秀削，古岭绵延，一水云奔，汉溪缭绕。"（图3-12）自清江口至渔洋关为汉洋河，险滩层叠，有船名曰摇摆子。冬月水涸，船多不能行，必用石横砌溪河并用草填塞石缝谓之闸水，闸水一消则水涸，挽运甚艰，需一人抱船头，一人在船尾推移前行。船户负缆上过一滩，"气息不属，而水雪在地，赤足力挽，恒有跌陨之患"。由此也可见这段盐道的艰辛。①

图3-12　五峰（长乐）县境内的柴埠溪云海

酉水作为唯一流经川、鄂、湘三省交界处的河流，成为武陵地区古文化传播的重要纽带。它发源于鄂西宣恩县忠峒里，流经龙山、来凤、酉阳、秀山、花垣、保靖、永顺、古丈等县市，沿途流经众多风情浓郁的土家族村寨，如宣恩县忠峒里、宣恩沙道沟彭家寨、来凤百福司舍米湖等。而作为纵横三省的主要盐运线路，其上更是有众多的盐运古镇，如里耶、龙潭、酉酬、后溪等，特别是保靖四方城古城、里耶三座战国古城址及秦竹简的发掘，充分说明早在汉代以前酉水流域就

---

① 万良华：《清代民国时期川盐外运路线初探》，西南大学硕士学位论文，2007。

已十分繁华。只是随着凤滩水电站、碗米坡水电站的建设，许多文物古迹已永远沉于水底。

2. "一纵"

由长江边的万县、云阳、奉节、巫山盐运码头出发，向南翻越齐跃山脉，过利川、恩施到宣恩，再经咸丰—来凤—龙山—桑植—张家界—凤凰，进入湖南地区，与川湘盐运网络连接，便形成遍布鄂、渝、湘、黔交会地区更大的盐运网络。

这条商道以陆运为主，主要靠人挑马驮。由于与鄂西山脉的走向垂直，沿途翻山越岭，异常艰苦。人马驮盐日行很难超过30千米，因此鄂西的大山中，每隔一段就会有马站，供过往的商客歇脚，久而久之便发展为附近村民赶集聚会的场镇（当地叫"赶场"）。在这条纵向的盐道上考察，至今仍能看到许多这样的马站或场镇，由于盐道废弃，它们大多已逐渐衰落，但从沿街的铺面、残存的庙宇、倒地的石碑砖雕等遗迹不难看出这些场镇曾经的繁华。这其中比较典型的如恩施利川的老屋基、纳水溪、柏杨镇、大水井，宣恩的庆阳坝、板寮、晓关、沙道沟两河口，恩施的太阳河、罗针田、团堡老街等（分布位置见图3-11）。

二、川湘古盐道

川湘古盐道主要分布在湘西武陵山脉区域，境内千山万壑，群峰壁立，地势突兀险峻，旧时被视为"蛮烟瘴雨"之乡，常为"罪臣"贬放、流民逃难之地。湖南的湘、资、沅、澧四大水系，除了湘江，其他三水皆从湘西流过，特别是充满传奇色彩的被誉为"湘西的母亲河"的沅江，流经了差不多整个湘西地区，沅江的重要分支酉水，更是流经川、鄂、湘交会地区，是重要水路通道。因此，湘西的盐运交通，基本上是靠水运，陆地交通极不发达。湘西陆地交通设施成规模地兴建最早是在元朝，朝廷需要经营滇、黔、川，须取道鄂、湘境，这才开始正式整修湘黔驿道。后来在两次大规模川盐济楚期间，为使川盐顺利运出，才在古驿道基础上整治兴建了一批盐道，这算是湘西陆地交通设施较早的雏形。

进入湘西的盐道可概括为"两横一纵"三条主要线路（图3-13）。

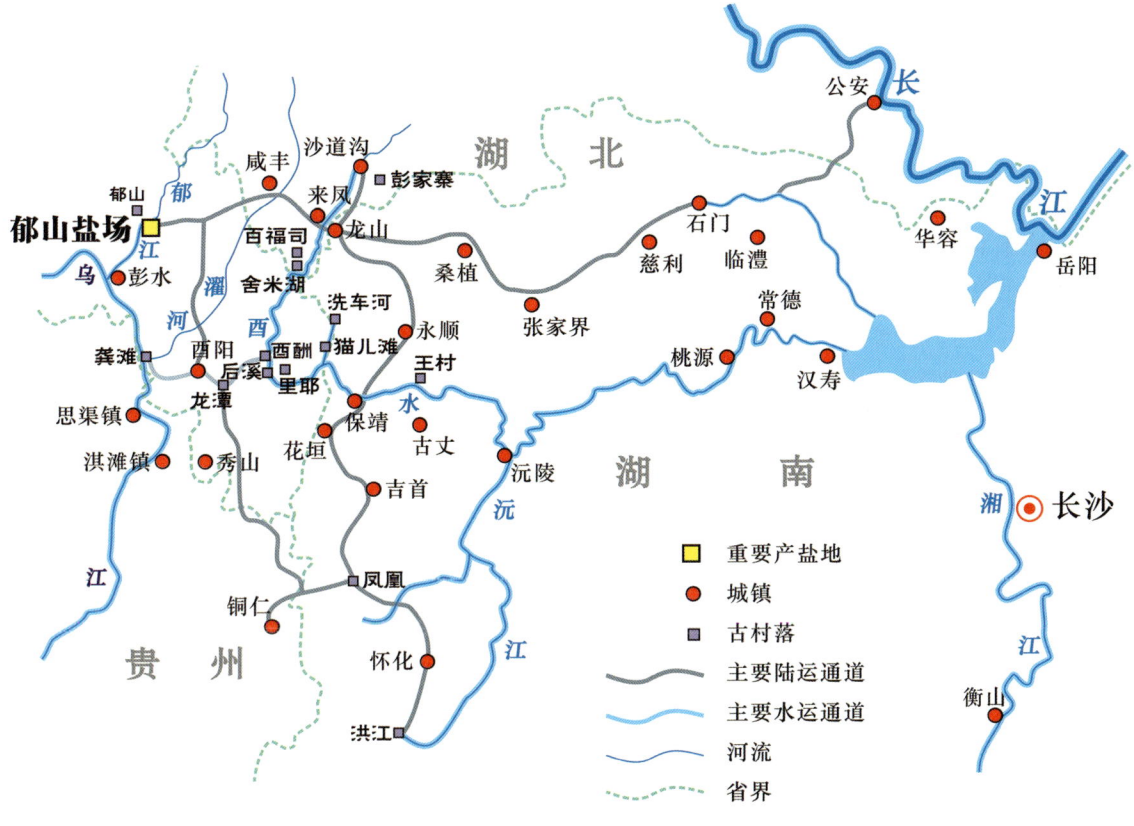

图3-13 川湘盐道线路示意图

1. "两横"

(1) 龙山线

民国时期,国民党政府曾在龙山设立"湘西川盐榷运局",民国32年(1943)还在龙山县设"川盐济湘营业处",进行大规模的盐税征收,这主要由于龙山地处鄂、渝、湘三省交界处,是三省边贸的重要集散地。酉阳的郁山之盐经鄂西的咸丰、来凤到龙山县,或自贡、富顺之盐经"涪岸"(涪陵)陆运至酉水码头,过里耶,经洗车河运至龙山县,再经桑植、大庸(今张家界)、石门到澧县,由此分两路:一路经澧水,过常德入洞庭湖流域;一路北上,由湖北松滋、荆州入长江。

这条盐道几乎横跨武陵山脉,地势险峻,道路大多坡连坡、弯接弯,全程皆穿行于千峰万壑之间,行到高处,如登天梯,俯瞰向下,松山云海,如入仙境;而走到低处时,如入地府,仰头上望,方见头顶一线天，四周却是布满苍苔的水淋淋石壁。运盐者，四季皆结队行走，一防强人抢劫，二防毒蛇猛兽伤人。在旧时，一担谷可换一斤盐，所以有"担谷斤盐"之说。在湘西，食盐曾经贵如金自不必说，盐道上一路艰难险峻，更是一部旧时湘西盐夫的辛酸史。旧有《盐道纪程谣》曰："十里路上到瑶角，二十里路起风波，三十里折岭高万丈，四十里两头扯平和，五十里良田一半饷，六十里万岁封八角，七十里韩愈走马岭，八十里拱桥对庙角，九十里黄溏打一望，一百里来回坡连坡。"

（2）沅水线

此线之盐由重庆"涪岸"转船，经乌江运至黔东的沿江、铜仁等地，由湘西的里耶、凤凰、洪江等地运至沅水，再由沅水进入洞庭湖流域。

2. "一纵"

渝东之盐穿越鄂西，从湘鄂交界的来凤、龙山进入湘西。以此为起点分两条南下：一条水路，通过酉水，流经百福司卯洞、里耶至保靖；一条陆路，经永顺至保靖，再向南经花垣、矮寨、凤凰、怀化、洪江运至湘西全境。抗日战争结束后，川盐衰落，这条特殊的川湘盐道被废弃。

这条盐路纵贯湘西苗族聚居区，既是苗民对外贸易交往之路，也是旧时统治者对苗区进行镇压的用兵之路。例如清朝乾隆、嘉庆年间，以凤凰、乾州为中心的湘西地区的苗民起义，与七省十八万清兵大战两年余，坚持十二载，其主战场就在这条盐道上。当时为配合军事进攻，清军主将福康安曾上书乾隆，要求禁止食盐卖入苗区，以使"苗民无盐食则病"，后来史料记载："辰州永顺一带，运盐小贩不前，以至盐斤缺乏。"[1]起义被镇压后，为了在政治军事上加强对苗疆的控制，1797年，清政府任命凤凰厅同知傅鼐为总理边防同知，大规模重修抵御苗民的城墙，据傅鼐《修边论》载："自三厅由乾州交界之木林坪，全中营所辖之四路口，筑围墙百数十里。"如今凤凰、矮寨等地还留有大量城墙遗址，被称为"中国南长城"。随着统治者对湘西苗族聚居区血腥的征服和同化，留下了"生苗""熟苗"之说，并且在这些古盐道上留下了一系列标志着汉族扩张和占有的汉语地名：永绥（今花垣）、保靖、永定（今张家界）、永顺，清乾隆时永绥厅的城门分别叫作宣威门、振武门、长治门、久安门、归化门。

---

[1] 盛天宁：《清代中衰之战——乾嘉苗民起义研究》，湖南人民出版社，2007。

三、川黔古盐道

由于贵州不产盐，黔路虽然通达，居民仍然过着"淡而无味"的生活。随着四川盐业的兴盛和时势的变迁，这条出于军事目的建造的道路逐步演变成富饶的经济"盐路"。

《清史稿·志九十八》："初川盐以滇、黔为边岸。而黔岸又分四路，由永宁往曰永岸，由合江往抵黔之仁怀曰仁岸，由涪州往曰涪岸，由綦江往曰綦岸。"其中"永宁"（四川叙永）、"仁岸"（经赤水到仁怀）、"綦岸"（重庆綦江）、"涪岸"（重庆涪陵）是川盐入黔的重要口岸。"其盐入四岸，旧制由大江至此换船溯流折入岸河曰转江，永岸由纳溪转江，自叙永入黔岸"；"仁岸由合江转江，自仁怀厅入黔，綦岸由江津之江口转江入黔；涪岸由涪转江，自酉阳之龚滩入黔……其在转江州县换船过载，不许起岸贮店，以防搀越"。[①]

四个口岸即四条川黔古盐道（图3-14）的重要节点。

（一）永岸

川盐自五通桥或自贡自流井运出，销永岸之盐至纳溪卸载转入永宁河，改用小船运载，逆水行至叙永，再南下自叙永县经毕节、水城至普安，称为永宁道。川滇公路通车之前，川盐由纳溪至叙永岸口全靠水运。此段河流狭窄，船只经常失事。明朝杨升庵《咏永宁河》诗云："永宁三百六十滩，顺流劈箭上流难。"叙永县城作为川盐入黔的起点，至今仍保存许多珍贵遗迹，其中盐店街是盐道文化的主要表现，街上著名古建筑——"春秋祠"（亦名"陕西会馆"）为四川省文物保护单位，是重要的盐文化遗存，也是古盐道上盐商会馆的典型代表。

川盐出叙永县向南，大致可分为两大路线：一过赤水经毕节发运大定（今大方）、黔西、威宁、水城、兴义、普安（盘州市）各府厅州下各地；一过雪山关经大定的瓢儿井至大定（今大方）、平远州（今织金）、普定而达安顺府城、永宁州、镇宁州。上述两路均为陆运。叙永县城向南进入毕节，同时地形由丘陵向贵州高原过渡，地貌由散布的丹霞地貌向典型的喀斯特地貌过渡，沿途岩溶景观和生态环境完美统一，

---

① ［清］丁宝桢：《四川盐法志》卷10《转运五·贵州边岸》。

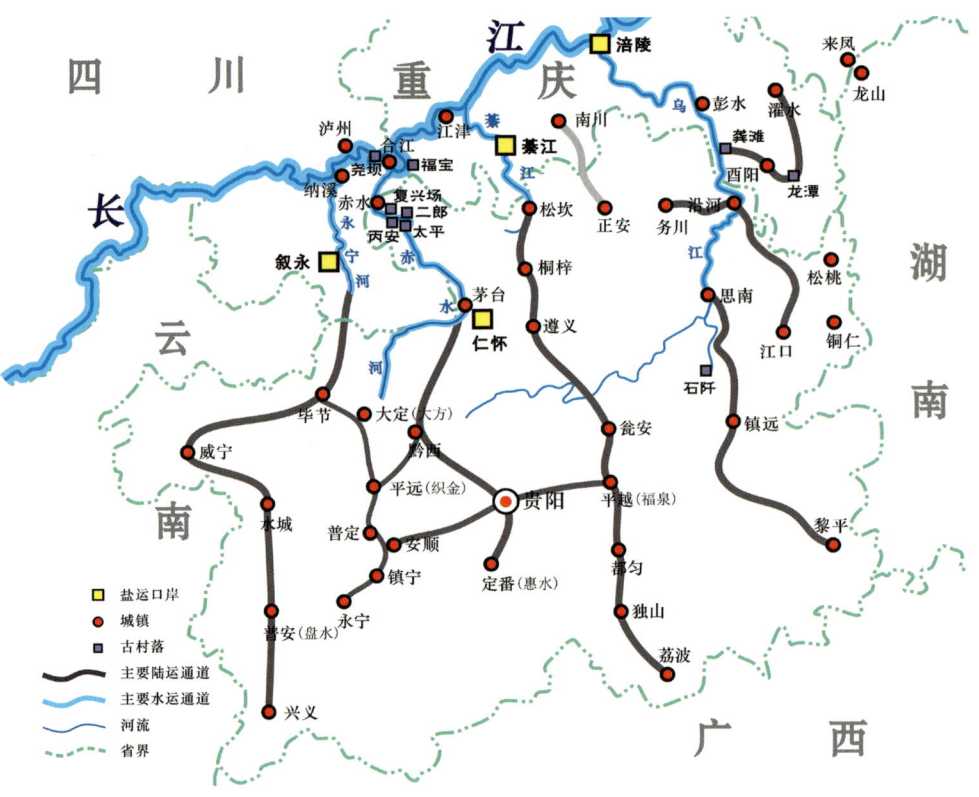

图3-14 川黔古盐道线路示意图

呈现出神奇的特色。老川滇公路纵穿毕节,毕节一向为黔西交通和物资集散中心,建城历史悠久,集镇文化丰厚。

(二)仁岸

沿东南至合江,由合江溯赤水河至仁怀厅(今赤水市),经猿猴、二郎滩、兴隆滩至仁怀县属之茅台镇,称为合茅道。川盐上岸再分运至贵阳、定番、罗解、安顺、黔西州、平远州、平越等地。"自合江至贵阳全程527公里,合江至安顺615公里。"[1]

---

[1] 贵州省地方志编纂委员会编:《贵州省志·商业志》,贵州人民出版社,1990。

合江至茅台主要依靠赤水河水运，而茅台站以下均为陆运，全靠人背马驮。合江福宝古镇地处川、黔、渝交会处，是明、清从自贡贩盐到贵州的必经驿站。古镇始建于元末明初，复建于清乾隆年间，已有300多年的历史，是四川民居的代表，也是山地建筑的典范。小镇主街回龙街依山而建，古镇入口处的回龙桥是道光年间建造的单曲石拱桥。站在最高处的火神庙俯视老街，屋宇高低错落，千姿百态，随山势起伏。

从福宝继续南下，到达赤水河边的重镇——茅台镇。茅台既是川盐入黔的水运终点，同时又是陆运起点。它曾经是十分偏僻的小镇，后因盐运而兴盛，自古便有"川盐走贵州，秦商聚茅台"之说。乾隆元年（1736），四川巡抚黄廷桂于黔边设四大口岸，茅台镇为"仁岸"。仁岸的开设促进了茅台镇商业的发达，因此茅台镇一度改名为盐商镇，简称盐镇。每年由赤水河运往茅台的盐大约有650万吨。在盐运的推动下，"家唯储酒卖，船只载盐多"，茅台镇生产的美酒，通过盐商远销各地，声名远扬。

（三）綦岸

綦岸运线，由四川江津几江口经綦江水运70千米至桐梓县松坎镇，再转陆运经新站、山坡、板桥至遵义、瓮安、贵阳、定番、平越、都匀、独山、荔波等地，全程水陆450多千米。其陆路为川黔大道，无论人背马驮，每负运35～37.5千克，给盐4.5～5千克。1936年公路修通后，开始试用汽车代替人背马驮运盐，逐渐减少了落后的人背马驮的运输方式。

（四）涪岸

由涪陵进入乌江，经彭水至龚滩，再经思南入黔境，其中比较著名的盐运大道有龚黔道（龚滩至酉阳），全程90千米；龚龙道（龚滩至龙潭），全程139千米；濯龙道（重庆黔江濯水至龙潭），全程105千米；江口至贵州务川为黔边盐运古道，全程150千米；南川东路至贵州正安县系川黔要道，全程150千米。乌江既是盐道，也是一条军事河流，历来被称作天险。汉代、三国、太平天国的英雄豪杰都在江边演绎过金戈铁马的故事。《华阳国志》中有记载，"涪陵郡，巴之南鄙。从枳南入，折丹涪水，本与楚商於之地接，秦将司马错由之取楚商於地为黔中郡"①，"司马错率巴蜀众十万，大船舶万艘，米六百万斛，浮江伐楚，取商於之地为黔中郡"②。司马错此次用兵即取乌江南下到达今四川彭水一带，再深入黔地东北。

乌江两岸绝壁陡峭，灌丛密布，水急滩险，胜似三峡，被誉为"千里画廊"。据民国时期《沿河县志》载，"思南至涪陵三百四十八公里，中有大小险滩一百七十六处，小滩不计，外有险滩八十三处，航行之险可以想见。其中潮砥、新滩、龚滩为乌江三重天堑，上下不通舟楫"。其中潮砥滩"乱石横江，激浪汹涌，舟行上下皆必停泊，潮砥镇即在滩下，知县朱奕昭诗：'海上潮从海底生，此间潮砥旧标明。排空雪浪兼天涌，逐日雷车扳地为……'"。乌江沿线众多因盐而兴的古镇都极具特色，其中的龚滩、龙潭、酉阳等古镇在下节还有具体论述。

四、川滇古盐道

川滇地区商道自古繁荣，文献记载颇丰，其中以"蜀身毒道""闰盐古道""五尺道"最为著名，而这些商道自古都与"川盐"紧密联系在一起，是川盐入滇的重要通道。

（一）蜀身毒道

《史记·西南夷列传》首次记载这条商道时说，西汉"元狩元年，博望侯张骞使大夏来，言居大夏时见蜀布、邛竹杖；使问所从来，曰'从东南身毒国，可数千里，得蜀贾人市'。或闻邛西可二千里有身毒国。骞因盛言大夏在汉西南，慕中国，患匈奴隔其道，诚通蜀，身毒国道便近，有利无害。于是天子乃令王然于、柏始昌、吕越人等，使间出西夷西，指求身毒国"。这段记载说明，在汉王朝谋求打通经西南夷通往身毒国（古印度）的信道之前，这条信道上就已有四川的"蜀布、邛竹杖"输出了。

这条古商道是连接中原与东南亚的通道，始于蜀（起点为成都），

---

① ［西晋］常璩：《华阳国志·巴志》。
② ［西晋］常璩：《华阳国志·蜀志》。

经云南的昭通、曲靖、大理、保山，从腾充（今腾冲）和德宏地区出境，进入缅北的密支那或曼德勒，辗转身毒（古印度的音译）和东南亚诸国，继而通向中东和地中海，故被称为"蜀身毒道"，因有"蜀布"输出，也被称之为"西南丝绸之路"。

其实，古商道中运输的商品，除"蜀布"外，另一件大宗商品便是川盐。有学者认为川滇古盐道是南方古丝路的一条重要干线，即牦牛道之西干线。如新编《盐源县志》①所述：古盐道是"南方丝绸之路西大道，自东至西纵贯县境又有若干驿道接川、滇、卫藏"，"南方丝绸之路从成都开始，至西昌后分为两条干线：东干线自西昌经德昌、会理入云南（即汉之灵关道一段）；西干线自西昌经金河、平川、盐源入云南，这条古盐道也被称为闰盐古道"。②

另外，民间花布印染工艺中一般需要使用卤水（盐水）作为脱色剂和防染剂。笔者调查发现，许多盐产地因有获得卤水之便，附近都曾有民间印染作坊存在。蜀人善养蚕，以蚕丝制成的绸布再加上精美的印染技术，成就了当时名闻天下的蜀布。这也许可以解释为何蜀地会盛产蜀布，而蜀布外运的道路与古盐道有大段的重合。

（二）闰盐古道

据清《盐源县志》载：明嘉靖年间，按察司副使朱篑巡视建昌道时，曾监督修建打冲河（即雅砻江）索桥，事后，题下"闰盐古道"四字，刻于道边石壁上，这也是"闰盐古道"名称的由来。闰盐古道是从今凉山州首府西昌经盐源、宁蒗到丽江的古道，它是川滇盐道中重要的一条。这条古道以四川盐源县为中心，支线密布，遍及川滇边金沙江、雅砻江之间大片区域，涉及的范围包括今四川西昌、冕宁、德昌、攀枝花、盐源、木里，以及云南宁蒗、永胜、华坪、丽江等地。

（三）五尺道

五尺道秦时始修，是汉唐所修治的通西南夷道和隋唐时代石门道的前身，北起今四川宜宾，南抵今云南曲靖。早在公元前259年，秦昭襄王

---

① 盐源县是四川南部重要产盐区，也是川滇古盐道上的重要节点。
② 李星星：《闰盐古道》，《巴蜀文化论集》，四川民族出版社，1999年。

派蜀太守李冰主持修筑从宜宾至夜郎（黔西、滇东）的道路，由于山险石坚，开凿困难，采取积薪烧石的办法，使巨石松裂，然后凿石开路。公元前246年，秦始皇登基，为进一步加强对"西南夷"的经营，扩展其统治势力，继续修筑道路，将其一直修到今云南曲靖附近，道路宽仅五尺，时称为"五尺道"[①]。由于五尺道的修筑，"西南夷"各部落与巴蜀地区的经济文化联系更加密切。

从以上几条古道的描述可以看出，四川进入云南的商道主要集中在滇东北，而且"盐"自古就是川滇商道上运送的大宗商品。由于受滇北五莲峰和鲁南山脉的阻隔，川滇盐道又分为山脉东部和西部两条线路。

西部盐道即古时所称的"闽盐古道"，它起于四川西昌，以川、滇两省交界处的盐源县为中心，经宁蒗、丽江进入云南。这条线路运输的主要是盐源县所产之盐。

东部商道以四川犍为盐场和自贡富顺盐场为中心。这一段川盐入滇的一个特点是，在清代与滇铜京运川滇路段相合。运往云南销售的川盐，主要是富顺盐和犍为盐。富顺盐运至永宁口岸积贮，因东川铜运大多用马载至永宁换舟，故利用运铜之马回空之时，运盐回东川、昭通等地。犍为场引盐在五通桥公仓放盐，下河装货船，沿岷江顺流行约150千米到宜宾，分两路：一路到南广镇起运；一路卸载改装小船沿金沙江逆流运至安边场[②]（图3-15、图3-16）。

自安边场路线又分为二：一路沿金沙江逆流上行，走水路至昭通；一路经盐津县走陆路到昭通（此段旧称"石门道"，也是"五尺道"的一段），再转运至会泽、南宁等地。

在南广镇起运的川盐，经南广河水运至高县、筠连县，陆运至珙县、镇雄、宣武，再至南宁，这条线路也是由黔入滇的重要通道。

川滇古盐道的重点运输区域主要集中在川、滇、黔交会地区。这一区域河流的水资源异常丰富，是长江水系的重要源头，也是川盐运输的重要通道。由于这些河流发源地大多在云贵高原，水流急、落差大，自古船运艰辛困阻，有些地方由于水急滩险，必须分段船运。这些货物起落的地段，往往也是船工、盐商休息的地点，长久以往，慢慢聚集人

[①] 唐子永：《"五尺道"浅见》，《盐津县文史资料》第一辑。
[②] 属四川宜宾，位于金沙江与横江交汇处。

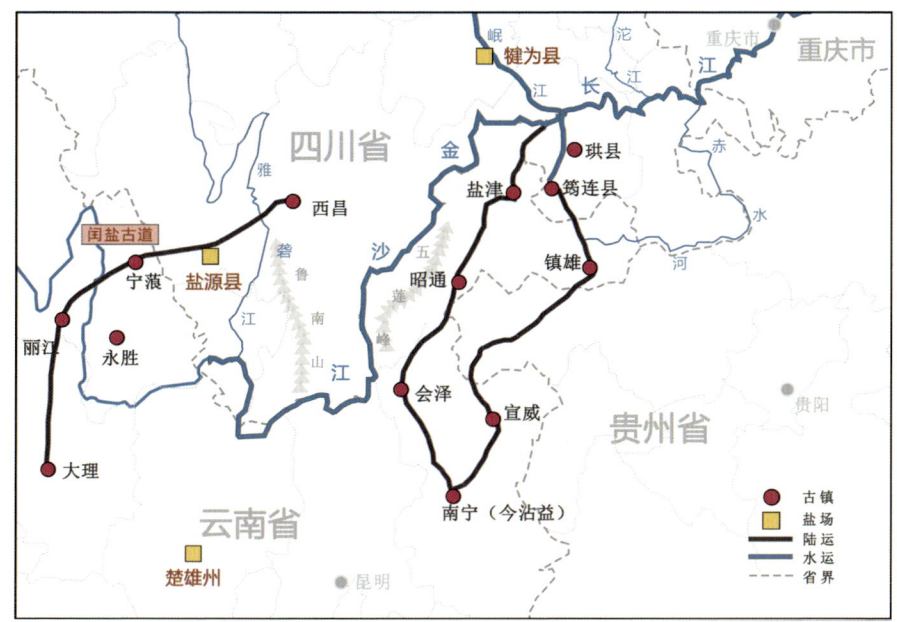

图3-15 川滇古盐道线路示意图

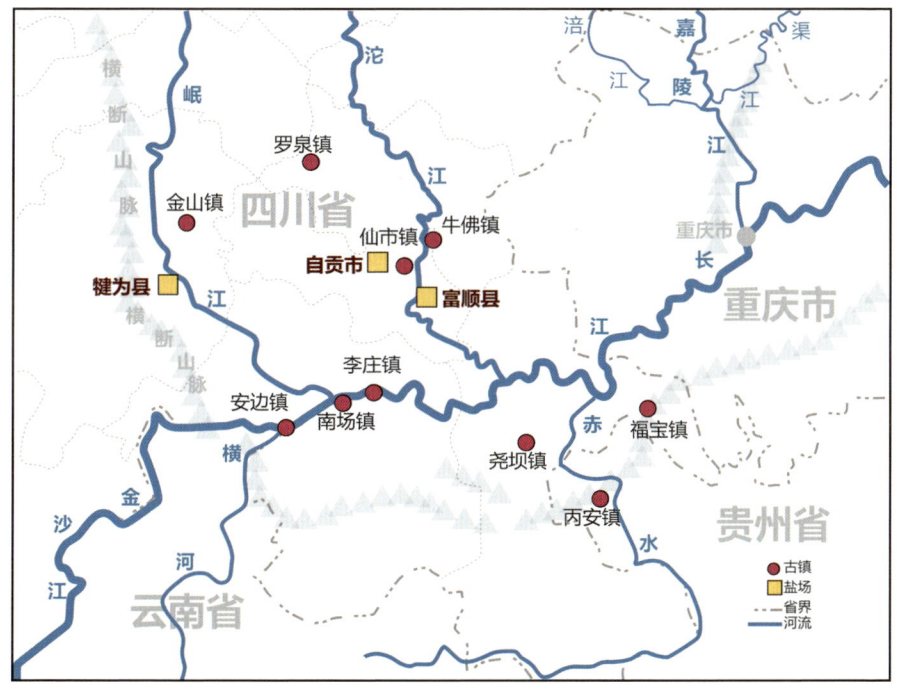

图3-16 川滇黔交会地区的盐运古镇

气,逐渐形成商铺、客栈,并最终成为极具特色的商业古镇。在这一地区,因自贡、犍为、富顺等盐场的盐业经济繁荣,分布着许多具有典型商业特征的盐业古镇,如四川的仙市、牛佛、罗泉、金山、李庄、尧坝、福宝、安边、南广,贵州的丙安,云南的盐津等。它们以四川南部的盐产地为中心,以岷江、沱江、金沙江、横江、南广河、赤水、习水等盐运河道为依托,形成一个庞大的盐运网络。这些古镇看似分散孤立,其实作为分布网络上的节点,从古镇布局、建筑造型到建造工艺、建筑装饰等各方面,都有着明显的共性特征和传承关系。

由于云南地区自古产盐,在清朝盐区划分中自成体系,所以川滇古盐道作为商道,其上运输的既有川盐,又有滇盐,而且川盐产地以四川南部盐场为主,这与鄂、渝、湘、黔地区长期食川东之盐颇有区别。笔者认为,虽然盐源同起于四川,并且川盐、滇盐销售区域在云南多有交叉,但从盐文化同民族源系和文化源系的角度看,两者相去甚远。考古及文献资料也表明,川滇边金沙江、横江、岷江、沱江与长江交汇地带,既是长江的重要源头,又是古代民族活动相当频繁的地区,考古文化十分复杂,包含了西北氐羌、西南濮越、古代巴蜀等文化要素,川盐运输形成的古老而强大的运输网络是这些民族交流、融合的重要经济驱动力。如今,川滇古盐道所及地区仍然是与古代笮人有族源关系的纳西族、摩梭人的聚居中心,其他还有彝族、傈僳族、普米族、藏族、蒙古族、白族、傣族等,大多与古代氐羌民族有关,这与巴蜀地区聚居的苗族、侗族、土家族有较大区别。因此,为明确主题和突出观点,本章论述主要集中于历史上长期依赖川盐的川、鄂、湘、黔交会地区。

第四节　中国西部古盐道上的遗珍

一、中国西部古盐道上的古镇村落

由于地质变化，四川盆地汇集了古印度洋的大量海水。随着青藏高原的升起，海水向东倾斜并最终干涸，形成宽厚的盐矿沉积带。在后期地壳运动作用下，许多盐矿裸露于地表，形成大大小小的盐泉。而盐是人类生存必需品，早期人类必逐盐而居，三峡地域早期人类文化和聚居点分布图便可证明这一观点（图3-17）。如大宁河上有大宁盐场，梅溪河上有奉节盐场，汤溪河上有云安盐场，涂井河上有䜮井盐场和涂井盐场，龙河与乌江之间有郁山盐场。正是三峡地区这些天然盐泉的分布才使长江与这些河流的交汇地区成为古人类遗址及文化富集区。四川盐业从古人在本能驱使下到盐泉处吸食盐泉开始，经历了本能吸食期、自食起步期、交换过渡期、产业成熟期四个阶段。①而大量人类遗址的考古资料显示，人类因盐而聚众，聚众而成邑。经过这四个漫长的历史阶段，盐产地及盐运道路节点上逐步发展出众多"因盐而兴"的人类聚居聚落。

图3-17　三峡地域早期人类文化和聚居点分布图

---

① 刘卫国：《渝东古盐业探源》，《盐业史研究》，2004（3）。

(一)古盐道上古镇村落的分类

"川盐古道"上聚落形成的原因主要包括行政迁徙、商业价值、地理环境、自然灾害迁徙等几类。而与盐关系最密切的,主要是"产盐"和"运盐"两大成因,它所形成的聚落布局也各自有着鲜明的特征和形态差异。

1. 因"产盐"而兴的古镇

产盐古镇主要集中在四川自贡和渝东长江沿线,如现在仍保存有大量遗迹的自贡富顺盐场、巫山大宁盐泉、朐忍(云阳)卤泉、万县长滩盐泉、忠县涂井溪盐泉、黔江郁山盐泉以及鄂西清江流域的盐泉。当制盐进入产业化、规模化以后,盐业经济成为国家的支柱产业。早在两汉时期,食盐作为国家的专控商品,盐税与粮税、丝税一起成为国家的三大税收,产盐之地成为当时的经济聚集中心。特别是在没有机械和热动力的时代,一个年产1000吨以上规模的盐场,可以形成容纳5000～10 000名工人的产盐重镇,其他相关产业的配套工人更是不计其数,而这些古镇也因产盐而日益繁荣起来。

如巫溪县大宁河上游的宁厂古镇,由于有天然盐泉流出,春秋战国时就有先民逐盐而居,唐代已被列为全国"十监"盐场之一。到清道光年间,已有盐灶336座,熬盐锅10 080口,号称"万灶盐烟",盐产量已达到576万公斤,成为川东最大的盐场,有"一泉流白玉,万里走黄金"的美誉。宁厂古镇3500米长的街区完全沿着产盐的宝源山和大宁河沿岸展开,由于古镇用地狭窄,一边峭壁,一边悬崖,房屋在绝壁之间断断续续沿江边延伸,多为一边是房、一边是崖坎的半边街。而今的老街只剩冷寂的街区、衰败的厂房、破损的房屋,并且三峡大坝的建设使这一切沉于水底,曾经的繁华已随盐业的衰落而日渐消失(图3-18)。

此外,还有云阳的云安古镇,建镇1700多年,其凿井煮盐的历史可以追溯到2600多年前,是三峡库区重要的盐业文化代表地之一。云安作为盐泉之一,在辉煌与鼎盛时期汇聚"南腔北调",人口曾一度达到6万余人。小镇之上曾经会馆云集,盐业文化、地域文化、宗教文化在这里呈现多元化发展,形成了独具特色的"峡江古镇"。可惜随着长江水位的升高,沿江的许多古镇都被淹于江底。此外,四川的盐源古镇、重庆的郁山古镇以及后来发展起来的自贡等都是典型的产盐地,它们都曾经对四川的经济发展做出过不可低估的贡献。

这类因产盐而兴的古镇一般具有如下特点：①主要分布在四川盆地东部的长江边上或长江支流附近，这一方面是由井盐形成的特殊地质地貌特征所决定的，另一方面是水运的便利条件使人们更多地聚集到这些产盐地。②由于外地盐商的大量涌入，这些地区都曾建造过大量供外地人祭拜的祠堂庙宇和聚会的楼堂馆所。③产盐区大多还

图3-18 大宁河边的吊脚楼和衰败的盐场

留有废弃的盐井和产盐作坊等遗迹。④当地仍留存许多与盐有关的神话传说及民风民俗。⑤当地村庄普遍因盐井枯竭而逐渐衰落，与昔日的繁华形成鲜明的对比。

2. 因"运盐"而兴的古镇

运盐之利有时远大于产盐之利，于是在盐运路上、水岸码头处逐渐形成一个个盐运集镇。一部分人专门从事盐业贸易，彻底脱离了农业生产。正是盐业带来的贸易，使川盐古道上的城镇逐渐发展起来。

例如长江边上的西沱古镇，又名"西界沱"。早在北宋真宗咸平五年（1002），西沱已是"川盐销楚"的盐运大道起点和货物集散地。元代川江水路在此设"梅沱"驿站，它作为连接川鄂交通水驿，是川盐由重庆出川的必经之地，发挥着巨大作用。清乾隆二十七年（1762），此

地设巡检司，商贾如云。四川的盐以及百货、丝绸、蜀绣等天府特产，经长江上游的成都、重庆、涪陵等地运到西沱，再由西沱转运去湖北恩施、利川、来凤等地。沿线3尺宽的青石板路全程300多千米，又称"三尺道"，是宋代著名的陆运交通线，有"长江千里古盐道"之称。西沱镇就是这千里盐运大道的转运站，以经营食盐而得"盐镇"的美称，今存的清代"下盐店"古建筑是其历史见证。云梯街的古民居和街铺就是当时客栈老板们为抢夺盐生意和招徕往来盐商而在长江边兴建的，房屋随山势向上延伸，一直修建至山巅，终于形成了"云梯街"这一长江奇观（图3-19）。

鄂西、湘西、黔东南地区许多古镇村落的兴衰同样与盐业运输和盐业贸易有着密切的关系。它们由于深藏崇山之中，当地石多土少，耕种十分困难，经济落后，与外界的交往被大山阻隔。古盐道的贯通使盐业贸易成为当地少数民族重要的经济命脉，沿途兴起了一个个少数民族村落，闭塞的大山人民得以与外界交往。但是随着近代四川盐业的衰落，这些古镇因失去重要的经济支撑而迅速衰败。这种兴衰的变迁使古镇免于现代文明的同化，许多古老的事物得以保留。

运盐而兴的古镇一般具有如下特征：①村镇大多以商业老街为中

图3-19　西沱云梯街写意　季富政绘
来源：《西沱镇保护规划》

心呈带状展开。②村镇中仍有盐店铺的遗址或与盐店名相关的街道名,如"下盐店"便是常见典型的街店名。③古镇附近大多有过去贩盐留下的石板路,旧称"三尺路""盐大路"或"骡马路"。④古镇中大户人家的老宅多以青砖砌筑,马头墙、西洋柱、坡屋顶等元素形成了独特的中西合璧式样,这是"川盐济楚"期间大盐商经常运盐至武汉、江西一带,使不同地域的建造技术得以交流融合的结果。⑤村中70岁以上的老人大多有到附近盐产地或盐运码头贩盐的经历。

另外,也有些因人口迁徙产生的聚落。这些村寨中的居民多是为了躲避战乱、逃避自然灾害,由外省迁徙过来。村寨兴建伊始通常偏离盐道,随着行盐和商品交换的不断发展,盐道在其后百年的演变过程中自然地连接了这些村寨,使村寨成为新的盐道聚落(如鄂西彭家寨龙潭河附近的石板路便是村民运盐顺西水进入湘西的重要通道。如图3-20所示)。笔者考察发现,在鄂西只要沿着古盐道寻找,几乎就能串起散布在大山中的所有古镇村落,这也为人们研究当地的建筑群落提供了极好的线索。

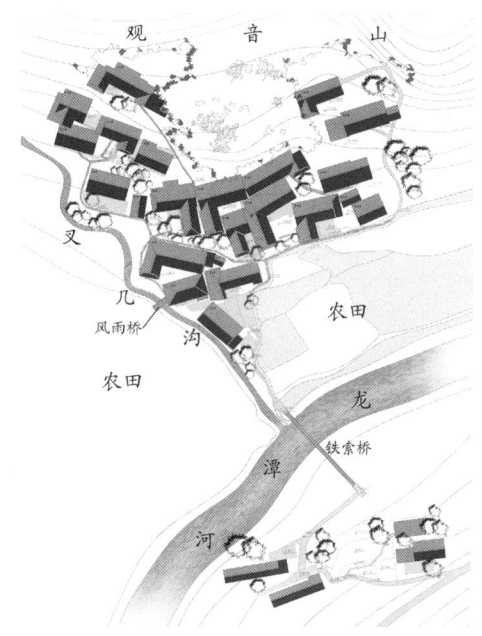

图3-20　鄂西彭家寨
来源:华中科技大学古建测绘

表3-1　川盐古道沿线城镇聚落一览表

所属区域	聚落名称	地域特征	聚落照片	聚落特征描述
四川	自贡☆	四川南部最重要的产盐基地，水运经沱江进入长江，向南运至湖北、湖南、贵州，向西经"蜀身毒道"进入云南		北周武帝时，因富世盐井而设富世县（今富顺县），又因大公井而设公井镇（今贡井周围地区），盐井周围逐渐聚集人烟。在那时的中心即现今自贡市的富顺县和贡井区形成了今大自贡城市的雏形。清末民初时期，自贡已经是一个遍地盐井的城市了。现在仍存有西秦会馆（陕西盐商会馆，现为盐业博物馆）、王爷庙（船工行帮会馆）、桓侯宫（屠沽行帮会馆）以及众多的井架、盐井、古盐道等盐业遗存
	罗泉古镇☆	罗泉古镇在四川仁寿、威远、资中三县交界的深丘中，隐藏在沱江支流珠溪河畔		因产盐而闻名天下的罗泉古镇，其悠久的历史可追溯到秦代，至清朝时盐业开发已达到顶峰。清光绪年间，罗泉已有盐井1500余眼，所产的井盐于1925年获巴黎世界博览会金奖。鼎盛时期的罗泉商贾聚集，马嘶骡叫，热闹非凡，当地的盐神庙便是最好见证。整个盐神庙重檐三级，翼角高翘，正殿屋顶的群龙嬉戏抢宝图虽经百年风吹雨打仍形象生动

续表

所属区域	聚落名称	地域特征	聚落照片	聚落特征描述
四川	仙市古镇 ▱	位于四川自贡市富顺县城西北27千米，是自贡盐顺釜溪河外运的必经之地		仙市古镇有1400年历史，坐落在釜溪河畔，曾是自贡井盐出川的必经之地，被誉为"古盐道上的明珠"，又因"四街、四栈、五庙三码头、一鲤三牌坊、九碑、十土地"以及精美的古建筑群和佛教文化的兴盛而闻名遐迩。现存清末的建筑有南华宫（建于1891年）、天上宫（建于1850年）
	罗城古镇 ☆ ▱	位于乐山市南部、犍为县东北部，既是产盐古镇，也是运盐古镇		该镇集市中心由别具风格的"船形街"构成，船形街两侧长廊就是当地所称的"凉厅子"。过去这个不足2000人的小镇上建有三官九庙，外地客商利用其中的5座寺庙建了广西、广东、湖北、江西、四川等五大会馆。古镇盐矿蕴藏量丰富，目前仍在产盐
	福宝古镇 ▱	地处川黔交界、合江县东南面的大槽河畔。自贡的盐经福宝古镇的水陆码头往南，再经天堂坝一带的山路运到贵州省的赤水等地		古镇处于夜郎文化与中原文化交汇之处。回龙街是全镇现保存最完整的一条古街。街道全长450米，是当时最热闹的繁华地段。房舍多为明清风格的木结构建筑，一般是一楼一底、前店后宅的格局，有灰瓦、白墙、青石板的天井，是典型的川南民居风格。古镇残存三官八庙：清源宫、万寿宫、天后宫、五祖庙、土地庙、张爷庙、禹王庙、火神庙、灯棚、王爷庙、观音庙。三官八庙大都设有戏楼、厢楼、天井，庙宇面积占了回龙街的五分之二。古镇官庙、雕塑、绘画等散发着悠久历史文化和建筑艺术的光辉

续表

所属区域	聚落名称	地域特征	聚落照片	聚落特征描述
重庆	郁山古镇☆	位于重庆西南彭水县的郁江边上,其产盐供应鄂、渝、湘、黔地区		由于郁山镇盐泉易于开采,故较早被古人开发。汉代起,郁山就有征收盐税的盐官。唐代时,郁山被列为全国"十监"盐场之一。到清乾隆二十六年(1761)产盐553万公斤,曾有"万灶盐烟,郁江不夜天"的盛况。至今还保留有三条老街,并存有童家祠堂、苏家院子等古建筑
重庆	云安古镇☆	位于老云阳县城汤溪河上游16千米处。盐由水路经汤溪进长江,陆路经马道运销至两湖及陕西、河南等地		云安是著名的产盐大镇,曾被誉为"川东八大盐场之冠"。唐贞元元年(785),云安井置云安监,设井监史,直属朝廷。盐业兴盛时,会馆寺庙云集,有"九宫十八庙"之盛,包括江西会馆、陕西会馆、湖广会馆等。各种房屋依山而建,大街纵横,小巷深幽,其中不乏大户深宅。如今穿行其间,仍能感到厚重的盐文化氛围。老镇因离长江十几千米,大部分属淹没区,现已与老云阳、双江一起搬迁至新云阳县
重庆	宁厂古镇☆	位于巫溪县大宁河边,所产之盐经大宁河过巫山县进入长江,运至湖北地区		由于有天然盐泉涌出,又有大宁河交通之便,春秋时便有先民逐盐而居,唐代时被列为全国"十监"盐场之一,有"一泉流白玉,万里走黄金"的美誉。古镇街区背靠宝源山,面临后溪河,房屋在绝壁之间断断续续沿江边延伸,古镇上多为一边是房、一边是崖坎的半边街

续表

所属区域	聚落名称	地域特征	聚落照片	聚落特征描述
重庆	大昌古镇◠	位于长江支流大宁河边，因运送宁厂之盐而繁荣		大宁河流域在战国时期就是一个重要的盐产地。大昌地处军事要冲，兼有大宁河航运之利，明代时已成规模。当时的大昌城已是"三街一坊"，有东、西、南三座城门，东西街长不足300米，南北街长仅150米，是典型的"袖珍古城"。现已因长江水位上升而整体搬迁
	涂井古镇☆	位于忠县城东北40千米、汝溪河下游涂井溪边，所产盐经西沱入长江		涂井古镇红赤村在汝溪河两岸分布有大量的盐井、蓄卤池、输卤笕槽支架柱洞、大型熬盐的炉灶遗迹及损毁的寺庙基址。历史上这一带的盐产业颇具规模。中华人民共和国成立初期，汝溪河两岸还有重兵把守，以防私盐偷运。到20世纪60年代，涂井由于卤水含盐量降低而停产
	洋渡古镇◠	位于忠县与丰都县交界处，坐落在长江南岸，过去是自贡、忠县盐场盐船直放口岸，川盐从这里经石柱进入湖北利川、恩施		洋渡老街分上场和下场，上、下场之间由石拱桥连接，200米长，两侧有骑楼，保留了当年风雨廊的旧貌。下场沿江而建，400米长，有王爷庙、禹王宫等，还有许多带天井的青砖四合院，封火山墙层层叠叠，是典型的渝东南商业老街风格。距古镇8千米处，有一保存完好的家族祠堂——秦家祠堂，相传是明末名将秦良玉后人所建。古镇现已因三峡大坝建设而被淹没

续表

所属区域	聚落名称	地域特征	聚落照片	聚落特征描述
重庆	西沱古镇	地处长江南岸的石柱县，川盐由西沱翻方斗山运至鄂西等地		早在宋代，西沱就成为川盐销楚的重要口岸，川盐在西沱上岸，由盐工背上山。店铺从江边向山上延伸上千米，故有"天阶"和"千里盐镇"之称。三峡移民搬迁前，这里有保存较为完整且精美的"下盐店"。盐仓设施齐全，结构奇巧，是古代长江中游盐业运销史的历史见证
	龙潭古镇	龙潭河从古镇流过，经西水进入沅江，再入洞庭湖流域，是川盐进入湖南的重要水运码头		龙潭是渝西地区重要的水运通商口岸，民国川盐济楚期间人口达5万人，曾有"七宫八庙"之说，现有万寿宫、禹王庙保存较好。还有许多老民居，如吴家院子、王家院子、赵家院子等规模较大。从高处看，庭院错落，天井相连，山墙重叠，景象壮观，是不可多得的清代建筑展览馆
	龚滩古镇	地处重庆酉阳西部，与贵州沿河县邻界，盐运水道为经乌江下水至涪陵，再入长江，上连四川，下通湖北，是自贡之盐进入贵州的重要通道		龚滩自古是川、湘、黔客货水陆的转运中心，民国川盐济楚时，镇上曾有"大业""玉成"等十多家较大的盐号，这些盐号极大地促进了当时龚滩的繁荣。镇上曾有祠堂、会馆二十多所，保存下来的仍有武庙、川主庙、西秦会馆等，此外，转角店罗家盐仓、大业盐号老屋等都是当地颇负盛名的老宅。中华人民共和国成立后，由于交通格局的变化，古镇失去其曾经的商业地位。特别是随着乌江水电站的建设，老龚滩已淹没于水下

续表

所属区域	聚落名称	地域特征	聚落照片	聚落特征描述
湖北	盐池河镇☆▱	盐池河镇位于长阳西部清江北岸，是川盐从恩施经清江到宜昌的必经之地		盐池河镇古名盐阳、盐城，当地曾产盐，相传地下流出的盐水染咸了整个清江，清江因此得古名"盐水"。如今古镇因水布垭水电站的建设已不存，只有山坡上残破的义渡碑、河神庙、盐井寺在诉说着往日的繁华。当地村民至今仍保留着在盐池温泉野浴的风俗
	柏杨古镇大水井▱	柏杨镇是云阳、奉节运盐至利川的必经之路，小镇因盐运而繁荣		柏杨古镇的商业老街藏在新街后面，因用天然卤水制作的豆腐而出名。距柏杨街5千米的大水井古建筑群为鄂西传统建筑精品，包括李氏庄园、李氏宗祠及高仰台李盖五住宅，具有欧式、徽式与土家族建筑相结合的典型的移民风格，已被列为国家文物保护单位
	老屋基▱	老屋基在后江边上，后江与纳水溪为郁江的两个主要源头。忠县、西沱、郁山的川盐经此运至利川、来凤，进入湖北、湖南		老屋基依山靠水而建，层层叠叠的吊脚楼和木板屋是老街的主要风格。老屋基现存规模较大的古建筑是距老街5千米的三元堂，相传为道观，实为山西商人会馆，外表朴实，内部华丽。建筑形制特殊，是山西中原风格与鄂西土家族风格的完美结合

续表

所属区域	聚落名称	地域特征	聚落照片	聚落特征描述
湖北	野三关古镇	旧时恩施到宜昌的道路被称为盐大道或银大道，野三关处在路段的中间位置		野三关是一个具有悠久历史文化的古镇。早在秦汉时期，巴人就在此形成了稳定的活动区域。北宋宰相寇准任巴东县令时，曾在这里劝农弃猎从耕。老街呈"Y"字形布局，与新街平行展开。沿街民居都是前铺后住或下铺上住，"Y"字形岔口处形成三面铺，是老街的中心
	椒园古镇庆阳坝	位于利川到宣恩和恩施到宣恩的盐运道路的交点上		庆阳坝由两条交叉的风雨街组成，形制十分特别。主街道长561米，靠山面水而建，主街道两侧建木质瓦房，65栋房子排成两行，间隔5米相对而立，形成集市。临街面为商铺，临溪面是吊脚楼。整条街为凉亭式，檐搭檐、角接角首尾相连，一气贯通
	两河口古镇彭家寨	酉水是川盐运输重要的水路通道。两河口在龙潭河和酉水交汇处，彭家寨在龙潭河西岸		龙潭河上有彭家寨、曾家寨、汪家寨等一系列土家族、苗族村寨，是鄂西少有的吊脚楼聚集区。居民大都是在川盐济楚时从湖南等地沿酉水大规模迁徙至此的移民后人。特别是彭家寨环山傍水而建，一顺排六个龛子向外，错落有致，造型优美，被誉为鄂西最美的吊脚楼群
	沐抚古镇屯堡乡	屯堡在清江上游，云安盐翻越齐岳山陆运至此，再顺江水运至清恩施		屯堡老街长600多米，有300多户人家，曾是乡民赶场和骡马帮歇脚的地方。现存的老供销社即以前的旅店。更重要的是这里曾是著名的清江码头，从云阳背来的盐在此经船运到恩施。老街现在仍完整保存着过去的风貌

续表

所属区域	聚落名称	地域特征	聚落照片	聚落特征描述
湖南	洗车河古镇	位于湘西与鄂西南交界处的龙山县，地处洗车河与孟溪河交界处		洗车河镇位于川盐由渝东南、鄂西南进入湖南的重要通道上。古镇上江西移民较多，建筑风格为土家族吊脚楼与江南风格的封火山墙并存。镇上建有万寿宫、关帝宫、水浒宫等大量外地宫、堂、庙宇，是一个典型的商业移民古镇
	里耶古镇	位于武陵山脉腹地，湘、鄂、渝、黔四省交界处，酉水河边。川盐在此装船，经酉水进入湖南洞庭湖流域		"白河上游较大的码头叫里耶，川盐入湘，在这个地方上税。"这是沈从文先生笔下的里耶，白河即酉水。县志记载，里耶于清康熙年开始建街道和码头，雍正年间设置里耶塘，并渐成集市。2002年出土的秦简不仅填补了秦代历史的空白，也一下子让里耶出了名，其被评为"全国历史文化名镇"。里耶还曾挖出设施完善的古城遗址和大量古代兵器，被认为是古代汉族抵御苗族侵扰的"南长城"
贵州	土城古镇	赤水河畔的土城曾是川盐入黔的重要集散地，川盐水运到此后再陆路运到黔北各地		土城是一座有千年历史的古镇，三面环水，一面靠山。土城一直是赤水河中游川盐入黔的重要码头，老街上有保存完好的古盐号和船业工会旧址。进入老街后，除了古老的石板路和它两边的古老的木板房之外，还有两栋特别高大的老房子，一栋是当时的土城盐号，另一栋是土城船帮的老宅，显示着当年盐运的繁华景象

续表

所属区域	聚落名称	地域特征	聚落照片	聚落特征描述
贵州	丙安古镇▢	距赤水市区12千米,位于川南、黔北交界处,是川盐沿赤水入黔的重要水陆中转站		该镇原名为"炳滩",修建在赤水河与另一条溪流相汇的悬崖峭壁上,背靠茫茫大山,面向滔滔河水。雨过天晴的早晨,河谷里升腾起雾气,那些悬空而立的吊脚楼,在晨雾中高低错落、时隐时现,宛若仙境。湖南、湖北人曾在此修建禹王宫,即两湖会馆,古镇上现在还留有运盐时留下的青石板路
	淇滩古镇▢	淇滩在沿河城南10千米处,是乌江上的一个险滩,也是川盐经乌江入黔的必经之地		淇滩主街宽四五米,两旁青瓦建筑古老凝重,铺面一个挨着一个。其中当门街最有特色,两三百米长的街面全部由青石铺就,两旁鳞次栉比的古老屋宇,不是八字大门的深宅大院,就是花窗亮檐的吊脚木楼。因淇滩是昔日"巴盐"集散贸易中心,所以民居内多设有"巴盐仓储"地。此外,印江帮的土布、镇远帮的丝绸、秀山帮的百货、沿河帮的巴盐等各个行业的繁荣构筑了整个古镇的商业繁荣,当时被誉为"沿河第一大集市"
	思南县▢	黔东北乌江中下游的思南县,凭借乌江汇入长江河段的便利成为川盐集散地		思南自古是文化较发达的地方,素有"黔东首郡"之称。它依山傍水,临崖而建,错落参差,仿佛是一幅悬挂于乌江边上的壁画。思南至今仍然较完好地保存着安化老街、周家盐号、万寿宫、清代民居以及巴王帐、千佛洞等人文遗迹

注:▢为运盐聚落;☆为产盐聚落。

(二)古盐道上古镇村落的分布、选址和布局

1. 古镇村落的分布

每个城市格局的形成都与这个城市的性质有关,比如政治文化型城市必须是交通要冲、军事重地、土地肥美、资源丰富,据进可攻、退可守之势,其城市外观形态构建十分讲究,其规模形制也有许多规律可循,城内衙署林立、街道纵横,官署区、生活区、商业区、文化娱乐区往往分区明确,总体布局形态有很强的人工痕迹。而商贸型城市必不可少的布局条件则是交通便利,一般在水陆交通要冲,有不同经济区域的接合部等区间,这类城市的外观形态理论上应该区别于政治文化型城市。盐道古镇属于商贸型城镇,但从对城镇发展的考察中发现,这类城镇往往还带有政治文化功能,在不同时期作为一级行政机构衙署所在地,并且,城镇布局围绕盐的产、运、销展开。

(1)产盐古镇分布特点——因盐业开采生产形成城镇格局

产盐古镇在形成初期,一般都围绕盐产地聚集人烟。随着生产规模的扩大,聚集地的功能开始细化,形成生产区、运输区、生活区。经过进一步的发展,运输区依靠水陆运输的便利,往往会在与生活区的接合部形成商业区域,进而发展成商业街市。而且,随着人口的增多、盐产地对周边辐射影响力的增强,许多重要的产盐城镇都会发展成地区或州、县的行政中心。例如,由于广都井的开凿,在汉代,四川就形成了以成都为中心,包括广都、新都、临邛等县在内的古蜀经济发达地区。民国时期,在民食军用的情况下,国民政府将产盐中心富荣盐场的自流井地区和贡井地区分别从富顺县和荣县分离出来,成立自贡市。其他如郁山镇、云安镇、宁厂镇等都曾设置过该地区的行署衙门。

再以自贡市为例,北周武帝时,因富世盐井而设富世县(今富顺县),又因大公井(今贡井天池山下)而设公井镇(今贡井周围地区),盐井周围逐渐聚集人烟,盐商前来经商贩盐,带动了经济的繁荣。那时的城市中心在现在自贡市的富顺和贡井一带,形成了现在大自贡城市的雏形。直到今天,这两个地区仍然是当地的经济、政治中心。清末民初时期,自贡地区已经是遍地盐井的城市了。据民国3年(1914)12月24日的场署报告:"查富荣厂有火井560余眼,盐井320余眼,现停3600余眼,废井8200余眼。"也就是说,民国初年时,已经有1.2万多眼井分布在自贡市,其密集程度堪称全国第一。仅大坟堡地区,周围不过

1.2平方千米的范围内,就先后钻井198口,平均60平方米就有一口井。民国初年,自贡盐场进行盐区调整,以上地坡为界分为"富荣西场"(图3-21)和"富荣东场"(图3-22)。

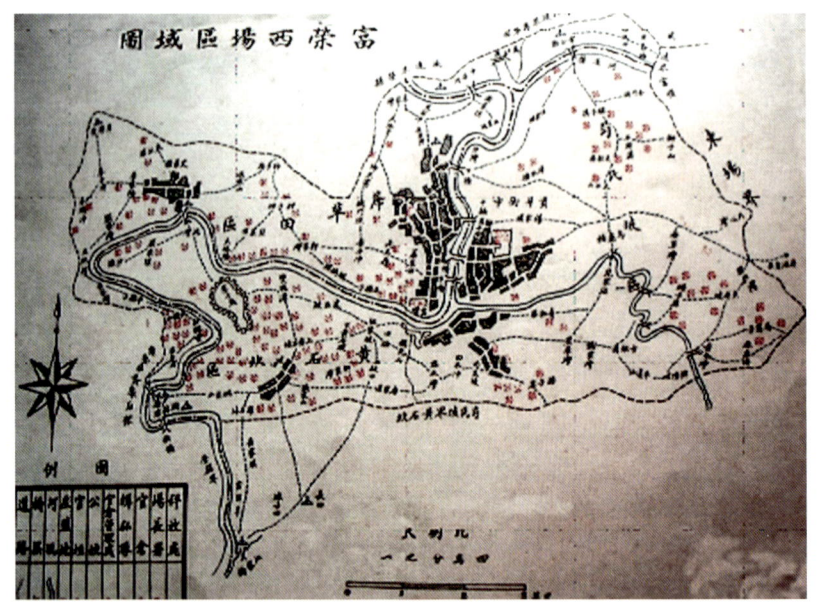

图3-21　富荣西场盐区分布图

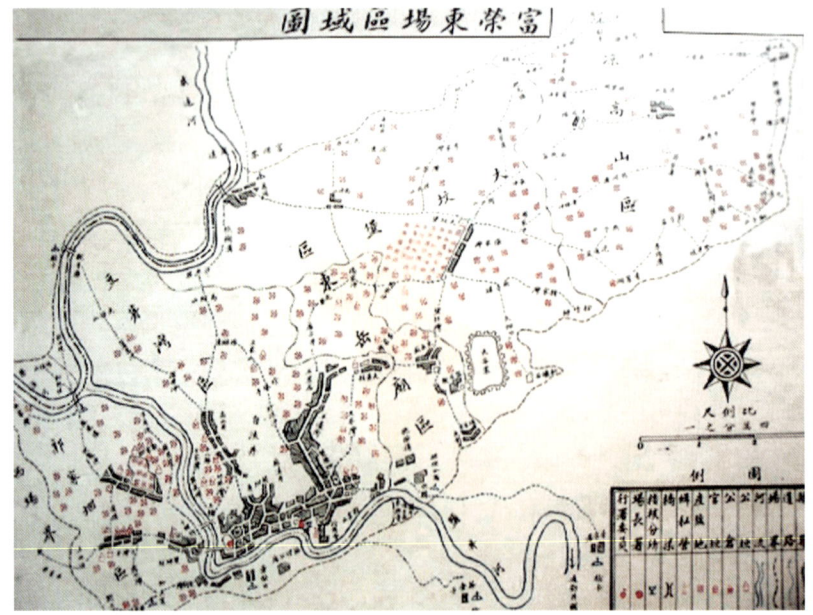

图3-22　富荣东场盐区分布图

从两场的分区可以看出：①两个盐场的分区都是以盐井的集中区来划分的，几乎每个区都围绕着一个盐井集中区。②富荣东、西场在沿河道附近各形成了一个商业街市区，因为沿河一般为码头所在地。清末民初时自贡的盐大量靠水运外销，抗日战争时甚至90%的盐都要外销，因此，盐生产出来后必须运往河岸码头。当时有三个码头，其中一个就是自流井火井沱码头，另两个在河流下游。

当时"富荣东场"沿着盐井河沿岸形成了一个繁华区，两岸建筑密集，设置了行署委员、场长署、稽核分所等机构。这个区域也正是现在的自流井区——自贡市的市中区。富荣东场和西场当时的中心区就是现在自贡市政府和自流井区政府、贡井区政府所在地。由此可知，民国时期自贡市盐业区的分布区划基本奠定了现在自贡市城市经济政治中心和城市区划的格局。

自贡城市的形成与盐卤开发的过程密不可分，从这个角度来看，它基本上是从东西两面向中间地带发展。沱江之滨的富义井、旭水河畔的大公井促进了城市西面贡井地区的盐业发展。城市东西两面的井盐生产沿着被称为"白银航道"的釜溪河自东西两面推进，使釜溪河岸的自流井井群得以开发，并很快成为井盐生产中心。19世纪末对大坟堡岩盐体的首次开发，使得城市东北的大安地区盐业生产迅速繁荣。虽然富义井在明朝中叶就衰落了，但盐区的开发已经形成了城市的主体骨架：自东向西排列的大安、自流井、贡井三个井盐生产中心地区。在此环境中，人们因盐而作，顺水行舟，择水陆两便之处而居，傍河岸井灶而聚集建城，形成了以釜溪河、旭水河为主干，以自流井、大安、贡井为骨架，分散而又相对集中的城市格局。这种以自然矿藏开采为依托的城市格局也一样影响到城市的主要建筑布局，特别是会馆建筑的分布。由于会馆建筑是一种因经济繁荣而产生的建筑形式，其分布往往受到城市格局的影响，因此它也随着城市中心的分布状况而呈现出松散而又相对集中的特点。这种状况是因盐卤资源的分布而形成的，因此这一分布状况显得无人工痕迹，自然古朴。

（2）运盐古镇的分布特点——沿水陆运盐道路分布的城镇形态

运盐古镇主要分布在重要的产盐地周围或盐运河道向陆地转运的运输节点上。

运盐古镇有着不同于政治文化古镇的显著特点：一类基本沿河岸展

开，以方便盐船靠岸运货，如龚滩古镇（图3-23）。作为乌江流域的重要口岸城镇，其地位自蜀汉、唐宋后逐步提升。明万历元年（1573），凤凰山岩崩塞江形成险滩，因此称龚滩。就周边地区农耕发展水平和自然资源状况而言，龚滩原本缺乏发展的可能条件，全因龚滩险阻，其上下江运的货物均不得不在此换运，龚滩才得以发展起来。《酉阳州志》记载："大江之中，横排目石，大者如宅，小者如牛，激水雷鸣，惊涛雪喷，舟楫不能上下。"乌江在此分为上、下两段，来往船只均以此为停靠点。自贡、忠县、郁山等盐场经长江运销的食盐和贵州境内的山货在此需经人力盘驳过滩，另行装载。于是，龚滩商业、交通、文化同盛，各地商贾渐渐云集龚滩，遂成人口密集、商肆繁荣的集镇。建筑组群与其功能结构相对应，上、下码头是古镇客货运水陆路交通的转折点，也是古镇的黄金地带。古镇相当比重的盐仓、盐号、堆场、客栈、商铺等在码头附近的区域就近建设。而凤凰山的走向在下码头及红庙子两处附近均呈内弯之势，两边相对平坦的用地得以扩展。二者相互促进形成了古镇的两个扩展放大的居住生活集中片区，并且以祠堂或宫庙为中心，汇集客栈、茶肆、商铺等其他娱乐设施和居住院落，形成商贸中心，每一结构中心对应较完整的建筑组群，同时在该片区形成层层叠叠的山地院落空间体系。

图3-23　龚滩古镇沿江展开
来源：龚滩古镇保护规划

另一类垂直于河岸呈梯状逐层展开，如忠县的西沱古镇（图3-24）。吊脚楼垂直于江岸，顺着背盐工上山的线路在盐道两边依次排开，形成著名的"天街"景观。西沱古镇船码头处现在还保存有下盐店、火神庙、禹王宫等盐业遗迹。

图3-24　西沱古镇垂直于长江展开
来源：《西沱保护规划》

盐运古镇的中心一般紧靠河岸的商业街，而不是官府衙门，并且，街心处大多有盐神庙、火神庙、河神庙等盐业庙宇，这点自贡附近的盐运古镇表现得比较明显。自贡运盐水路主要依赖于釜溪河及其上游的两大源流：旭水河和威远河。这三条河流形成了一个为盐业生产和运销服务的比较完整的水上运输体系。这些水陆交通的节点处必然会形成城市周围的一些分中心，如陆路交通到乐山的必经之地荣县，水路交通到主要中转港口泸州的关口富顺等；还有一些比较典型的处于水路交通要道的小镇，如沱江河畔的牛佛、赵化、邓关，釜溪河畔的仙滩、沿滩等。这些地区自然形成了一个相对集中的繁华区域。随着盐业运输的发展，这些地方人口增加、文化昌盛、行业多样、商业繁荣，因此也不可避免地成为会馆建筑的又一集中地。比如富顺县的九宫十八庙，清末富顺全县共有各类庙宇418座。

这些运盐古镇布局也不同于普通民居古镇。一般自然形成的民居聚落中基本都有祠堂、牌坊，用来祭祖怀宗，宗祠或祖祠一般是聚落布局的中心，而盐运古镇中由于外乡人居多，他们客居异乡，不再以同宗聚，而是以同乡聚，于是在赚得坛钵满贯后，外地盐商开始大量建造各地的同乡会馆。这些会馆从表面看以宫、庙为名，实则是外地人聚会议事的场所。如万寿宫是江西会馆，三元宫为陕西人会馆，南华宫为广东人会馆，天后宫为福建人会馆，禹王宫为湖北人会馆，川祖庙为四川人会馆，等等。这些会馆既是当地经济活动的中心，也是人们寄乡情、思故土的精神中心。

2. 建筑选址

前面谈到了盐业古镇在宏观上的分布特点，这些特点是与整个城市的格局与肌理相对应的，这一分布对古镇整个建筑群体的空间与环境的结合方式有一定影响，但对建筑本身的平面形制或空间造型造成更深影响的还是建筑本身的选址小环境。以下是对盐业古镇中建筑的选址特点的分析。

（1）水运码头和商业街道

盐业古镇的建筑主体一般既不是官府衙门，也不是宗祠庙堂，而是盐商会馆和行业会馆。它们虽然也以宫、庙的形式出现，但功能远不止祭祀、拜祖这么简单。

盐商会馆最初主要是供盐商或工人机构办事、议事、集会娱乐等的场所，但随着社会经济的发展，盐业经济日益膨胀，会馆渐渐成为在政治、宗教、社会等诸方面都有了很大影响力的机构。例如，自贡在正式设立行政市级建制以前，从未成为过统治区域的政治中心。由于自贡市的这种特殊的情况，官府的选址根本就不能和代表社会上层经济利益的盐商和行帮的会馆建筑选址相提并论，比如荣县、富顺的衙署都在距离核心街区近百里之外。因此自贡会馆建筑的选址特征之一是"仕"与"商"结合，而毗邻官府衙门的现象在这里则不太可能出现。自贡会馆建筑一般根据其经济实力和势力范围，尽可能地选择交通便利的城市中心繁荣之处。如自贡西秦会馆的选址不仅是自流井最为繁华的商业中心区，而且离陕西"八大号"的所在地"八店街"仅一步之遥。当时最长的两条纵横交错的主街之一便起于正街与八店街之间，因此交通也十分便利。桓侯宫更是处于人烟稠密、商业黄金地段正街的街口处，其西面的新街，东面的八店街、三圣桥都是商业繁荣地带。

再如自贡市仙市古镇（图3-25、3-26）。古镇因自贡盐业而繁荣，建筑沿街道两侧排列，数以百计的店铺、作坊建于五条街巷中。古镇上的建筑多为青砖黛瓦的木构建筑，临街面的墙多为活动的木板条，卸下就可成为店铺。有的建筑间留有小巷，有的在转折巷口建门坊，巷道空间也随之不断深入和变化。四座过街楼融交通与楼台于一体，别具特

图3-25　仙市古镇总平面图
来源：自贡市仙市古镇保护规划

图3-26　仙市古镇鸟瞰

色。在这里,青灰色翼角高翘的封火山墙、黑色的屋顶、天井、青砖、青瓦以及砖雕、木雕随处可见。民居规格不大,面阔和进深虽多为两间或三间,但整体布局却十分精巧。建筑多带一或两重天井,天井虽不大,但内置花草、假山、鱼池,依形借势,别有天地。不规则的街巷与木楼、黑色瓦屋面连成一片,小镇民居随地形错落分布。南华宫、天上宫、川主庙、江西会馆等盐业会馆穿插在街巷中心或釜溪河岸边,那鳞次栉比、高低有致的重重封火山墙在丰富古镇的天际线同时,也使古镇显得庄重肃穆,深沉古朴。

由此可见,盐商主要建筑的选址均在过去城镇的经济中心或交通便捷处,从盐商会馆的选址地往往就能找到城市曾经辉煌的中心区域。

(2)风水观的影响

中国古人立宅,历来讲求风水。关于宅地的选址模式,风水理论中有许多明确的规定。比如"凡宅左有流水,谓之青龙;右有长道,谓之白虎;前有污池,谓之朱雀;后有丘陵,谓之玄武。为最贵地"。概括起来就是后有靠山,前有流水(或水池),左右有砂山护卫,构成一种相对封闭的环境单元。而产盐古镇对风水尤为看重,因为产盐靠"水"(卤水),晾盐靠"风"(风吹),晒盐靠"日"(日晒),好的风水布局是保证盐产量的重要因素。运盐古镇由于运盐主要靠水路,因此"水"更是古镇布局的首选因素。

例如仙市原有"五庙",均是背山面水而立,沿盐井河(古称"汀江")左岸排列。"'鹦鹉''象鼻'被'虎'牵,'狮子'回头望'牡丹','天潭'河内'朝鼓'响,桥墩坝上会神仙。"这是描绘仙市周围山水风貌的民谣,仙市方圆几十里内,这首民谣几乎妇孺皆知,可见这一方土地正是得天独厚之处。当然,对处于城镇中心地带的会馆建筑而言,要实现这些条件是很难的,但是它的营造者们还是竭尽所能要选一处风水尚佳之地。比如西秦会馆的选址,除了靠近其势力范围"八店街"外,还背靠龙凤山,并立于龙凤山中间。由于龙凤山绵延至釜溪河畔,本地盐商们还把陕商的发迹归功于其会馆的选址,说:"龙凤山像条船,陕西庙立中间,仿佛竖起一桅杆,自流井的钱全搬。"这足以说明风水观念在民间的盛行。王爷庙的选址在釜溪河畔,人称"夹子口"之处,除了因为是水上运盐的交通要道之外,也有风水观念的影响。自流井因盐业开采而财源茂盛,按中国传统文化,"水"被看作

"财源"的象征,"水环流则气脉凝聚",水"左右环抱有情,堆金积玉"。水去则失金,釜溪河水东流不息,盐商们唯恐财随水逝,故于夹子口兴建庙宇,锁住水口,以避钱财外溢。

同样,位于犍为县东北部的罗城古镇(图3-27、图3-28),也是因盐而兴镇,按风水而布局。古镇因主街"船形街"而著名。"船形街"实为凉亭街,始建于明代崇祯元年(1628)。相传古镇虽然自古产盐,却不临江河,一直缺水,有"罗城旱码头,滴水贵如油"的顺口溜,这成为产盐古镇的大忌。为弥补缺憾,村民建设主街时,特意将总平面建成船形,以示"招财纳水"之意。这座船形古镇全长2000多米,宽约650米,主街道为南北走向,两端较窄,中间宽敞,街面起伏,恰如波涛中的甲板。街中盐神庙的戏楼高耸,如高扬的风帆,而街尾的灵官庙又如同航船的船舱。街道两侧各有一排长约200米、宽约6米的荫廊,仿佛船篷一般,又称"船厅街"。罗城的建筑布局引起了国内外专家的重视,1983年,澳大利亚有关方面就在墨尔本依罗城的船形布局建成一座"中国旅游卫星城"。现在罗城的两大经济支柱仍为黑煤、白盐,产自盐矿的盐水通过铁管被运往几十里外的五通桥镇,再由那里的盐水处理厂制作成固态井盐销往外地。

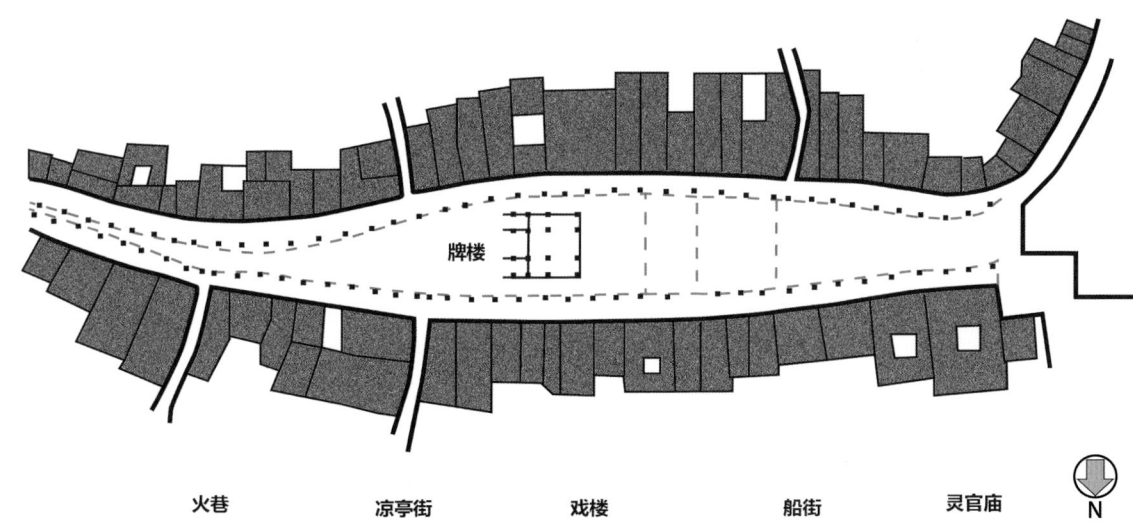

图3-27 罗城的总平面图

图3-28 罗城的街景图

民间的风水思想从环境、景观、安全或心理诸方面考虑整个选址，并非完全是无稽之谈，而是有一定的实用性和合理性，体现了中国古老的传统环境观。盐业古镇的布局往往对风水观念异常重视，"盐"与"水"一直有着非常紧密的关系：产盐靠卤水，运盐靠河水。但因为外在环境的局限性而不能选择完全理想的风水环境时，人们往往会采取一些风水补救措施，以使城镇平面格局达到环境与心理诸方面的平衡。

3. 建筑布局方式

盐业建筑的分布总是在一个特定的区域中心呈点状集中，并且总是以建筑群体的方式出现。其中，盐业会馆是盐业建筑最典型的形式，民间俗称的"九宫十八庙"就是对这种建筑群的概述。当然，不是每个区域都有这么多会馆，经常是随宜增减，如自贡"东大道下川路"的第一个站口仙滩就有"四街""四门""五庙""三码头"，贡井和自流井有七庙，合江县福宝镇有"三宫八庙"，酉阳龙潭镇有"七宫八庙"。这些会馆建筑群反映了当时该地区经济与文化的繁荣。

通过前文对盐业古镇分布形态的分析和对盐业建筑单体选址情况的讨论，我们知道，盐业古镇在城市布局、建筑主体分布上都深受盐业生产和运输的影响，这些特点也会对盐业建筑自身的形式产生一些影响。

（1）以盐商会馆为城镇中心呈辐射状布局：盐业生产开发的中心地带必然会形成一个盐业经济中心，同时带动其他各行业的发展，成为一个商业黄金地带。这些地段往往商贾云集、人烟稠密，主要街市通常围绕一个最繁华的中心辐射到周边。

---

① 钱江林：《旱地修船 人财两旺——罗城古镇的建筑空间与风情》，《小城镇建设》，2004（11）。

如当时自流井地区的正街，无疑就是这一地区的商业中心。被称为"北京帮"的商人在此开设了四大商号：天福祥、庆兴和、三聚源、天聚合，人们习惯称他们为"京货客"。还有"江西帮"在此开设永和兴、裕和兴、经和兴等店。这段现在被称为中华路的正街，从清末至今一直是自贡市中心最繁华的商业大街。从这条正街向外辐射，西面的新街，东面的八店街、三圣桥一带都发展成为商业中心地带。这些中心地带的会馆建筑布局方式通常也围绕这个中心呈辐射状分布，如三圣桥的西秦会馆，沙湾的王爷庙，正街的桓侯宫、贵州庙（已毁）等。这种会馆建筑的布局同街上的商号一样，总是争取在繁华街道上建立主入口，所以往往鳞次栉比，围绕中心地带簇拥在一起。

这种布局方式除了反映出会馆的营造者们夸富比富的心理，也反映出民众聚众和"赶闹热"的社会心理，这与会馆建筑的集会、娱乐功能也有不可分割的关系。

（2）顺着盐运河道串联布置：在清代四川的盐业运输中，水运运量大、运输方便，是比较重要的运输方式。例如在四川自贡水运河道沿岸码头就产生了如仙市、赵化、牛佛等运输中心。盐业运输同样带动了区域经济发展，使得这些地方人气聚集、日益繁荣。但这些地方的繁荣过程与盐业生产中心的方式不太一样，它们的繁荣是以盐运商们的聚集和雇佣工的增多为基础的。笔者在仙市当地走访老人和考察过程中发现，这里的街道和民居是在"五庙"形成之后才有的，因此这些盐商会馆的布局方式非常重要，因为它们是这一地区其他民房组团的中心，起到了规划性的作用，它们的位置和朝向对整个小镇的布局起很大作用。这些会馆建筑的布局是在一种比较原始的状态中形成的，在这种布局形式中，起主导作用的可能仅仅是先来后到原则以及不同盐商帮派按势力强弱、依风水选地而建。

中国传统风水理论的"背山面水""负阴抱阳"在这些盐业古镇中得到了很好的体现，会馆建筑基本全是面向河道呈线形展开，这也几乎是所有这些沿河小城镇的传统布局方式。从光绪《巫山县志》（图3-29）不难看出，巫峡镇和大昌镇这两座渝东的运盐小镇[①]在形成之初，完全按照传统风水观念，环水而居，背山而建。从河对岸看去，整个古

[①] 巫峡镇和大昌镇均位于宁厂之盐由水运进入长江的必经之道上，清末与民国初年都曾经因为大宁盐场的繁荣而繁荣。

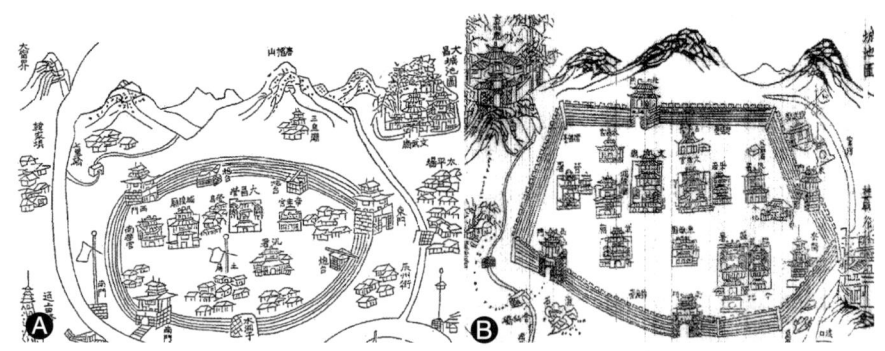

图3-29　A. 巫山县巫峡镇城池图　B. 大昌古城池图
来源：光绪《巫山县志》

镇城郭环抱，高大的宫、堂、庙宇错落其间，一派娴静自然的风韵。但是随着经济的发展和盐业移民人口的增多，街道便因这些会馆的建筑串联而形成，座座民居沿街道排列在会馆之间。从民国大昌古镇布局和街区平面图中，我们可以很清楚地看到这种典型的会馆布局方式。从图中可以看出，会馆线形展开的辐射部分就是整个古镇的范围。

（3）沿中心街道毗邻布置：沿中心街道毗邻布置的会馆建筑群往往出现在比较小或次等的城市分中心，这种区域的繁荣程度不及大的中心城市，城镇规模也较小，因此往往只有一条繁华的商业街作为这一区域的依托和主干。标榜势力和财富的盐商会馆建筑作为当时主要的公共活动场所，理所当然地要挤到这个"人气旺盛""财源滚滚"的黄金地段。而且由于地段拥挤，它们往往比邻而居，这反映出这些会馆的建造时间往往也比较接近。这从一个侧面显示了会馆建筑的又一个社会功能，即划分势力范围。在同一条街上经营生意的各籍商人们在其他异籍商人修建会馆时，害怕自己的利益被侵犯，于是也忙着修建自己的会馆建筑，以争取自己的势力范围，所以这些会馆才会在比较接近的时间内修建起来，以致其间竟无其他建筑的"插足"之地。这种会馆建筑的布局方式在贡井地区的会馆群布置中表现得很典型。

以上这些盐业建筑的分布、选址和布局特点是与四川地区特有的盐卤资源开发所形成的松散、多中心的城市格局，以及盐业生产和运输发展而形成的经济与运输中心等密切相关的。可以说，正是盐业古镇特有的盐业资源与盐业经济促成了其建筑群体独特的分布、选址和布局方式。

（三）古盐道上古镇村落的保存现状

1. 利用交通之便继续发展

有些大集镇由于分布在盐道的重要节点上，靠着水路、陆路的交通之便，随着商品交换的进一步发展，慢慢聚集人气，逐步扩展为大型城镇甚至现代城市。

以鄂西为例，从盐道分布图可以看出，鄂西的重要市县恩施市、利川市、宣恩县城、咸丰县城等均分布在盐道的重要节点上。"唐、宋所以设立施州、黔州的目的，正是朝廷对盐利控制的加强，夺走了与少数民族生活关联的盐井之利。"恩施、宣恩在清雍正年间还曾是重要的清江水道盐运码头，恩施附近的老城柳州城曾一度繁华，后因远离商道而逐渐衰败，并最终在明末清初被恩施城取代；来凤曾是川鄂湘三省的物资集散地，每年从四川购进私盐行销湘西各县，县城曾设有专门经销食盐的街道称"盐街"；咸丰县城因西通酉阳、彭水、黔江直至自贡等西部重要产盐区而得以发展。它们都曾因盐而兴，同时利用自身具有的特殊地理交通优势，在渝东盐业衰败后仍能利用其他商机继续蓬勃发展。

2. 偏离现代交通走向衰败

有些小集镇随着现代道路的建设慢慢偏离交通干道，孤独困守大山之中，逐渐走向衰败。以恩施椒园镇庆阳坝老街为例（图3-30），它既

图3-30　庆阳坝风雨街

不沿江河渡口，也不靠城镇或公路，兀自在大山中形成一条长200多米的商业老街。街在中间分作两条，中间的建筑为前后两层铺面，分别面对前后两街。两侧的建筑均是前铺后宅，后面沿河一边出挑到河面上，形成吊脚楼样式。老街最大特色是街顶全部被两侧巨大的出挑檐口覆盖，形成典型的风雨街。当地老人介绍，这里自古便是盐商从云阳挑盐经恩施去湖南的必经之路，老街大致形成于清末"川盐济楚"时期，中华人民共和国成立初这里还曾经商贾云集，酒肆客店密布，但随着渝东盐业的衰落，老街逐渐失去了往日繁华，只能孤独地横亘在鄂西的大山中。

这样的古街市在湘西、鄂西大山的盐道上还有很多，如宣恩的两河口老街、恩施的屯堡老街、利川的老屋基（图3-31）……这些盐道上的老街因其特有的历史沿革和风貌而成为我们研究过去城市发展、社会经济、民风民俗的活化石。

图3-31　A. 利川的老屋基　B. 宣恩的两河口老街　C. 恩施的屯堡老街

3. 因水利建设而消失

许多盐道古镇都分布在江河边上，在近代四川盐业衰歇后还能靠水运交通得以发展。但是近20年，随着各地在大山间修筑水电站，这些江河边兴起的古镇也因水位变化而消失。

如清江边的盐池镇，地下不断涌出的天然盐泉甚至曾染咸整个清江，清江古时因此被称作"盐水"。本章第一节所记的传说中，盐水女神对廪君说："此地广大，鱼盐所出，愿留共居。"极有可能指的是这一区域。而王善才在《清江考古》中指出，近几年盐池河考古挖掘显示，这里的人类居住遗址距今竟有一万多年，甚至在大溪文化前就有居住活动。笔者调查时发现，即使在20年前，这里的老街还曾经非常有特色：老街由一个个天井和过街楼串联起来，街一边沿河，是三层吊脚楼；另一边沿路，是两层木构。中间大天井面阔五间，两边小天井面阔三间。每个天井都有"门楼子"，夜晚可单独封闭关起。可是1987年隔河岩水库建成以后，这一切都随清江边密布的古镇一起淹于水下，只有岸边汩汩泉涌的盐水口、山坡上耸立的舍利塔、精美的义渡亭和蒿草中散落的刻有花雕的石砖在默默讲述着古镇昔日的繁华。

在川盐古道的起点——长江边的云安古镇，昔日繁荣与今日落寞的对比更为明显。云安繁盛时曾有"九宫十八庙"，人口鼎盛时有近10万人。而今走进云安，当初带来滚滚财源的盐井早已被掩埋在杂草残壁中，遍地的古迹非倒即塌，只剩下山腰上几条未淹没的老街沿层层的青石板台阶有序地排列着，使人依稀联想起古镇当年的风貌。

二、中国西部古盐道上的物质文化遗产

（一）古盐道上的会馆建筑

1. 盐业会馆分类

考察盐业会馆这种特定的建筑形式时，会发现这种会馆形式有着比较复杂的成因，单纯按照同乡、行业或政治性、经济性等方式来划分，都不足以说明盐业会馆不同的形成原因。自贡的很多同乡会馆亦为同业者会馆，如"西秦会馆"便是由陕西盐商出资修建的，在这个层面上，同乡、行业综合到了一起。再如盐业会馆中有一种比较独特的是因生产活动产生的会节习俗而兴建的，如盐业生产多借助于牛推、牛拉进而形成了人们对

牛的崇拜，兴起"牛王会"，每年祭神吃喝，相沿成风，后大盐商出资专建"牛王庙"。这种会馆形式不能用"同乡会馆""同业会馆"来概括，它是由会节演化而来的民间组织形式，但其功能形制与会馆相似，这使得很多盐业会馆在性质上有模糊的一面。

像自贡、云安、大宁等这样一些产盐城镇，其社会构成有不同于其他城镇的很突出的特点，即上层的盐业资本家和下层的产业工人是整个社会阶层最主要的组成部分。有的盐业资本家与商人是两位一体的，这个阶层存在时间长，数量大，资本厚。从现有文献考证，有的盐业大家族从明初就开始经营盐业，成为巨富，典型者如自贡"李四友堂"的祖先。这些富有的阶层都是清一色的以创办实业、经营盐业发家，不似重庆富商不仅是盐业资本家，而且是为洋行服务或直接从事外贸的商人，其数量也不少。下层社会是以盐工为主的产业工人，包括盐工、间接盐工和其他产业工人，这一群体占了城镇总人口的大部分。而一些运盐的城镇，如龚滩、龙潭、大昌，虽然盐业人口不如产盐城镇多，但盐商仍是当地的大户，而且从事盐业运输、搬运的人数也十分巨大，这些码头城镇保留下来的比较华丽的建筑也大多以盐业会馆及与盐业相关的建筑为主，即使是民宅，其建造风格也颇受各地盐业会馆建筑形式的影响，例如前面提到的马头墙和天井院落式民居建筑。

城市文化是城市漫长发展历史中不断沉淀的精神产品、艺术产品的总和。巴蜀地区盐业城镇的文化随处渗透着"盐"的文化，盐业商人与盐业工人所创造的精神文化产品占据了这些城市文化的主要部分。因此盐业会馆实际上也是这种城市文化的载体，它所反映的民情风俗、社会生活、艺术特色无不与这些城市的文化息息相关，而它的创造者正是这个社会的两大主要力量。因此，盐业会馆自然分成两大类别，即反映社会上层阶级文化品位的"商人会馆"和反映社会底层阶级文化生活的"工人会馆"。

在盐业城镇中，"盐业商人会馆"和"盐业工人会馆"记录了当时社会两种主要阶级力量的成长与发展，它们是当时社会生活、政治风云、城市俗文化与精英文化等的综合"结晶体"，基本上涵盖了盐业会馆的各种形式与特征。

（1）盐业商人会馆：不管会馆以什么目的而建，同乡联谊也好，同行相帮也好，其格局与建筑文化内涵总是反映出修建之人的社会阶层、经济实力、文化品位。巴蜀地区在清末兴建的商人会馆应该说大多与四川盐业经济有关,川盐古道上的盐业古镇中的会馆更是如此(这些古镇中的会馆建筑也相对比较集中),它们生动体现了盐商阶层的经济实力与文化品位。

表3-2 各省盐商会馆名称及供奉神祇先贤列举

所属省份	会馆名称	供奉神祇先祖
山西	山西会馆	关帝
陕西	陕西庙(会馆)、三元堂	刘备、关羽、张飞
山西、陕西	西秦会馆	刘备、关羽、张飞
江苏、安徽、江西	江南会馆、新安会馆、准提庵、江西会馆、紫阳书院	关羽、准提菩萨、观音菩萨、朱熹(徽州紫阳山读书)
湖南、湖北	湖广会馆	禹王
湖北	禹王宫、黄州会馆	禹王
江西	万寿宫	许真人
福建	天后宫(天上宫)	天妃、妈祖
广东	南华宫	六祖慧能
浙江	列圣宫	关帝
四川	川主庙	赵公明
贵州	荣禄宫	

这些会馆往往是同乡同业合一的,比如自贡西秦会馆的承建人陕商就是运盐起家的大盐商集团。为运盐船帮修建的王爷庙则是"河东王、河西李"中的"王三畏堂"的子嗣王余涎出资所建,因此它虽然是运盐工人们的活动场所,但其建筑风格却反映了上层阶级的文化品位特征,其雕梁画栋、诗文彩画及与西秦会馆相争锋的戏楼,都从一个侧面反映出其承建者的意图。盐业商人会馆规模较大、等级森严、布局严整。

(2)盐业工人会馆:这里的盐业工人会馆主要是指当时盐业相关行业工人们自己筹资建设的具有工人帮会性质的会馆。这种会馆不仅反映了当时盐业城镇一个主要的社会阶层——盐业工人的社会生活情况、文化习俗，还见证了盐业工人们的工人运动和斗争以及工人内部的自我整合过程。这种会馆组织相当于早期的手工业工会组织。

近代的四川大盐场，已经开始具备某些资本主义工场手工业的特点，工人们集资修建的会馆是为了保护自身利益和商议同行事宜，或者是在劳动中形成的某一会节活动的开展场所。如烧盐工人的"炎帝宫"、挑卤工人的"华祝会"、为祭祀盐业始祖的而设的"井神庙"等。不管是哪一种形式，它们的共同点是反映了产业工人们的生活习俗与审美情趣，是工人们集会与娱乐的重要场所，所以一般有以下特征：规模较小，形式较自由，布局灵活多样。工人会馆极大地增强了产业工人们的凝聚力，对近代工人运动有着不可忽视的影响。这种会馆现在保存不多，最为典型的是自贡烧盐工人的"炎帝宫"与屠宰帮会的"桓侯宫"。

表3-3 盐业工人会馆名称及供奉神祇先贤

行业名称	会馆名称	供奉神名
制盐业	盐神庙	河神
木船运盐业	王爷庙	李冰
制盐工具业（铁匠帮）	雷祖庙	李腆
酒业	杜康会	杜康
屠宰业	张爷庙、桓侯宫	张飞
烧火熬盐业	火神庙、炎帝宫	炎帝
养牛业（驮盐、打盐井）	牛王会	牛王
缝纫业	轩辕宫	轩辕

2. 盐业会馆建筑的空间与造型

盐业会馆的建筑一般包括戏楼、围院、拜殿、回廊。其中，在戏楼和拜殿式建筑的主体部分，有些会馆还会根据需要增设客房、议事厅、后花园等功能空间。如重庆城口县修溪坝禹王宫（湖广会馆），在道光二十二年（1842）扩建时所刻碑记中写道："城口七保修溪坝自乾隆五十年兴设场市，楚民迁于此者众。援金建修禹王宫，以为会馆……岁时奉祭。……于（道光）二十八年八月鸠工毕材，拓基砌石，建修正殿、两廊、乐楼、客房。围屋垣墙饰以丹漆，辉以金碧，焕然一新。"剑阁县《下寺场陕西馆记》中写道："乾隆五十七年，陕人购馆三楹，为岁时赛神之所。道光初增设乐楼。至末年廓而新之，置左右廊房。"道光《中江县新志》中的《增修关圣宫记》写道："殿庑厨室宾馆乐楼皆具，周以墙垣。"

从以上记载可知，清朝初年，会馆的功能以各省移民祭拜故乡神祇为主，拜殿是必不可少的主要空间。清末道光年间开始，随着四川商业（以盐业为主）的发展，会馆开始增设戏楼（乐楼）、看楼，会馆性质也由移民会馆转为商业会馆，开始突出商业娱乐的功能。正是会馆这一独特的建筑形式，生动记录了在盐业经济的带动下，移民主体由清初生活性移民向清末商业性移民转变的过程。以下就这些会馆的空间与造型特点展开详细介绍。

（1）入口空间特点：盐业会馆是一种综合性的公共建筑，它同宗祠建筑一样，对其特定使用人群来说是标志性建筑和精神文化的象征。因此，它自然需要一个比较能显示其地位、气势的入口空间形象。盐业会馆建筑一般处于盐业城镇中心繁华地带，其修建者为显示自身财力，一般会结合环境或利用台阶的铺垫，或利用柱廊和大门的造型来烘托气氛，标榜其地位。因此会馆建筑的大门一般体量高大、形式丰富，以混合式牌楼门、随墙式牌楼门为最多，但又各不相同。有的极尽工巧，有的简洁庄严；有的一气呵成，有的分期分批逐步完成；有的简单利落，有的庭院深深，复杂多变。正是这些不同的建筑形式，形成了会馆建筑丰富多彩的入口空间特色。如自贡市桓侯宫入口（图3-32），层层升起的台

图3-32　自贡桓侯宫入口

阶、高大的五花式牌楼、繁复的石雕装饰，无不显示出从业者的豪华与奢靡。

一般会馆都有多重院落，如重庆市禹王宫（湖北会馆，图3-33）。第一进过门庭进入一个较大的院落，这里用来举行乡亲聚会或进行较大型娱乐活动。院落另一头即戏台，是整个会馆的核心，每逢节庆，这里都会有专门的戏班表演节目。过戏台后面是一个较小的天井，天井尽端是大殿，两旁是厢房，这个空间是商会头人议事或举行小型祭祖活动的地方。有些会馆，如重庆齐安公所（图3-34），由于会馆的入口在其主轴线上，而且戏楼也同样要求在主轴线上，因此建筑的入口采用门楼倒座的形式，即牌楼门与其后的戏楼背靠背而立，分别面向街道和内庭院，戏楼下架空。从大门进入，往往要从戏楼底层穿过，才能到达观戏院落。这一做法，反而在空间上起到了欲扬先抑的效果。但随地形空间的变化，会馆入口也有一些不同的形式，比如自贡王爷庙就打破常规，将山门置于两厢，从而保证了戏楼及附属耳房等处在河湾山嘴最险要之处，巧妙地将建筑与环境融合起来。而龚滩的西秦会馆（陕西盐商会馆，图3-35）紧邻龚滩繁华的太平街，顺街可以直达龚滩码头，在过去是交通与商业并重的黄金地段。为了聚会及观演的需要，会馆还在坡地上围合成院落，戏台位于街边，底层架空。戏台顺坡势层层升起，形成天然的阶梯状观演空间。尽端是大殿，主要用于祭神及商会会长议事。戏台、院落、大殿以及两侧的厢房，共同形成巴蜀会馆特有的入口形式和院落围合空间。

自贡市仙市古镇的南华宫（广东盐商会馆），其院落的入口处理更加巧妙。该建筑位于上码头与下码头之间，建筑物坐北向南，主要建筑依次布于南北中轴线上，次要建筑对称置于东西两侧，四合院布局，由山门、戏楼、大殿、廊楼、厢房及耳房组成，四周用廊楼相连。整个建筑巧妙地根据地形依山而建（图3-36），从山门到大殿渐次升高，层次分明。最特别的是两侧廊楼下的过街门洞与半边街相通（图3-37），使会馆与街市融为一体，既不影响建筑，又扩大了街道容量，调节了拥挤的人流。在这里，建筑形式服从于功能的设计原则得到了充分体现，与普通宫庙建筑轴线对称、必须从正门大殿进入的仪式化形式相比，显得更加功能化、大众化，充分展现了商人会馆一地多用、一物多功能的追求实用的设计理念。

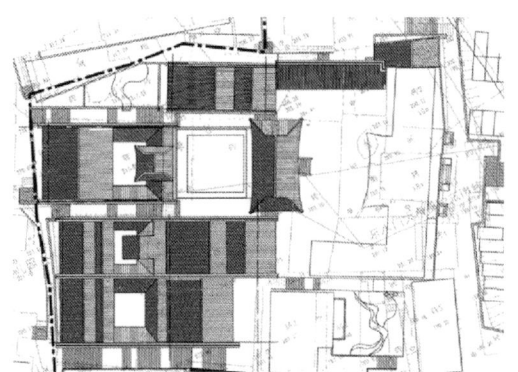

图3-33 重庆禹王宫原有院落、天井空间
来源：湖广会馆设计组

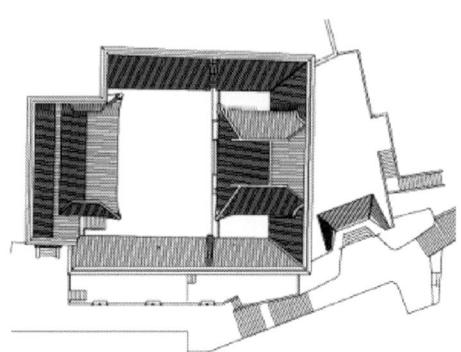

图3-34 重庆齐安公所院落、天井空间
来源：湖广会馆设计组

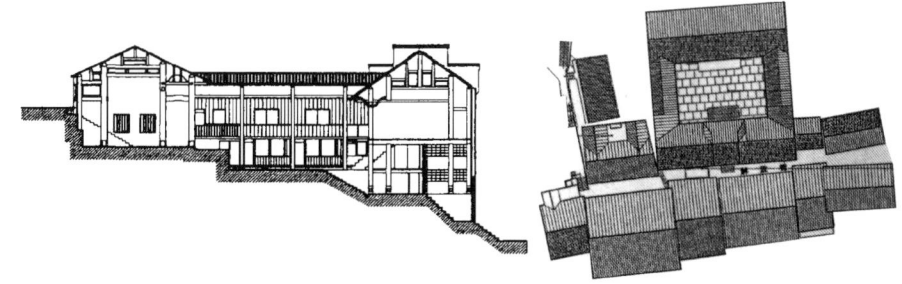

图3-35 龚滩西秦会馆
来源：《龚滩古镇保护规划》

图3-36 仙市古镇南华宫平面
来源：《自贡市仙市镇古镇保护规划》

图3-37 A. 南华宫过街门洞 B. 南华宫戏楼

这种过街骑楼形成入口的会馆形式在巴蜀地区曾经非常普遍，主要是为了便于会馆对外交流。会馆之间有时还会共同举行娱乐庆典活动，过街门洞的入口形式为串街游行提供了方便。如《合川县志》就曾记载："清时各界会期演戏多至半月，各街骑街搭台演唱报秋之戏，自八月起至十月下旬止。"[①]"各街骑街搭台演唱"生动描绘了当时各会馆同期演戏的热闹场面。

也有些会馆，由于建设周期较长，祭殿一般在最后一排，戏台和入口牌楼在不同时间分次分批地加建上去。如酉阳龙潭古镇（靠近郁山盐场）的万寿宫（江西会馆，图3-38）。宫内的碑文记载，主殿是由江西移民在乾隆年间从外地迁建过来的，后来在上百年逐步扩建过程中，在前面增建了戏楼、回廊和入口牌楼，因此各部分建筑风格明显不同：祭殿是清早期

---

① 民国《合川县志》卷35《风俗》。

的移民建筑形式，巨大的梁柱、平缓的坡顶，带有江西地域特征的梁柱雕饰。戏台是典型的巴蜀地区戏楼风格，只是四角发戗翘起，明显是后期受到当地建造工艺的影响。而入口的牌楼为花山墙造型，高大华丽，雕饰繁复，显示出清朝末期徽派建筑对当地的影响（图3-39）。该建筑不同时期墙砖的砌法和大小区别很大，而且交接缝明显，是一栋难得的未经修复、完整真实地记录了当时建造过程的会馆建筑。

图3-38　A、B. 龙潭古镇万寿宫祭殿及内部梁柱　C. 不同时期扩建的砖墙

图3-39　A. 龙潭古镇万寿宫戏楼　B. 入口门牌楼

（2）戏院空间特点及其演化：会馆在清初时主要是外地移民祭拜先祖及各神祇的场所，会馆主体是祭殿。到清中期后，随着商业移民的增加，会馆的功能重点由祭拜转向集会和娱乐，戏楼成为会馆中必不可少的部分。当时庙会和集会的一个最常见和最受欢迎的活动就是戏剧表演，川剧作为巴蜀老百姓最喜闻乐见的民间艺术形式，在清代迅速繁荣。戏楼作为当时最常见的公众活动——戏曲表演的物质载体，具有很强的实用性。因此在大多数的会馆建筑中，相较于祭祀用的正殿（精神核心），戏楼成为最重要的行为核心。如增修筑连禹王宫的序中写道：

"乐楼者，所以演今日之院本，追古乐之遗风，则借彼衣冠，作大夏舞，无虑南风不进也。"①会馆中的观演空间——戏楼及前区空间因此成为会馆空间中需要重点处理的部分，它们往往利用地形，结合场地高差和观演的功能需要，形成极具特色的空间设计。

巴蜀地区山多地险，地形自然起伏较多，当地工匠巧妙利用地形特点对会馆建筑空间阳光区进行处理，形成极具特色的竖向空间。例如，有些会馆恰如其分地运用地形的自然坡度，采用了从戏楼到正殿（厅）地坪逐渐升高的做法，有效地满足了观众观演距离和视线的要求，使之适宜观戏。戏楼在剖面基本形制上发展出了以下几种具有地方特点的形式：①戏台、观戏院落、正殿（厅）在一层平面上，并以院落为主，入口从戏台底下进入，或从戏台两侧台阶走上二层观戏空间（图3-40）；②前殿、戏台、正殿（厅）层层抬升，以台阶为主（图3-41）；③直接在观演厅做台阶，形成斜坡状的院落（图3-42）。

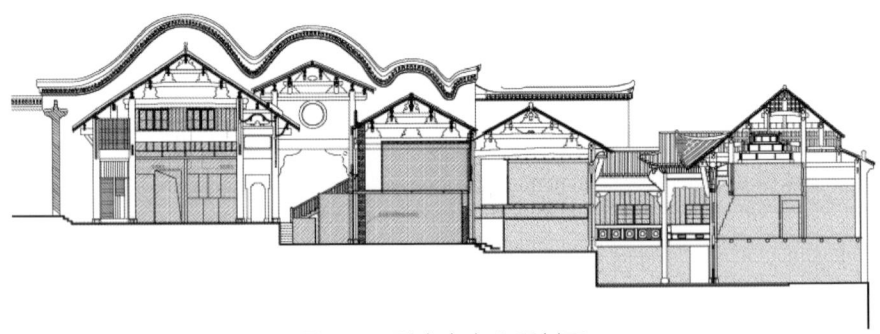

图3-40　重庆齐安公所剖面
来源：重庆大学湖广会馆设计组

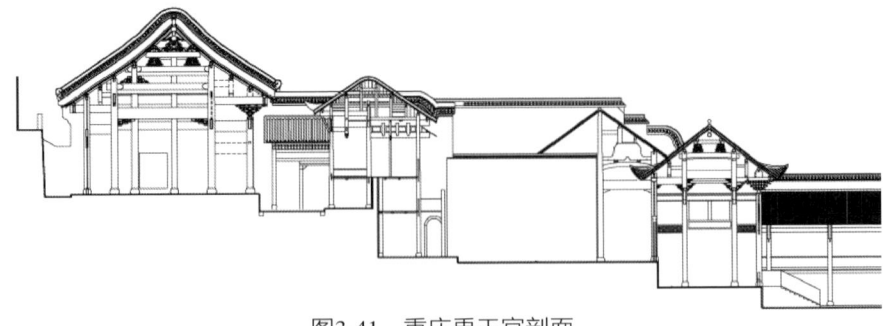

图3-41　重庆禹王宫剖面
来源：重庆大学湖广会馆设计组

① 民国《富顺县志》卷4《庙坛》。

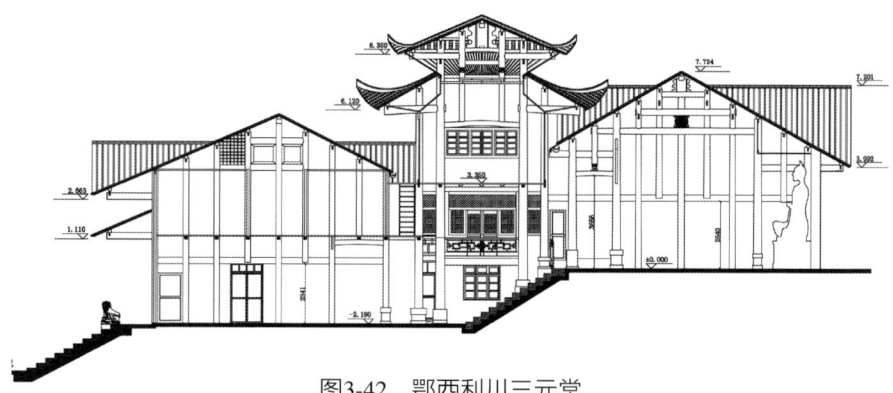

图3-42　鄂西利川三元堂
来源：华中科技大学古建筑测绘

第一种形式最为常见，如重庆齐安公所，自贡西秦会馆，仙市南华宫、天后宫等（图3-43、图3-44）。第二种形式的戏台在中间，观演区比较局促，属于较早期的形式，如重庆禹王宫、自贡炎帝宫（图3-45）等。第三种形式的观演区域以台阶为主，布局简单实用，如利川三元堂、自贡王爷庙（图3-46）等。这些建筑形式既丰富了戏楼前区空间的层次，又避免了观戏的视线遮挡，提供了良好的观赏角度。

随地形沿中轴线层层升高的剖面方式在盐业会馆建筑中被广泛采用，除了地形本身造就了这种形式之外，会馆建筑之间相互模仿借鉴也是原因之一。形制的沿袭往往形成这种相互之间效仿的惯性。

3. 盐业会馆的造型特点

（1）屋顶：屋顶是中国建筑最富有艺术魅力的组成部分之一，是建筑的冠冕。会馆建筑总是以建筑群体的方式出现在人们面前，这些建筑群变化丰富、高低错落的屋顶，正是其形象最好的代表。巴蜀盐业会馆发展到成熟期，屋顶造型艺术更是令人叹为观止。

如重庆湖广会馆建筑运用了如悬山、硬山、卷棚、歇山、攒尖、盔顶以及各种复杂的屋顶形式。这些屋顶与其间形成的庭院、天井、花木、碧池以及各式各样的封火山墙造型一起融于各自不同的外部环境之中，形成了市镇之中最有魅力的景象（图3-47）。

图3-43　A. 仙市南华宫的戏楼　B. 仙市天后宫的戏楼

图3-44　A. 自贡西秦会馆的戏楼　B. 襄阳谷城三神庙的戏楼

图3-45　A. 利川纳溪河村禹王宫的戏楼　B. 自贡炎帝宫的戏楼

图3-46　A. 自贡王爷庙的戏楼　B. 酉酬万寿宫的戏楼

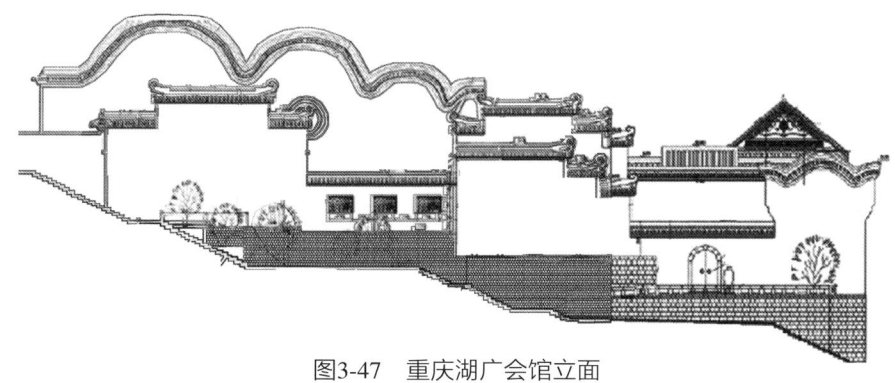

图3-47 重庆湖广会馆立面
来源：重庆大学湖广会馆设计组

巴蜀地区多山地的地貌特征，使建筑屋顶的空间形象更加丰富多变。盐业会馆一般比普通民居占地面积大，建筑往往巧妙地运用地形的变化，采用层层上升之势，使得屋顶也沿山势层层上叠，远远望去，起伏连绵，形成了丰富的天际线。而且相较于普通民间住宅建筑，会馆建筑的屋顶装饰往往更为丰富多彩，主要集中在戏楼和中殿、正殿等主要建筑之上，使人一望而知其重要的地位。巴蜀会馆的戏楼和阁楼往往采用单檐或重檐歇山顶，其余屋顶多用两坡顶。但在规模比较大的建筑中，往往会出现多重、多个歇山顶，而且屋顶翼角起翘轻盈高挑，大大丰富了建筑的立面造型，增加了建筑美感（图3-48）。

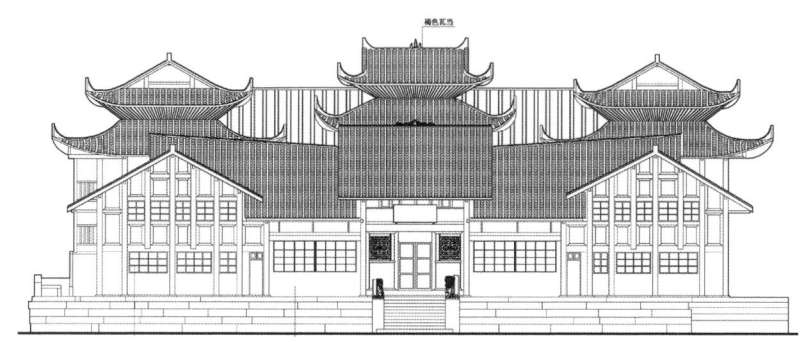

图3-48 鄂西利川三元堂立面
来源：华中科技大学古建筑测绘

（2）盐业会馆的细部装饰：会馆建筑不仅通过其自身宏大的规模来彰显实力，而且在建筑细部装饰上也是极尽细腻之能事，充分显示了高超的建筑技术和艺术成就，装饰题材丰富，各有特点，并且，盐业会馆还带有明显的各地区本源文化的特征。

如从重庆的会馆建筑装饰来看，与禹王宫的古朴、齐安公所的典雅不同，广东公所的装饰最为华丽、繁复，难度较大的镂空雕比比皆是，同时人物造型精巧细腻、栩栩如生（图3-49）。这与岭南地区木匠工艺高超、做工精巧细腻有关。装饰图案中还多表现对仕途的向往和追求，这与岭南盛行科举、教育体系健全、科举思想深入人心的文化根源不无关系。另外从细部特征来看，柱础的高宽比大、绝对高度高、样式多样也是岭南建筑的特点。

图3-49　重庆的广东公所反映官府办案的雕板
来源：湖广会馆设计组

在装饰手法和题材上，自贡西秦会馆也表现了明显的本源文化地域风格。这个由陕商修建的会馆建筑，其雕刻装饰上有许多表现陕人丰功伟绩的题材：如《黄金窖》中的秦穆公，《杨门女将》《杨宗保挂帅》中的杨家将，《九老图》中的白居易，《卸甲封王》中的郭子仪，《大登殿》中的薛平贵、王宝钏，《苏武牧羊》中的苏武，等等。他们都是山陕地区历史上的杰出人物。这些在当地并不常见的装饰题材，突显了西秦会馆的地方特色。各地风格的融合也使得巴蜀地区盐业会馆的建筑形式更加丰富独特、异彩纷呈。

其实，盐业会馆建筑中可装饰的内容十分丰富，从建筑构件到室内陈设、物品，无一不体现出盐商富豪们对建筑细部的追求（图3-50）。例如，在那些屋脊、屋角上往往有许多精致的石雕部件，同时在栏杆、柱础、门扇、垂花、雀替等处也有许多民间雕刻的上乘之作。它们大多以神话传说、历史人物、戏曲典故、珍禽异兽、花鸟虫鱼为题材，有着祈福、教化、颂扬等文化内涵，并蕴含着浓厚的本土文化。

图3-50 某会馆细部雕刻

（二）古盐道上的其他物质文化遗产

1. 秦巴古盐道遗址

秦巴古盐道是连接川、渝、陕、鄂的古盐运道路（图3-51），南起上古盐都巫溪县宁厂镇，沿大宁河向北，入大巴山，过大河坝、白鹿、徐家、龙泉，翻大巴山主脊鸡心岭（今鄂、渝、陕三省、市交界处）后，过瓦子坪、猫子庙，到陕西最南端的钟宝镇。运到钟宝古镇的盐随后分三条路被输往各地。第一条是顺南江河北上，过牛头店，经平利县、旬阳县、宁陕县，再翻越秦岭到达长安。第二条是西进化龙山，通过黄洋河水运入汉江到安康，再到汉中、长安等地。这两条盐道古时被称为"山南盐道"，从大宁厂到安康，全程300千米，从宁厂镇到钟宝镇也要100多千米。第三条路是沿南江河（湖北境内称堵河）往东北，穿神农架，到江汉诸地。秦巴古盐道沿河流分布而走，垂直于山川，沿途艰险，只能靠肩挑背负。在秦巴古盐道上，每隔一段距离都有一个观音庙，观音庙规模不大，只是在岩壁上凿出一个龛，龛内供奉观音塑像，供过往盐客祭拜（图3-52）。

图3-51　秦巴古盐道

图3-52　秦巴古盐道上的观音庙

2. 虎牙山纤道遗址

虎牙山，位于湖北省宜昌市猇亭区西北约7千米处的长江北岸。山体系砾质石灰岩构造，石壁陡峭，江水湍急，山下即虎牙滩，江水出峡至此进入江汉平原西缘，水位因地势海拔发生骤变而形成较大落差，加之暗礁密集、水文复杂，给川鄂水上交通带来极大不便。《古今图书集成·山川典·江部汇考三》载："舟行至此先避虎牙而南，复避荆门而北，凡两岸横流乘风奋楫而上，否则寸寸以几艰如拔山……舟人望而辟易，虎牙之名始此，惟虎牙不可上，乃渡向南岸，由荆门而上，是虎牙更险于荆门也。"直到纤道开出之后，航运困难才有所改善。

虎牙山纤道始凿于清代。清同治四年（1865）《宜昌府志》载，康熙五十三年（1714）荆州知府于悬崖中开劈纤路，垂铁索、石柱，以资攀援。《重修宜昌府虎牙滩碑记》（下称《碑记》）记载了重修的四点原因：①"府志所载昔修南岸纤路与北岸练索，便民之具久已隳"，纤道年久失修；②"郡为川楚要津，贾舶商艘云集齐至"，使商船安全通行；③"军兴增盐厘，两榷征税济铜，军无缺乏"，为镇压太平天国运动和农民起义提供军费；④"昔称崖疆，设兵以为镇守"，防务上的应急措施。其中最主要的原因还是为了保证盐税收入，提供军费开支。两湖盐税的主要征收对象是盐商中的运商，因而航运的安全问题对于盐税来说至关重要。川盐行销两湖，也只有水上运输才能解决货运问题。但陆路交通过于艰难，故虎牙山纤道具有举足轻重的作用。同治七年（1868）以后，川盐在湖北挤占淮盐市场。为了各自利益，曾国藩与湖广总督李瀚章发生争执。李瀚章支持川盐的原因，是川盐不像淮盐短斤少两，能够保证盐税收入。因交通不便，川盐唯有航运出峡销售，才能产销两旺，虎牙山纤道在川楚盐运中仍具有重要地位。1964年扩修纤道、整治航道时，虎牙滩礁石被炸掉，从此航道通畅。

目前，虎牙山纤道废弃已久，但它在我国航运史、水利史、建筑史、盐业史上都具有一定的地位，应当得到人们的重视，目前已成为引人注目的长江水上交通遗迹。

3. 猴子石驿站遗址

猴子石驿站遗址位于木鱼镇猴子石保护站东200米处，原始建筑建于明末，到20世纪70年代时老屋尚存。1978年为建林区旅游点，由于老屋破损严重，故将其拆除，在原地重建了一栋仿古建筑，并在门上挂有"古盐道猴子石驿站"，从而唤醒古盐道的场所记忆，供游客参观。

4. 三道街关帝庙及古盐道遗址

三道街关帝庙遗址位于红举村古盐道驿站西80米，房基尚在，庙宇建筑已毁，现有道光年间修建关帝庙时的石碑一块。据当地老人介绍，关帝庙香火曾十分旺盛，过往的盐商、盐背子从这里路过，都要上香烧纸祈求平安，求福免灾。据当地73岁的周禄基老人介绍，在他小时候，三道街还很热闹，房屋从远望寺到关帝庙鳞次栉比，有半边街，也有对河街。那个时候三道街有三家盐行，驮盐的骡马多达300匹，其中谭姓的人家就有99匹骡马。三道街是川盐销往鄂西北的一个巨大的集散地，从大宁厂运来的盐由此再运往阳日、房县等地。

三、中国西部古盐道上的非物质文化遗产

在川鄂古盐道上，川盐文化深深地影响了川、渝、陕、鄂地区文化的发展，对这一地区的巴文化、巫文化、三峡文化及民族多元化的形成起到了积极的推动作用。川鄂古盐道上的盐业工人在制盐、运盐、销盐的劳作过程中创造了各式各样以盐为核心的非物质文化遗产。

（一）造船技艺

川盐济楚期间最重要的运输通道就是长江。由于长江在宜昌段水流较湍急，经常会出现碰撞沉船的现象，而盐又是极易溶于水的物资，所以川盐济楚时期出现了一种独特的造船技艺。根据湖北监利县运盐老船工瞿宏志介绍，当时的四川运盐大船被称作"柏木舴"（图3-53）。船舱位于船正中，是船工起居及储存盐的地方，船尾为操控船行进的舵房。船身大部分由大柏木制成，仅船底板用双层紫木板制成。在船行进的过程中，双层底板有助于防止船被撞击进水而溶解盐。但即使这样，在水流湍急的江水中，盐船仍然碰撞受损严重，行驶到湖北时大多已破损不堪，故大部分运盐的船工到了湖北后连盐带船一起出售，自己沿陆路回川。

图3-53　柏木舴示意图

（二）盐背子饭

古盐道上的背盐人被称为"盐背子"或"盐脚子"。他们背着背篓，日复一日、年复一年地沿陆路穿行，将四川大宁盐场的盐运往湖北各地，或自己食用，或做盐买卖。背盐工的生活很艰苦，他们出门时要带足沿途的食粮，在驿站或者有人家的地方找个锅搭火，用一碗水加一碗玉米面就能焖出简单而可口的食物。

在湖北竹溪与陕西镇坪、重庆巫溪交界地带，有一种过去盐工吃的特殊干粮叫盐背子饭。为了让食物在路途上能存放更长时间，还要能充饥止渴，人们变着花样用玉米面发明了四五种盐背子饭。虽然盐背子饭没油没盐，但吃起来不噎不腻，清香爽口，没有一点粗糙感，成为背盐人理想的食品。盐背子饭不仅做法有讲究，而且对食材也有很高的要求，主要体现在玉米面的制作工艺上。古盐道周边居住的农家至今还保留着完整的石磨，它们就是用来制作玉米面的工具。玉米粒在磨面之前必须用水浸润2小时，然后在石磨中磨瓣去皮，再用筛子把玉米糁筛出来，最后研磨出精细的玉米面。

如今，盐背子饭已经成了现代餐桌上的一道美食，在竹溪县丰溪镇的小餐馆、住家户，随处都能见到它的身影。

（三）盐工号子

千百年来，盐工在制盐运盐的艰辛劳作中传唱着粗犷高亢的盐工号子，形成了制盐运盐劳动中的独特风景。盐工号子是直接伴随体力劳动并和劳动节奏密切配合的民歌，它产生于体力劳动过程中，直接为生产劳动服务，真实地反映了劳动状况和劳动者的精神面貌。其音乐粗犷豪迈、坚实有力，是某些体力劳动不可缺少的有机部分。今天，公路已经贯通，盐的生产运输方式也发生了较大的变化，盐工号子在完成它的历史使命之后，正逐渐成为千古绝唱。拯救盐工号子、推广并传承这一民间艺术形式已迫在眉睫。

第四章　中国北部古盐道

中国北方古盐道包括河东古盐道、长芦古盐道和山东古盐道。其中河东盐为池盐，长芦盐和山东盐为海盐，其范围覆盖了我国北方的河北、山东、陕西全省，以及与河南、江苏、山西交界的部分地区。食盐经济作为经济最为重要的组成部分，对我国北方文化产生了重要的影响。

第一节　河东古盐道

河东盐指出产自河东盐池之盐，从古至今其名称多有变化，曾名鹽盐、解（旧作鮮）盐，后又因潞村（运城建城前名潞村）而得名为潞盐。人类对河东池盐的取用可以追溯上古时代，周代的《周礼》《春秋》《山海经》等文献中已有对河东盐池的文字记载。据清代《初修河东盐法志》，河东盐池主要为位于解州（运城市盐湖区西南15千米的解州镇）和安邑（今山西运城市盐湖区）之间的大盐池解池（今运城盐湖）、解池附近的女盐池，以及解池西北的硝池六小池。硝池六小池在清代已不再产盐，而解池自古便是河东最为重要的盐池。由于解池有部分位于安邑县（今运城市东北）境内，部分跨入解县（今运城市西南）境内，因此也叫"两池"。河东盐在古代的运销范围主要在山西、陕西、河南三省（图4-1），古盐道分布的区域内现今仍留存有会馆、盐商宅居、渡口等遗迹以及盐神信仰等非物质文化遗产。

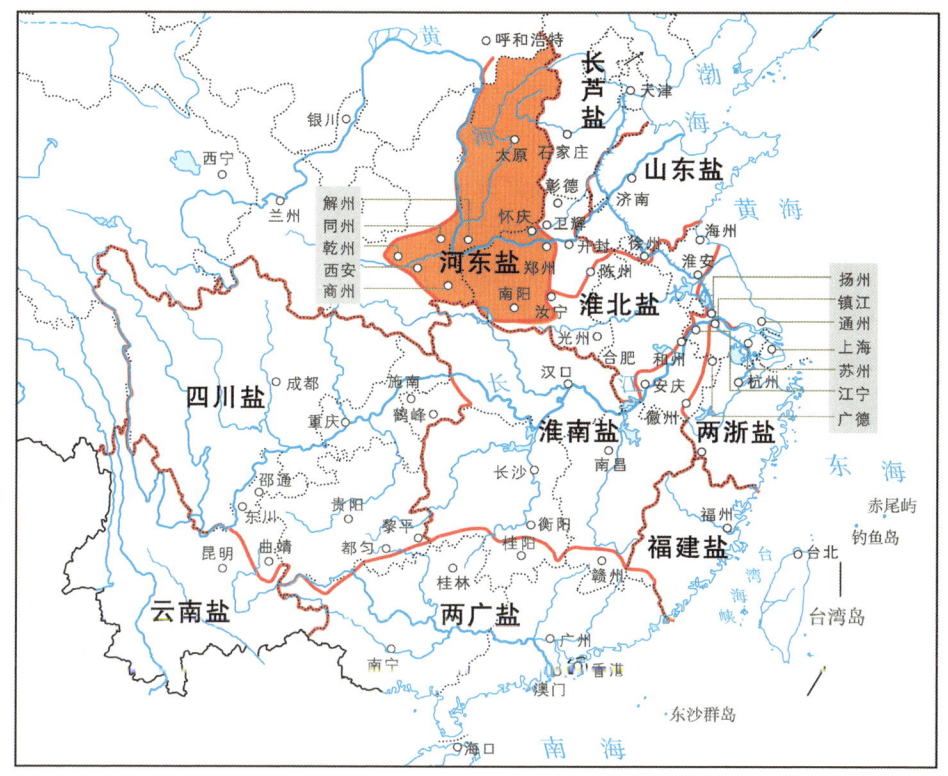

图4-1 清代河东盐销区范围示意图

一、河东盐的生产

(一)河东池盐的诞生

主要出产河东池盐的解池形成于新生代喜马拉雅运动时期。在造山运动中,运城盆地南部的中条山和北部的孤山、稷王山褶断上升,其他板块下沉,形成一个大面积的沉积洼地,大量含盐类的矿物质汇集,经过长期的沉淀蒸发,形成了天然的盐湖。在人类尚未掌握盐的开采技术的远古时期,河东池盐之于人的物质生活与精神信仰都有着极大的意义。

(二)河东池盐的生产方法

1. 自然漫生——捞盐法

自然状态下的日晒、风吹以及淡水泉稀释盐卤使得盐分可以结晶析出,这种自然漫生的盐可以直接在浅水区捞取获得。沈括在《梦溪笔谈》中提到过解池盐的这一现象，指出没有甘泉水的掺和，盐卤矿脉无法产盐。由于解池盐的自然漫生存在很大的偶然性，加之盐之于民生的重要性，这使得古人对解池产生了神灵崇拜，唐代宗皇帝曾给解池赐号"宝应灵庆池"。相应地，盐池池神也被封为"灵庆公"。

2. 垦畦浇晒法与划畦灌水法

最晚在东汉时期，河东盐池出现了最早的垦畦浇晒制盐法。郦道元《水经注》中引东汉学者服虔语对解池旁的女盐池产盐的描述云："裂水沃麻，分灌川野，畦水耗竭，土自成盐，即所谓咸鹾也，而味苦，号曰盐田。"这种方法即将盐池水引入盐田，直接晾晒获得含有杂质的盐。隋唐至五代十国时期，池盐生产技术发展为"划畦灌水"法。此法将淡水引进卤水中，大大降低了卤水内杂质的含量（有关制盐法，本书在第一章第二节"古代食盐生产概述"中已进行了详细的介绍，此处不再赘述）。宋代，盐畦耕地化，人们将晒盐比作耕种，故有"种盐"一称。到了明清时期，这种生产方法定型，并在清初形成了完整的盐田生产系统，这一系统由蓄水池、蒸发池、过滤池和结晶池组成。

二、河东盐的运销

（一）秦汉魏晋时期河东池盐的运销

早在战国时期，河东地区已有马拉盐车，表明盐池已被开发。秦朝实行官营政策，汉朝最初放归盐业为民营，造成国家财力受损，后在官营与民营间不断徘徊。在整个汉朝期间，除政府实行专卖时间外，河东盐的销售多为私人经营向政府纳税，其行销区域包括关中地区[①]、洛阳、南阳、太原、上党[②]等地。曹魏、西晋时期由于战乱，池盐一直实行官府专卖政策。

（二）唐代河东池盐的运销

由第一章第三节"古代食盐运销概述"可知，唐代以前，食盐并无特定的行销区域，目前最早可考的关于行盐销界制度的记载出现在唐

---

① 现陕西省中部，包括西安、宝鸡、咸阳、渭南、铜川、杨凌五市一区。
② 今长治、晋城一带。

代建中年间。河东两池由于地近京师（西安），因此京师与京畿食盐主要由河东盐池供应。此外河东池盐还行销各地，并有不断扩大之势。根据《资治通鉴》记载，在建中元年（780），"时自许（今河南省许昌市）、汝（今河南汝州市）、郑（今河南郑州市）、邓（今河南邓州市）之西，皆食河东池盐"。元和六年（811），户部侍郎判度支卢坦的奏请内容中较为详细地明确了河东池盐的销售范围，即京畿、凤翔、陕、虢、河中、泽、潞、河南、许、汝、同、华、绛、商、洋、郑、邓、陇、晋、汾、慈、隰、沁、金、均，共二十五州。元和六年后，河东池盐的销售区域又增加了兴元、洋、兴、凤、文、成等六州，共三十一州，涵盖现今河北、河南、陕西、山西大部分地区。唐代盐法规定颗盐（解盐）、末盐（海盐）不可越界贩运，但海盐产量较大且价格较低，所以仍存在海盐越界贩售的现象。

（三）宋代河东池盐的运销

宋朝初年河东池盐的行销采用局部通商政策，后又经数次取消与重新开放。在这种反复变化中，河东池盐的运销范围逐渐扩大，至咸平四年（1001）后，发展到三十多州，具体为："京西则蔡、襄、邓、随、唐、金、房、均、郢州、光化、信阳军；陕西则京兆、凤翔府、同、华、耀、乾、泾、原、分、宁、仪、渭、鄜、坊、丹、延、环、庆、秦、陇、凤、阶、成州、保安、镇戎军；及澶州诸县之在河北者。"除此之外还有官销区，"三京二十八州军，为京都（开封），南京，西京及京东之济、兖、曹、淮、单、郓州、广济军；京西之滑、郑、陈、颍、汝、许、孟州；陕西之河中府、陕、解、虢州、庆成军；河东之晋、绛、慈、隰州；淮南之宿、亳州；河北之怀、卫州及澶州诸县之在河南者"。后宋代河东池盐的运销政策又经历了全面通商、局部通商与禁止商销的波折，于庆历八年（1048）实行了盐钞制：废除官运，官府发行注明食盐销售地点的盐钞，商人交钱领取盐钞，至解池凭盐钞领运食盐。盐钞制可以被看作盐引制的前身。

（四）明代河东池盐的运销

明初河东池盐的行销范围包括法定的范围、实际合法行销范围以及部分走私行盐带来的扩张范围。法定行销范围包括山西南部的平阳府与潞、泽、沁、辽四直隶州，陕西东部四府，以及河南西北部的河南、怀庆二府，归德直隶州，总共七府五直隶州。实际合法行销范围除去法定地区，还包括河南的南阳、汝宁二府，这是因为战争对当时两淮地区破坏严重，盐产量不足，故这二府虽在淮盐行销区，却食用解盐。此外，部分不法盐商利用当时解盐价格优势，将解盐走私至湖北地区销售。

正德年间，黄河改道使得河南省交通状况发生变化，原属山东盐运司行盐的开封府加入解盐行销区域，解盐行销区域进入全盛时期。此后，盐产量增大的陕西花马盐池因行销区域不足，开始进入解盐的行销区域，尤其是凤翔、汉中二府。此外，淮盐生产从战争破坏中恢复，产量上升，开始收回失去的盐销地区。嘉靖二十七年（1548），汝宁府与开封府属陈州被划入淮盐行销区。嘉靖三十九年（1560），南阳府舞阳县改为淮盐专行。万历十七年（1589），因之前解盐减产，部分行盐区域被山东盐与长芦盐瓜分，河东池盐行盐区域失去了开封府与归德府，销售范围进一步萎缩。万历三十八年（1610），凤翔府被分出解盐行盐区。至此，明代河东池盐运销区基本定型，这一格局一直持续到明朝灭亡。

（五）清代河东池盐的运销

清代河东池盐的主要运销制度有专商引岸制、课归地丁制和捐免充商制。专商引岸与课归地丁两种制度因朝廷经济状况变化而时有更替变换。专商引岸制前文多有介绍，此处不赘述。课归地丁，即食盐由民众自由贩运，将盐课摊入地丁中征收，且运销范围相对专商引岸制更为自由。捐免充商则是允许盐商一次性缴纳大额费用，获得永久免签销售食盐的权利。

根据清代《初修河东盐法志》，山西平、潞、泽、蒲四府属，解、绛、吉、隰四州属食河东池盐；太、汾、宁武三府属，辽、沁、平、保、忻、代六州属食本处土盐；陕西西安一府属与安、同、商、华、耀、乾、邠七州属食河东池盐；凤翔府属皆食花马池盐；河南南阳、河南二府属，汝、陕二州属与许州之襄城食河东池盐。

三、河东古盐道的主要线路分布

（一）唐代河东池盐的行销线路

根据李青淼在论文《唐代盐业地理》中参照两池盐的行销范围以及唐代交通线路的研究得出，河东池盐在唐代行销线路大致分为五条：

（1）西向

从两池出发，最初的一段西运借助开元年间开凿的巫咸河，直达蒲津关（蒲坂）。到达蒲津关后分两路：一路可直渡黄河，到达朝邑、同州，在此又分南北两道，北道经奉先、富平、三原、泾阳到达咸阳，继续向西又经金城、武功、扶风、岐山到凤翔府，又经过汧阳，沿汧河到达陇州；南道沿渭河北部经过下邽、栎阳过东渭桥进长安。另一路从蒲津关南下，至风陵渡，溯黄河进入渭水，顺渭水南，经华阴、华州、渭南、新丰到达长安。

河东池盐运至关中，可从长安出发，向东南运至蓝田、青泥、韩公三驿，再往东过蓝田关，到丹水流域，顺丹水到商州，过武关，到达淅水岸内乡县，再东至湍水岸临湍，顺湍水至邓州。

运往金州的河东池盐分为三路：第一路从子午谷、子午关出，越过秦岭后又分两道，一为向西南行至洋州；二为顺洵水西岸和直水（今池河）经过方山关到月川水，顺流到金州、均州。第二路从长安向东南行，从库谷、义谷、锡谷三道越过秦岭，三道在现在镇安县一带合为一道，又顺延乾祐水汇洵水至洵阳入汉水，再通往金州、均州。第三路从蓝田道到达商州后，往南至丰阳县，再向南到漫川，顺甲水至上津县，之后分两道，一道转陆运向西南运至郧乡县，顺汉水到达均州；另一道从东南向至黄土县，溯汉水到洵阳以及金州。

西向最后一部分是穿越秦岭到山南西道六府州销界，有四条线路：第一路自盩厔县经由骆谷道至洋州；第二路自郿县向南经过褒斜道到达兴元府；第三路从陈仓县向南到达凤州、兴州；第四路从凤县东南经过留坝到达褒城县，再到兴元府。河东池盐运到汉中后，也可顺汉水到达金州与均州。

（2）南向

从两池出发，翻越中条山，到达黄河北岸，共有四路：第一路从安邑东南上虞坂，沿着山道抵达虞城，向南顺沙涧水谷，经由古茅津渡，过大阳桥到陕州。第二路从解县东南越过中条山，经过白径岭，到达大阳桥。第三路从虞乡县越过中条山到达芮城，再往东过黄河到灵宝县。第四路是在西向路线从蒲津关南下到风陵渡后，过黄河到达潼关。这四路抵达黄河南岸后，可沿长安至洛阳的驿道，或顺流黄河将盐运至虢州、陕州、河南府，向东可到达郑州。

（3）东北向

从两池出发，北上渡涑水，到闻喜县，又北上汾水南岸的新田，渡汾水到达绛州正平县，在新田东北到晋州临汾县，继续溯汾水，经洪洞、赵城、霍邑、灵石，到冷泉关驿，在此渡汾水，向北到达汾州隰城县。

（4）东向

河东池盐到达绛州后，向东渡汾水，至曲沃、翼城，过乌岭山进入沁水流域，向东经沁水、阳城县，到达泽州晋城县。又有从晋州出发通往潞州的路线，经襄陵、神山县到乌岭，过乌岭山到沁水流域的冀氏县，渡沁水，过刁黄岭，进入海河流域，经长子县到达潞州上党县。从翼城县也可越过乌岭山到冀氏县。

（5）北向

河东池盐到达绛州后，沿汾水经过稷山县到龙门县，或从蒲州向北，经过宝鼎县、新桥渡，到达龙门县，从龙门县东北可至慈州吉昌县，再向北至大宁县、隰州隰川县。

（二）清代河东池盐的行销路线

清代河东池盐的行销范围与唐代有所不同（例如凤翔府、汾州府等在清代已不食河东盐），故而行销路线也有区别。水系和官道的变化（例如唐代同州—富平—三原的陆路在清代改为水路行至交口镇再分别去往富平和三原，而朝邑—同州线路继续行水路可到达白水、同官）也使得清代的行销路线有别于唐代。从清代《初修河东盐法志》中关于运程的章节可以得知清代河东盐运的线路以及各个控制盐运时间的节点。行销路线主要可以分为五路（图4-2），这五路与唐代行销路线也有一定的重叠之处。

（1）北路

陆路，从运城出发，分两路：一路经猗氏县、稷山县，最后到达吉州，中途分道至河津县、乡宁县；另一路为北路主路，北上经过闻喜县、侯马驿，然后沿着汾河，经过赵曲镇、临汾县、赵城镇，最后到达最北边的灵石县，其中有支道去往太平县、襄陵县、汾西县，在临汾县有一分支向西行，过黑龙关、到化乐镇，再到蒲县，最后运往隰州、永和县、大宁县。

（2）东北路

陆路，从运城出发，属于北路主路的东向分支。第一个分支在闻喜县分出一路去往垣曲县；第二个分支在侯马驿，这一支从侯马驿前往曲沃县、翼城县，又分两道，一道往北去向浮山县，一道继续往东经过沁水县、阳城、凤台县（泽州府）、高平县和陵川县；最后一支是东北路最长的一支，从临汾县开始向东行，过边寨镇达潞安府的长治县以及周边的襄垣、潞城、黎城、平顺、壶关五县。

（3）西路

西路盐道主要发往陕西中部，水陆并行，从运城出发，向西过永济县，第一路由黄河进入渭水，走水路到达咸阳和长安，再从咸阳去往武功、长武、鳌厔等县；第二路在交口镇上岸，走陆路经过三原县、淳化县，最后到达三水县，在交口镇继续走水路往北可到富平县与耀州；第三路过黄河到朝邑县，再走水路到达同州府、蒲城县、白水县、同官县；第四路溯黄河而上，可到下阳镇、寺前镇、韩城县。

（4）西南路

西南路是西路的分支，第一支从潼关向南行，分两道，一道到达雒南县，可经商州到山阳县；另一道经过龙驹寨到商南县。第二个分支在交口镇，上岸南行，一道可过蓝田县到镇安县，另有一道南下到兴安州，在兴安州又分四线，一线至紫阳，一线至平利，一线过洵阳至白河，一线过汉阴至石泉。

（5）东南路

东南路为运盐至河南的陆路，从运城出发：一支从茅津渡过黄河，过硖石关，分两道，一道去往韩城镇，可达宜阳县、永宁县；一道经渑池，过新安，到达洛阳，从洛阳分三短线到巩县、登封、孟津，又分一长线，南下过汝州、郏县、襄城、叶县，在叶县往西南经裕州到南阳，南阳可通往桐柏、邓州、新野、内乡，从叶县直接南下可到泌阳县。另一支路过解州，渡黄河到灵宝县，南下到卢氏县，继续南行到达淅川县。

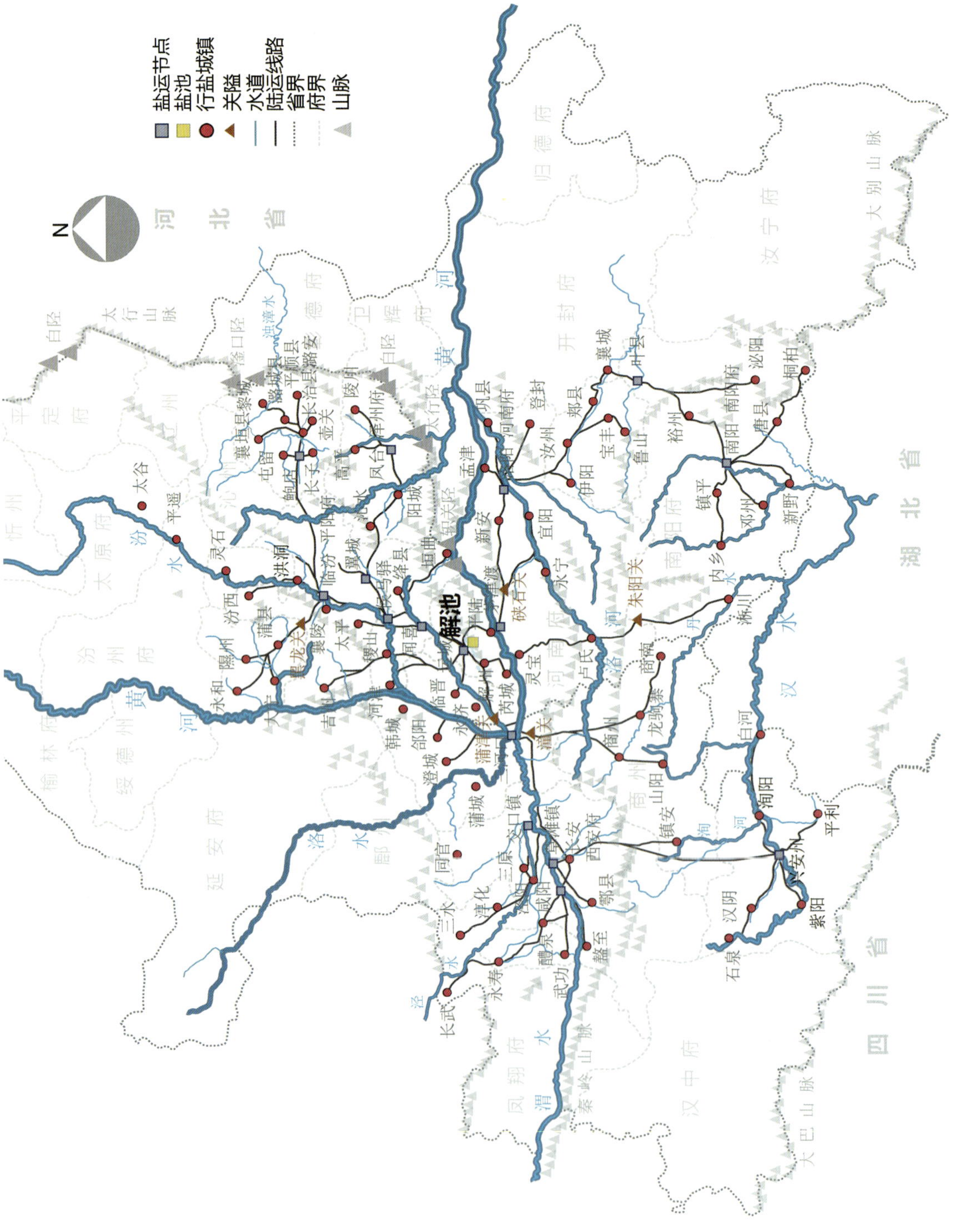

图4-2 清代河东池盐三省古盐道线路示意图

四、河东盐业运输分区与文化分区的关联性

河东池盐因为具有天然漫生的特性,故在人们无法采用井盐、矿盐时就开始被取用。而文化往往伴随着人类的行为而产生,以运城盐池为起点的文化在漫长的历史中也随着盐运线路在晋陕豫三省流传渗透,尤其在晋南、晋东南、豫西、豫西南、关中地带有较为明显的影响力(图4-3、图4-4)。

不同食盐的运销路线带来了文化的不同传播路线,由此也造就了建筑文化的差异。晋南、晋东南的商人基本垄断河东盐贸易,财富聚集与家族人员的增长使得盐商们对建筑的体量和防御性需求增大,因此出现了一些大院建筑和城中城建筑,例如汾城西中黄村中的富家城堡、临汾师家沟村以及长治的申家大院。这些建筑群功能复合,一般兼具防御、商业、居住等功能。除富家大院外,在商业城镇诸如高平良户村、阳城上伏村等也出现了前店后院的便于商业活动的建筑形式,沁河流域一带的普通民居以楼院式为主,也具有防御功能。

关中地区居民虽少从事河东盐业,但与晋南、晋东南居民一样有着行商文化与传统信仰。关中官商大院与山西大院形制相似,普通民居中比较典型的是关中窄院,面宽小,进深大,在适合遮阳避暑的同时,也可以紧缩占地,使得商业城镇主街能够容纳更多住户。关中富裕程度较晋东南稍低,普通民居建筑形态上表现出更显著的经济性而非防御性。

河南地区本土商业文化较弱,在盐道经过的豫西、豫南一带,商业城镇形态以及建筑工艺表现出了更明显的被动性,商业城镇格局及建筑样式受到来自山陕等多方势力的影响。例如在社旗镇,作为两水合抱的商业节点城镇,不同于普通商道城市的街巷结构,其城市肌理受到会馆、宗庙、码头等节点的控制,民居院落聚集在节点周边,不同宗族、行业的聚集地之间出现街道。民居单体形式在商业城镇以四合院、三合院为主。

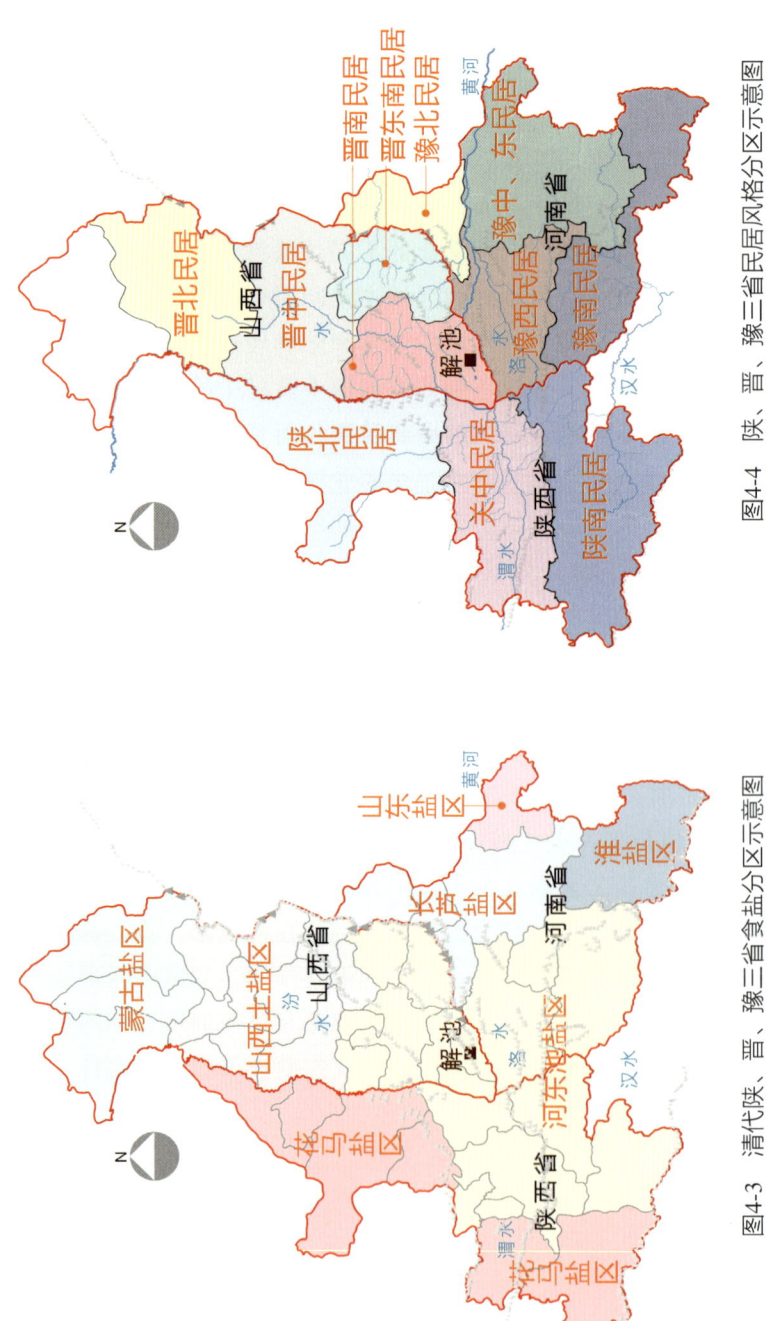

图4-4 陕、晋、豫三省民居风格分区示意图

图4-3 清代陕、晋、豫三省食盐分区示意图

第二节　长芦古盐道

一、长芦盐的生产

（一）长芦盐的生产重心变迁

东汉以前，长芦盐区产盐重心主要位于章武（今黄骅境）、泉州（今天津武清境）、海阳（今滦县境）、堂阳（今新河境）四处。西周时期《周礼·地官·职方氏》记载了"幽州其利鱼盐"。春秋战国时期，燕、齐二国皆以产盐著称。到了西汉，封建政府为便于管理，对产盐场区进行了统一的规划，并在出产较多的郡县设置盐官，以便管理盐业生产。当时全国设盐官三十四处，其中长芦盐区便有四处，分别是章武、泉州、海阳、堂阳，数量仅次于山东，居全国第二位（图4-5）。四盐官中除堂阳为土盐产区外，其余均为海盐产区。四盐官所辖与以后长芦盐区的范围基本一致。

汉以后，长芦盐业的重心转移至沧州，沧州不仅成为"盐产中心"，而且成为"盐运总汇之区"（图4-6）。《食货志》记载："沧州置灶一千四百八十四，瀛州置灶四百五十二，幽州置灶一百八十，青州置灶五百四十六，又于邯郸置灶四，计终岁合收盐二十万九千七百二斛四升，军国所资，得以周赡矣。"而沧州、瀛州二处均为长芦南场，可见当时盐业重心的转移。

隋至晋代，长芦南场依旧处于主导地位，但北场获得了进一步发展。隋代，因沧州盐业影响日大，开皇十八年（598）改高城县为盐山县，后又于此设东盐州。唐初置河北道，幽、平、沧、瀛产盐州郡皆隶之，故其所产盐被称为"河北盐"，这时候的盐产额也以沧州最多。后唐同光三年（925）建立芦台场，芦台场的建立使唐后期以来严重衰落的幽州盐业得到恢复，也成了海河沿岸天津盐业的发端。后晋天福三年（938），高祖石敬瑭为报辽主援立之恩，将燕云十六州尽献契丹，幽州、平州、瀛州等海盐产地划分给辽。《辽使·食货志》记载，辽"始得河间煮海之利，置榷盐院于香河县，于是燕云迤北始食沧盐"。长芦北场盐业进一步发展。

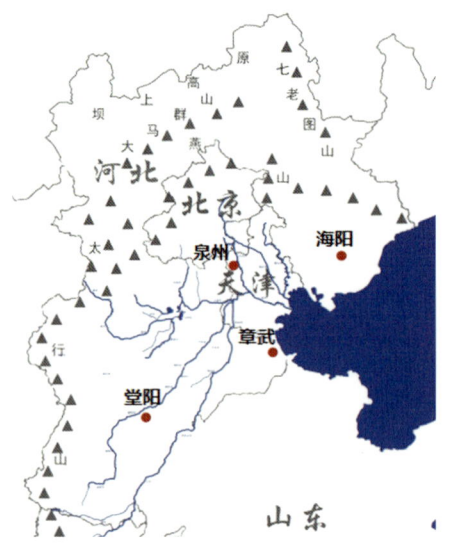

图4-5 西汉时期长芦盐区产盐中心

图4-6 汉以后长芦盐区产盐中心

宋以后，沧州成为宋政权所控制的六大海盐产区之一，与辽控制下的幽、平二州盐业构成了长芦盐区的两个部分。这时期，沧州盐业仍不断增长，起初与滨州（属山东盐区）合为一场，后滨州分四务，又增沧州三务，仁宗时又设沧州监。辽控制的幽、平二州盐业则保持了更高的增长速度，并不断倾销至宋的雄州、保州、安肃州等地。

金代，南场沧州一带仍然是长芦主要的盐产区，北场宝坻、静海一带次之。大定初年置沧州盐使司，管理长芦南部的沧州盐业。大定十一年（1171），北部也形成了一个盐业重心宝坻县。大定十三年（1173）置宝坻盐使司，同时将平滦盐场隶属宝坻盐使司，还在静海县新设沧盐场。沧州盐行销河北东西路、大名府、恩州、南京（今河南商丘）、睢、陈、蔡、许、颍诸州，兼有直隶、河南二省境（图4-7）。

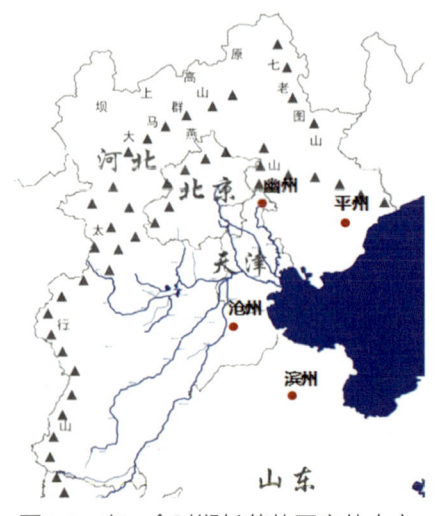

图4-7 宋、金时期长芦盐区产盐中心

元统一中国后，长芦盐业有了大规模的扩展。元代，长芦盐产区内多达二十二场，仅次于两浙、两淮，居全国第三位。二十二场中，属南场者十二，属北场者十。元初，长芦南北盐场分隶河间、大都盐运司，后以大都归并河间盐运司。此时，长芦盐产仍主要集中在沧州一带。

明洪武二年（1369）初设置北平河间盐运司，同年改称河间长芦都转运盐使司，后又省河间二字，定名为长芦都转运盐使司（简称长芦盐运司），长芦名称由此得来。长芦盐运司下辖二分司，南为沧州分司，运同领之，北为青州（今青县）分司，运判领之。明初，盐场同元朝时无大差别，共有二十四场，是长芦盐区场数最多、规模最大的时期。二十四场分属沧州、青州二分司，每分司各领十二场。利国（在盐山韩村，今黄骅境）、利民（在沧州毕孟，今黄骅境）、海丰（在盐山羊儿庄，今黄骅境）、阜民（在盐山常葛，今黄骅境）、阜财（在盐山高家湾，今海兴境）、益民（在盐山范二庄，今海兴境）、润国（在盐山常葛附近，今黄骅境）、海阜（在盐山羊儿庄附近，今黄骅境）、海润（在盐山板塘，今黄骅境）、海盈（在盐山苏基，今海兴境）、深州海盈（在盐山苏基，今海兴境）、富民（在盐山崔家口，今山东无棣境）十二场，由沧州分司所辖，为南场；严镇（在沧州同居，今黄骅境）、富国（在静海县咸水沽，今天津境）、兴国（在静海高家庄，今天津境）、厚财（在静海高家庄附近，今天津境）、丰财（在静海葛沽，今天津境）、三叉沽（在静海葛沽附近，今天津境）、惠民（在昌黎蒲泊，今昌黎境）、芦台（在宝坻芦台，今天津宁河县境）、越支（在丰润越支，今丰南境）、石碑（在乐亭石碑，今乐亭境）、济民（在滦州柏各庄，今滦南境）、归化（在抚宁盐务镇，今秦皇岛境）十二场，由青州分司所辖，称北场。

清代以后，长芦盐业不断呈现北盛南衰之势，天津代替沧州成为长芦盐业的重心。清初，长芦盐区南北各十场。嘉庆时期，北场有丰财场、兴国场、富国场、芦台场、越支场、归化场、济民场、石碑场；南场仅有严镇场、海丰场。道光年间，富国场裁撤，又将兴国并入丰财，将沧州分司裁撤，以天津分司运司移驻沧州管理海丰、严镇二场（图4-8）。至此，长芦盐区尚存八场，即"所谓的北六场，南二场"。北场不仅盐场数量多，而且产多、销广，特别是丰财、芦台二场已发展成为长芦盐业的产销中心。此时，北场约占长芦产、销量的98%，其中丰财、芦台两场分别占了长芦产、销量的81%和86%。由于北场的兴起，乾隆四十二年（1777）增设蓟永分司于滦州（今滦县），附近的越支、济民、石碑、归化四场归其统辖。青州分司辖所余之芦台、丰财、兴国、富国四场，沧州分司辖海丰、严镇二场，乾隆五十六年（1791）改青州分司为天津分司。

图4-8　嘉庆时期长芦盐场分布

长芦盐业重心由沧州北移天津，原因主要有两点：其一，交通运输条件的变迁。过去南场有马颊、无棣、柳康三条河道，运输便利，后来这三条河道淤塞断流，运路断绝。元末，一直是东西走向的大运河转而呈南北走势。从此，沧州境内所有东向河流失去运输功能。隆庆年间，总理屯盐都御使庞尚鹏指出："南场多陆路，不通舟楫，脚价视盐价不但三倍，故中引商人皆愿领价买补于北场。"其二，晒盐技术的变革。明嘉靖元年（1522），有一福建人来长芦海丰场传授滩晒制盐技术，使生产成本降低，盐产量提高。万历三十六年（1608），长芦巡盐御史李应魁指出，北场青州分司所属盐场"日晒产肥"，南场沧州分司所属盐场"锅煎产瘠"。至清代，晒盐法被大规模推广和运用，南场逐渐没落，南场在与其他盐场相比呈现相对劣势下被排挤，最终被裁并。

（二）长芦盐的生产方法

明代以前，长芦盐的生产主要采用煎盐法。即取海水放入器具中煮沸浓缩为盐，或用淋卤煎熬为盐。"煎时，每灶10丁，伙置浅锅一面，每灶开灶门七八眼，或十二三眼不等，将成卤舀入浅锅后，以芦苇、蓬蒿为燃料，起火烧沸卤水，蒸发水分随干随添，至结盐出锅方止。每次用时3日，约可得盐10斗。"①

---

① 王惠仁：《长芦盐区不同历史时期的生产方式及其生产工具》，《盐业史研究》，2012（3）。

明朝中期，位于今黄骅市境内的海丰场和位于今海兴县境内的海盈场，在大口河畔筑池晒盐，首次在长芦盐区易煎为晒。易煎为晒，是海盐生产上的一项重大技术革新，在盐业史上具有划时代的意义。但是，这一重大技术改革并没有得到明王朝的重视，因而变革迟缓。

长芦盐区自清初开始由南向北推行滩晒，至清末全部易煎为晒。海盐滩晒，是根据海水所含各种盐类溶解度不同的原理，在近海处开辟盐田，利用太阳辐射和风能，将海水自然蒸发浓缩成盐。长芦盐的生产工艺包括修滩整池、纳潮、制卤、结晶、采收等主要环节，每个环节又有很多内容。如修滩整池就包括结晶池修整、制卤保卤设备的修整、沟壕滩坨的修整等，其中结晶池修整又有泡池、除泥、晾晒、轧碡、清扫等步骤。

二、长芦盐的运销

历代王朝在赋税中都把盐计划单列，专门设有司衙门管理盐政。盐税制度分为征税制与专卖制，征税制就是经过官府征税之后，任民自由贩运和买卖，专卖制就是由官府或商人专门经营盐的产、运、销，盐税包含于盐价内。专卖制又分官专卖、官商专卖、商专卖。长芦盐区自明代开始实行"商专卖"，除个别距引地较近的地区之外，盐场所产的盐由各个盐场运至集中的盐坨地，盐商开中支取，然后运至批验所掣验，再运往指定的引地、区域销售。

清刚定都北京时，控制的地方有限，财政困难，急需筹饷以备军需，当时可以征收的只有位于京畿的长芦盐税，因此清廷十分重视长芦盐政的恢复，并将河北和山东、河南的部分地区划为长芦盐销区（图4-9）。顺治初年，清廷为了恢复长芦盐政，废除了晚明的加派、引额、引价的折算，体现出恤商的特点，特别是采取"见盐征课"的务实之举，有利于盐政的恢复与盐税的征收。清朝虽然承继明朝的盐政制度，但是改革与变通之处甚多，特别是停止明朝边商纳粟的开中法，令运司招商纳银，依额解部，形成了"引从部发、盐不边中"的特色。

图4-9　清代长芦盐销区范围示意图

三、长芦古盐道的主要线路分布

长芦古盐道是以海河水系为主干线展开的，由水路运至转运点落厂，再由车运至各引地。天津地势较低，海河水系汇聚于此，因而天津也成为直隶省水运的枢纽。《中国盐政史·场区第三》记载，清代"各场配运例有定制，越支、济民、石碑、归化地处极北，产盐无几，惟永平七属及乐亭等县在此配运；海丰、严镇地处极南，惟河间府属及南皮等县在此配盐，其余直隶、河南销区皆在丰（财）、芦（台）配盐"。除距盐场较近的盐引地外，大部分长芦盐首先运到天津的盐坨地进行集中，再运往各引地。塘沽盐场的盐则直接从海河运到天津，然后再从这里分运到各县，商人支取后运至批验所掣验，然后运往各自盐引地。

长芦盐的运销，以北河（北运河、蓟运河等）系、淀（大清河）系、西河（子牙河）系、御河（南运河及卫河）系为骨干，辅以陆路，范围基本覆盖了整个直隶省和山东、河南的部分地区，包括直隶的九府、六直隶州、一百二十五州县、二营，河南的六府、一直隶州、五十三州县。食盐经由上述四个水系运至各个水运转运点落厂，然后换小船或车运至各自引地（图4-10）。

（一）直接从盐场陆运运达

由于部分盐引地距离盐产地较近，故盐不统一运往盐坨地，而是直接由盐场运至盐引地。北路由蓟永各盐场制配，陆路直接运达的县有卢龙、抚宁、昌黎、临榆、滦州、迁安、乐亭、遵化、丰润。南路由沧州制配，陆运直接运达的县有沧州、南皮、盐山、庆云。其他的州县都是经水路运达的。

（二）北河系

盐法志记载的北河系包括北运河和东河，即蓟运河、潮白河等。盐船由天津坨盐处引盐，经北运河运至的水运转运点有杨村、河西务、马头、张家湾。运至这些转运点后，落厂换车运，按引额运至各引地。盐船由汉沽引盐，由蓟运河运至的水运转运点有宁河县、新安镇、马营、宝坻县白龙港。

其中，重要的转运中心有杨村和张家湾。

（1）杨村：除武清县本县外，东安县、旧州营也从杨村落厂换车运，武清部分引盐由河西务落厂。

（2）张家湾：宛平县、大兴县共十五六万引盐都在此落厂，往通州、顺义、怀柔、密云、昌平、延庆县之盐也都是从张家湾落厂换车运。

采育则从由北运河码头直接落厂。

通过蓟运河运达的县有宁河、宝坻、三河、香河、遵化、蓟州、玉田、平谷。

（三）淀河系

淀河水系包括大清河及白沟河、潴龙河、唐河等支流。淀河系的引盐全部由天津坨盐制配。盐船从天津坨盐由大清河经霸州、文安县、保定张青口、雄县，进入白洋淀，又经白沟河落厂，车运至容城县，通过府河运至保定府，经唐河运至清苑县，在其中的水运转运点落厂后再换小船或车运至各盐引地。

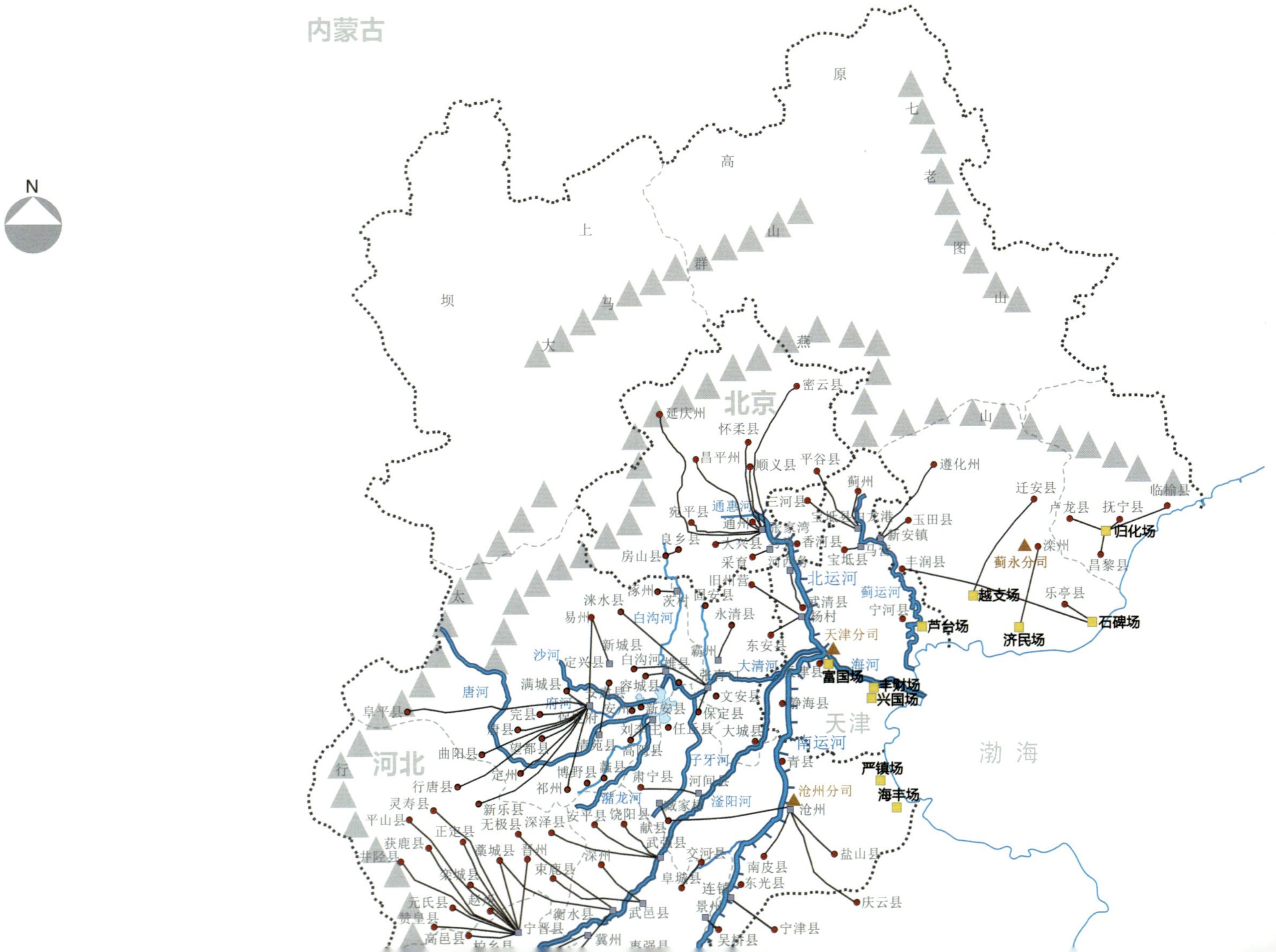

内蒙古
N
北京
天津
河北
渤海
坝
上
高
原
七
老
图
山
大
马
群
山
燕
山
太
行
北运河
蓟运河
通惠河
白沟河
沙河
唐河
府河
大清河
海河
南运河
子牙河
滏阳河
潴龙河
天津分司
沧州分司
蓟永分司
归化场
石碑场
济民场
越支场
芦台场
富国场
丰财场
兴国场
严镇场
海丰场
临榆县
抚宁县
卢龙县
昌黎县
迁安县
滦州
乐亭县
遵化州
玉田县
新安镇
丰润县
宁河县
蓟州
平谷县
三河县
宝坻县
香河县
武清县
杨村
密云县
怀柔县
延庆州
顺义县
昌平州
通州
张家湾
宛平县
良乡县
大兴县
房山县
采育
旧州营
涿州
永清县
东安县
霸州
涞水县
易州
新城县
定兴县
白沟河
文安县
保定县
大城县
静海县
青县
沧州
盐山县
庆云县
南皮县
东光县
交河县
阜城县
宁津县
吴桥县
景州
满城县
完县
唐县
望都县
曲阳县
定州
行唐县
阜平县
灵寿县
平山县
获鹿县
井陉县
正定县
新乐县
无极县
深泽县
安平县
饶阳县
献县
武强县
藁城县
晋州
束鹿县
深州
衡水县
武邑县
冀州
枣强县
宁晋县
赵州
栾城县
元氏县
赞皇县
高邑县
柏乡县
博野县
祁州
蠡县
肃宁县
河间县
高阳县
任丘县
容城县

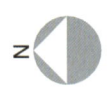

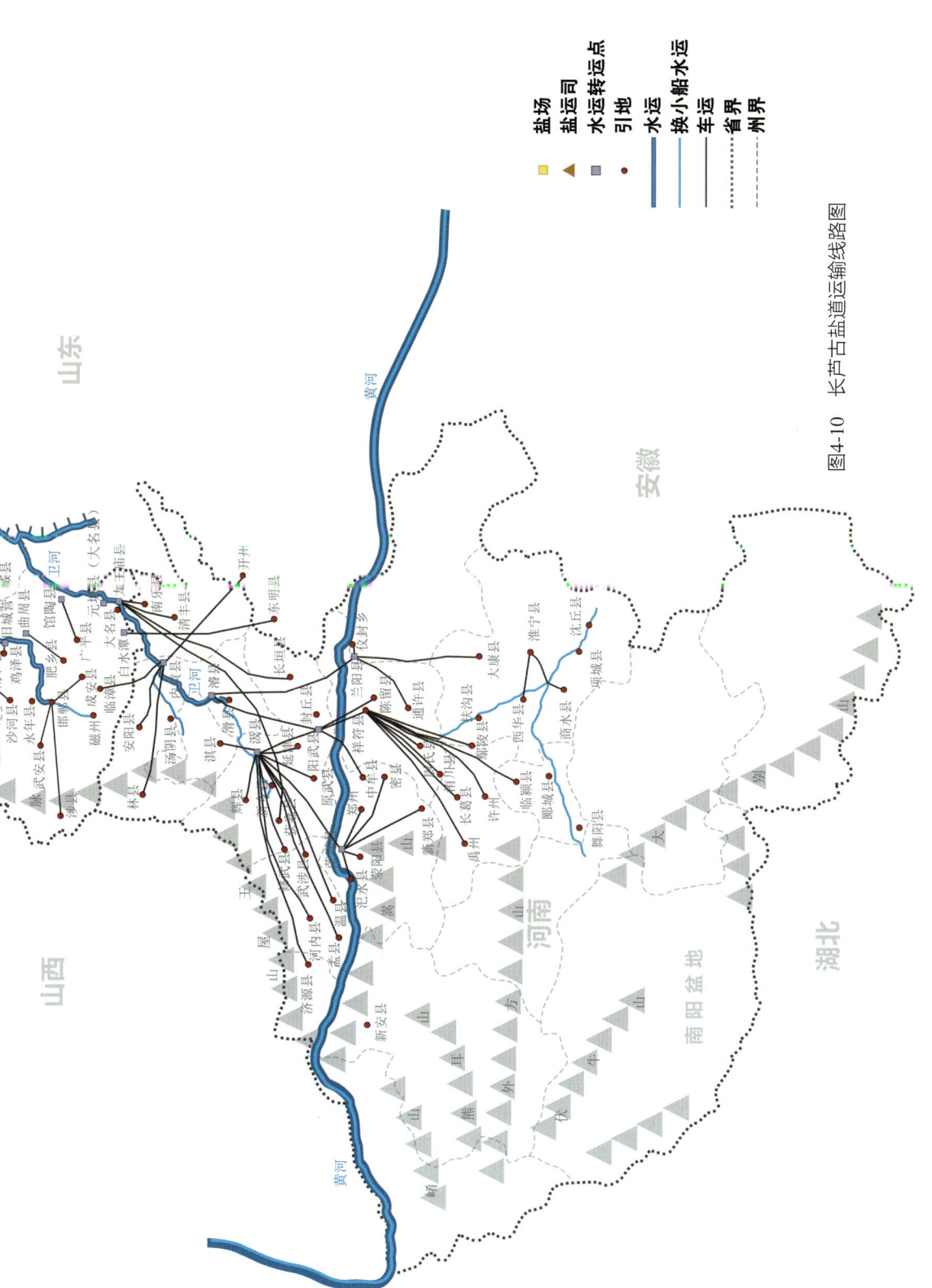

图4-10 长芦古盐道运输线路图

由大清河直接运达的县有文安、霸州、保定、清苑、定兴、雄县、新安、安州、任丘。

大清河的重要转运中心有保定县张青口、保定府（南关府河）等。

（1）保定县张青口：保定县就是今天的新镇，张青口属于今天的雄县龙湾乡。

由张青口落厂转运的县有固安、博野（换小船）、蠡县（换小船）、涞水、房山（换小船经白沟河运至）、良乡（换小船经白沟河至房山后车运）、涿州（换小船经白沟河至茨村落厂后车运）。

（2）保定府：由保定府落厂转运的县有满城、唐县、完县、易县、阜平、行唐、新乐、定州、曲阳。

（3）其他：永清（由霸州转运）、高阳（刘李庄落厂，车运至本县）、安肃（由清苑县转运）。

（四）西河系

西河系指子牙河及滹沱河、滏阳河等支流。西河系的盐引地除河间县由天津、沧州两处坨盐制配，其余均为天津坨盐制配。盐船经子牙河转入滏阳河运至各转运点，按盐引数运至各地。

直接运达的县有献县、大城（南赵）、束鹿、河间、蓟州、武邑、衡水、隆平、宁晋、武强、巨鹿、任县、永年、曲周、鸡泽。

转运中心有以下几处：

（1）宁晋白木码头（较大的中心）：从白木转运的县有正定、获鹿、井陉、栾城、元氏、赞皇、平山、晋州、赵州、高邑。

（2）任县邢家湾：转运的有沙河、南河、唐县、内丘。

（3）衡水：转运的县有无极、平乡（换小船至本县下庄桥落厂）、邯郸、成安、磁州、武安、涉县。

（4）武强：转运的县有饶阳、安平、深泽。

（5）隆平：转运的县有柏乡（牛家桥）、临城、邢台。

从其他处转运的县有新河、深州、肥乡。

（五）御河系

御河系包括南运河及漳河、渭河等支流。御河水系的盐运中，交河县、阜城县、吴桥县、景州、宁晋县、东光县、青县、静海县由天津、沧州两处坨盐制配，其余各引地均由天津坨盐制配。盐船经南运河、京杭运河转入卫河依次运至各转运点，然后落厂运至引地。

直接运达的县有静海、青县、交河、阜城、宁津、景州、故城、东光、大名、元城、清河、内黄。

通过御河转运的县有吴桥、南宫、枣强、广宗、威县、广平、开州。

御河最重要的转运码头是大名府龙王庙，直接从这里转运的县有南乐、清丰、长垣、东明。大部分河南的引盐也是从大名龙王庙和白水潭转运的。

龙王庙：转运的县有祥符、陈留、汲县、新乡、辉县、获嘉、汤阴、延津、河内、济源、修武、孟县、温县、洪县。

白水潭：原武县通过大名白水潭换小船至汲县落厂转车运。

有一些河南的县在大名白水潭或龙王庙落厂后，需车运一段之后再渡黄河，包括：杞县、尉氏、仪封厅、蓝阳、通许、封丘、中牟、洧川、鄢陵、郑州、荥阳、荥泽、汜水、密县、新郑、禹州、淮宁、项城、沈丘、许州、舞阳、扶沟、郾城、商水、西华、临颍、长葛、太康。

其他：河南还有几个县也是通过御河转运的，如安阳、临漳、林县、阳武、浚县、滑县。

四、长芦盐业运输分区与文化分区的关联性

在盐运过程中，盐商行盐线路同与之相对应的文化、建筑分区在一定程度上是吻合的，盐商行盐过程中传播着各地的文化，行盐路线的运输与文化、建筑分区相互影响、相互渗透（图4-11、4-12）。

冀东地区民居受了吉林民居或东北地区风格的影响，同时融合了当地特色。与冀东地区相对应的盐区直接由盐场运至盐引地。北河水系主要行盐地在北京，故民居形式为我国传统的四合院形式。冀中民居属于北京院落式民居沿袭风格区，整体体现了合院式民居特点，细节上体现了较为浓厚的地方特点。冀中地区与淀河系的盐运区基本吻合。冀北民居和山西民居属于同一个脉系，融合了北方四合院特点，除此之外还有窑洞的影响。由于太行山和燕山等山脉的阻隔，交通不便，长芦盐并不运往冀北。冀南民居特色较多，其中以"两甩袖""布袋院"最为典型，较多地保存在城乡之中，构成冀南地区风格。豫北地区民居的基本

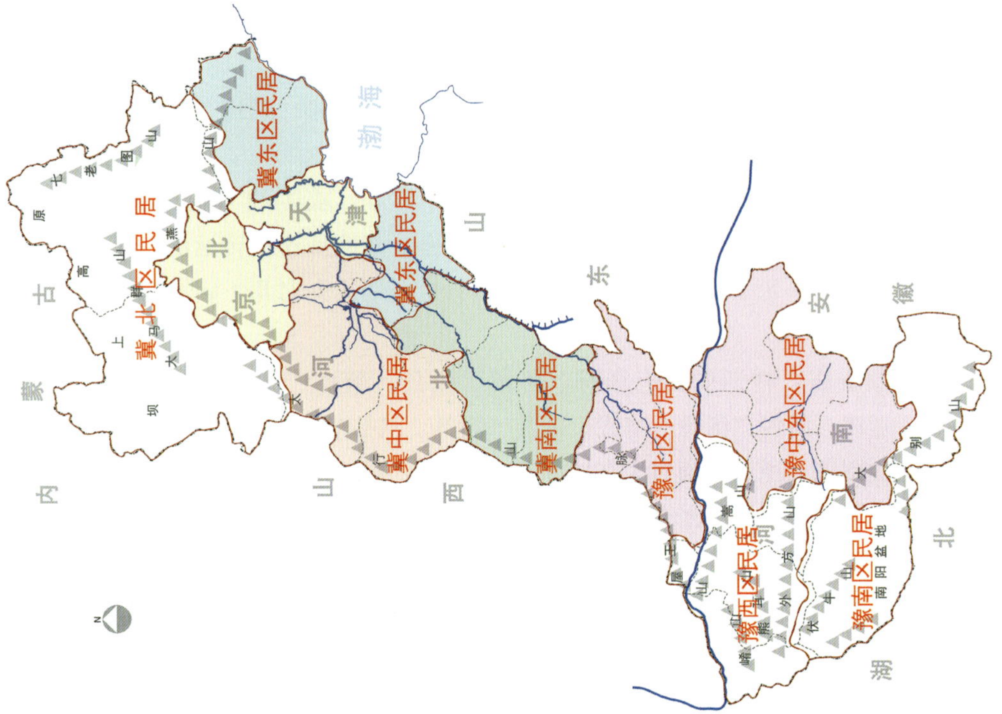

图4-12 长芦盐区及周边建筑风格分区图

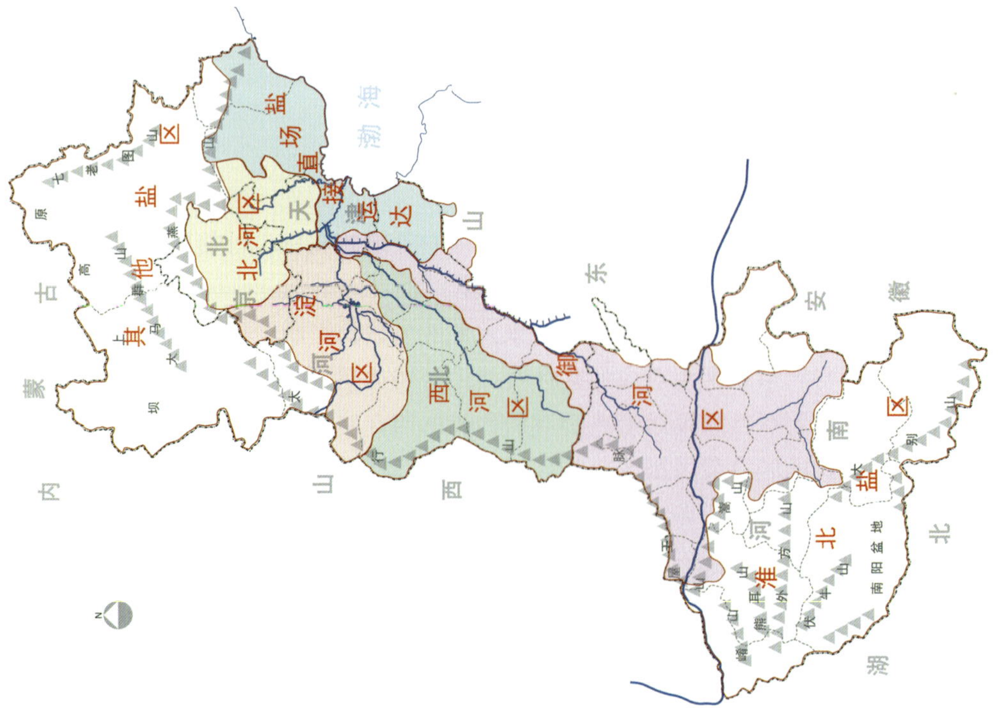

图4-11 嘉庆时期长芦盐运分区图

形式是由四合院的原型构成的三合院（抽屉院）、四合院（盒子院）住宅：前堂后寝，中轴对称；正厅两房，主次分明；院落相套，规整、严谨。冀南民居与豫北民居有相当多的共同点，而这两个区域恰恰与盐运的西河区、御河区在一定程度上是相互对应的。

第三节　山东古盐道

中国的海盐生产始于山东。清代，山东是北方海盐的重要产区，联系着鲁豫苏皖四省行盐地区的经济、文化。食盐出场后，主要依靠大、小清河将海盐由东向西源源不断地输送至内陆（图4-13），其沿线地区不仅成为经济活跃地带，而且成为文化交流与技艺传播的主要区域。

一、山东盐的生产

《明史》卷八十《食货志四》记载："山东所辖分司二，曰胶莱，曰滨乐；批验所一，曰泺口；盐场十九，各盐课司一。"这些盐场大部分都位于大、小清河河口或沿海，以便运输，其中以位于大清河河口利津县境内的永阜、丰国（在今利津汀河）、宁海（在东营，今垦利）三大盐场最盛。到了清代，晒盐技术在山东各盐场得以推广，制盐成本降低，海盐的产量大大增加，山东盐业经济进一步发展。

清代，山东盐业生产管理多有变迁。清初，山东盐政属户部山东司。顺治二年（1645），山东盐务归长芦兼管，十年后，又归山东运司专营。盐场数目经过精简裁并至八场：涛洛、石河、西由、王家冈、官台、永阜、永利和富国。[①] 而这八场之中，永阜盐场为原利津三场合并，产量最大，质量最好。据《宣统山东通志》载："永阜场产盐最富，自昔著称。南北运引地六十六州县，额引五十余万道，皆在永阜一场春配，为东盐精华所萃，余场仅配春票盐。"

---

① ［清］崇福、宋湘等：嘉庆《山东盐法志》。

二、山东盐的运销

山东盐的行销（图4-13），自明代便有引盐和票盐两种方式。引盐课稍重，行于省会以西、以南及他省地界。这些地区离山东的盐场远，运盐需水陆兼济。票盐课稍轻，行于鲁中山区及东部沿海盐场，共计五十七州县。这些地区多靠近沿海场灶坐落的州县，或是靠近大小清河盐运通道。票盐运销又分为商运和民运两种：商运票盐，由专商领票纳课，承运包销；民运票盐之制始于雍正八年（1730），不设专商，由百姓自行领票销售。

产销配置的固定化是明清食盐运销的主要特点。除引、票盐行销地区各有界限、"不得掺越"外，山东各盐场之盐的行销州县也有明确规定：哪场盐产销行哪一区域，哪一州县掣配哪一场盐，均有严格规定，

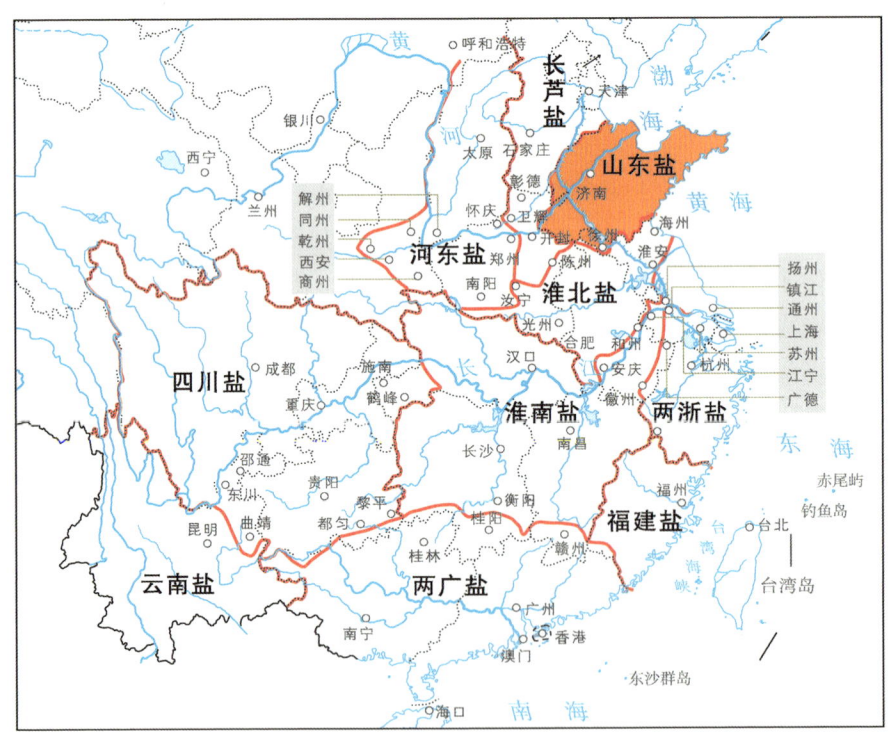

图4-13　清代山东盐销区范围示意图

不得彼此侵犯，否则即为私盐。清代山东盐的行销范围包括四省，即山东、河南、江苏、安徽，行盐地包括山东全省，河南归德府的八州县、卫辉府的考城，安徽凤阳府的宿州，江苏徐州府的铜山等。其中山东西部、南部和河南省、江苏省、安徽省的运销以引盐为主，而山东中部和东部地区以票盐为主。尤其是山东东部地区，因其多为山地丘陵，商人前往盐场往往交通不便、成本较高，为避免商盐滞销，清政府鼓励"穷民散卖"，将盐票"给与民贩赴滩陆续买盐"，同时采取"筑包设商"的形式来加快食盐销售。①此外清代实行"摊丁入亩"的制度，将人口的丁银摊入地亩征收，如此便放松了对户籍的控制，使大量劳动力可自由流动。这些政策在一定程度上允许了灶丁将余盐私卖，也调动了灶丁的生产积极性，促进了山东盐业经济的发展。

三、山东古盐道的主要线路分布

由前文分析可知，山东盐业运输主要分为引盐和票盐两类，其具体运销区域及线路如下（图4-14）。

（一）引盐运输

山东引盐运输以船运为主、陆运为辅，引地包括山东五府二直隶州四十八州县一卫、河南八州县、江苏五县、安徽一州。盐场至各行销州县近者数百里，远者达一千五六百里，数量大、销地广、运程远。"东引五十余万道，皆在永阜一场春配。"②引盐均自永阜场配运上船，溯大清河而上，形成以大清河、运河水运为主干，并由若干中转枢纽逐级分流转运的运输网。

1. 大清河段

大清河段的引盐需由蒲台、泺口二所批验后方可运销。引盐先后过二所批验再分包入园，另行销售。"引商自场配盐筑池装船，先抵蒲关，由大使掣验，滨乐分司稽查，再换拨船，逆流挽运至泺口关，由大使掣验，胶莱分司稽查，归入盐垣。"③因泺口为引商拿盐之地，故其为大清河段最

---

① ［清］乾隆《莱州府志》卷13《艺文》，严有禧《上王制论昌邑盐政书》。
② ［清］崇福、宋湘等：嘉庆《山东盐法志》。
③ ［清］王守基：《山东盐法议略》，《皇朝政典类纂》卷71《盐法》，文海出版社，1982。

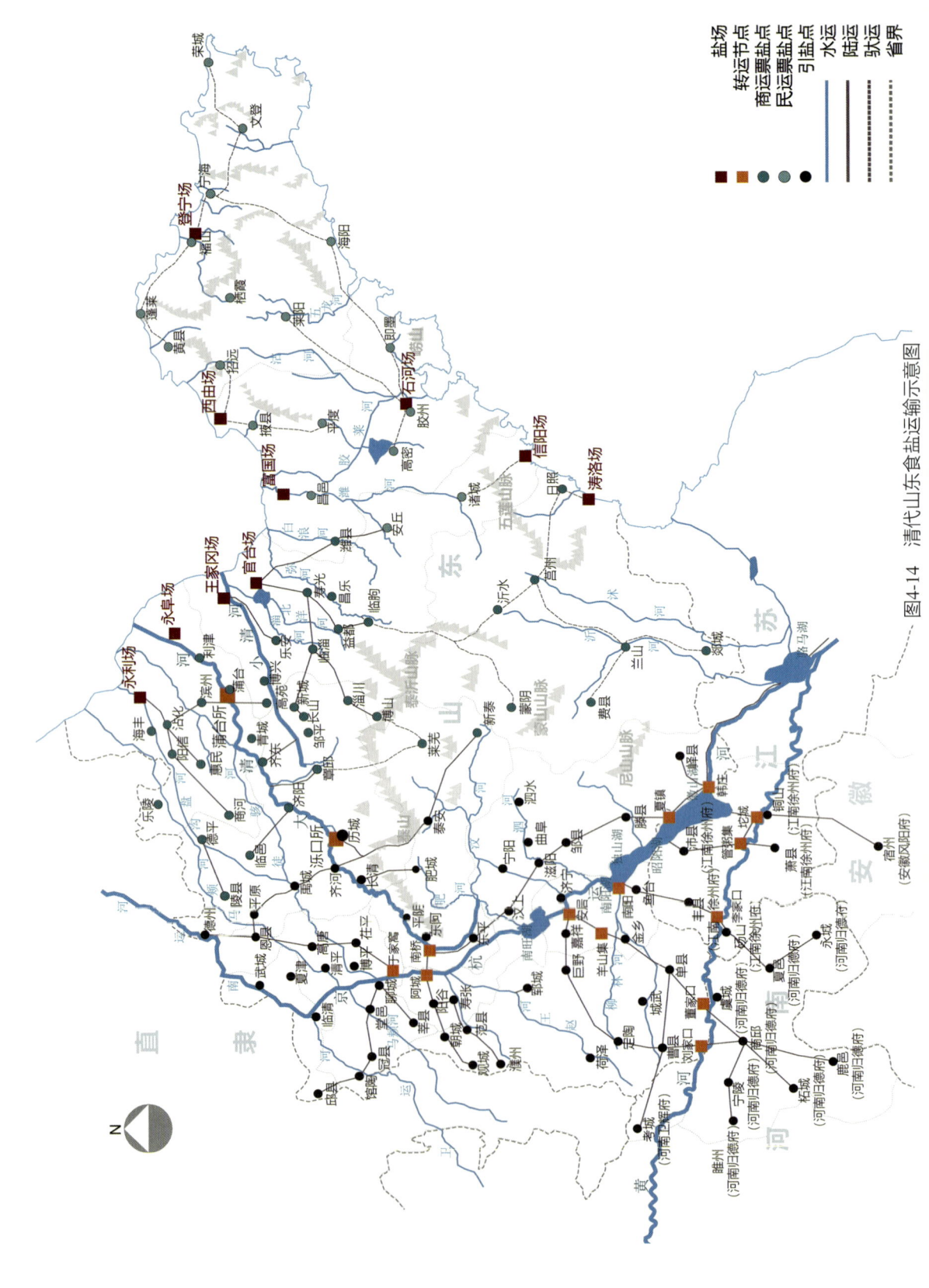

图4-14 清代山东食盐运输示意图

大的转运枢纽，也是引盐的第一级分流站。"凡盐包经查验分运各处，皆自泺口盐垣发轫"①，故泺口有"东省运盐之一大总汇"之称。除济南、泰安二府及东昌、兖州府的部分州县盐斤在此起岸，由车运直抵销地外，其余大部分州县盐斤则在泺口更换船只，继续溯大清河西行。②

"盐出上关者，另觅小船装运，经历城、齐河、长清、肥城、平阴，抵东阿县鱼山南桥，卸地入垣。"③除泺口关外，大清河段尚有东阿县鱼山南桥、平阴县于家窝等处设有盐园、码头，为车船更易的节点。

2. 运河河段

自鱼山往上，水流水量太少，如遇大雨河水暴涨，运船可通过小盐河到达阳谷县张秋、阿镇，与京杭大运河直接沟通。一般情况下则陆运至阿城进入运河河段向南北流通。

山东引盐行销至河南、江苏、安徽等地，称为南运。南引盐包自大清河段运至阳谷县阿城后，需运到河南引地的，自阿城装船，由运河运至济宁之安居镇卸地入垣，冉车运全单县之董家、曹县之刘家等口岸渡过黄河；运到江苏省、安徽省引地的，亦自阿城装船，由运河运至鱼台县之南阳镇卸地入垣，各盐包再车运至砀山之李家等口岸渡黄河，或由运河运至沛县之夏镇，各盐包皆转湖运再车运至萧县之管粥集渡过黄河。④

3. 小清河段

王家冈、官台二场之盐由小清河运输。

小清河的开挖初衷是将莱州湾所产的海盐运到济南历城，但明嘉靖以后，小清河失治，大规模的水路运输逐渐停止，历城至章丘的河道湮灭，盐运主要依托大清河河道。康雍乾时期大规模治理，一段时期内小清河河运恢复了畅通，以章丘瀼水为源，连通沿海至高苑、邹平、章丘等县，其间也有支流汇入大清河，与大清河段沟通。此后，由于没有根治河患，小清河又恢复淤堵状态。清末黄河夺大清河河道，下游淤堵，永阜场也被冲毁。为恢复东西航道，清政府重治小清河，自寿光羊角沟海口至历城黄台桥全线通航，王、官二场之盐得以运输，黄河亦与小清河联运成为清末山东的水运要道。

---

① ［清］王守基：《山东盐法议略》，《皇朝政典类纂》卷71《盐法》，文海出版社，1982。
② 纪丽真：《清代山东食盐运销的主要形式考述》，《理论学刊》，2008（11）。
③ ［清］崇福、宋湘等：《山东盐法志》卷10《转运中》。
④ ［清］崇福、宋湘等：《山东盐法志》卷10《转运中》。

（二）票盐运输

票盐运输共三十九州县，除了在永阜拿盐的各州县由水运过蒲关外（新泰票盐并过泺关），其余皆自场配运。商运票盐票地包括山东六府三十九州县，多位于鲁中山地区域，由水陆兼运至票地；民运票盐票地包括山东三府十八州县，处于胶东半岛沿海丘陵地带、靠近场灶坐落的州县，由民到场配运，驮运至县。

四、山东盐业运输分区与文化分区的关联性

严格的行盐区划和固定的运盐线路让处于一条盐道上的市镇自然归于一个彼此联系紧密、相互依托的系统，经济文化交流频繁。运盐商人来往于运盐线路之上，并在沿线城镇长期居住和经营，也大大加强了处于一条运输线路上的城镇之间的交往与沟通，促进了建造技艺的互相交流，使建筑风格相似。因此，从山东盐业线路的分区便能窥得其与山东古民居建筑风格分区间些许映照关系（图4-15、图4-16）。

如引盐线路，由大清河段与运河段共同构成，过大清河济南泺口关皆为引地，大致行于鲁西南的平原地带。此区域包括济宁、枣庄、聊城、德州以及菏泽等地，建筑风格以土坯房合院为特点，受运河南来北往的文化交流的影响，南北交融，相对开放。又如票盐区系统中的王官票盐区，王家冈、官台二场之盐供给鲁中山区。此区域包括济南、泰安、莱芜、淄博等地，村落多分布于山坡陡地，随形就势，布局自由，建筑由当地盛产的石材砌筑而成，因地制宜，独树一帜。

图4-15　山东引、票盐分销区域示意图

图4-16　建筑文化分区示意图

第四节　中国北部古盐道上的遗珍

一、中国北部古盐道上的古镇村落

（一）河东池盐古道上的古镇村落

1. 万荣县高村乡闫景村

闫景村地处万荣县南端（图4-17），东依孤峰山，西望黄河，是晋商故居李家大院所在地。晋商李氏家族经营的业类较杂，也曾在解州关帝庙附近经营过食盐生意。

闫景村始建年代不可考，村落中有传义堂、娘娘庙、池塘、古树、水井等历史遗留，还有最著名的李家大院。清末李氏家族成员李子用曾留学英国，因此李家大院在建筑风格上也受到了西方的影响，宽敞明亮，通风透光。

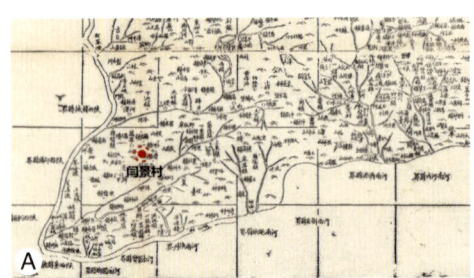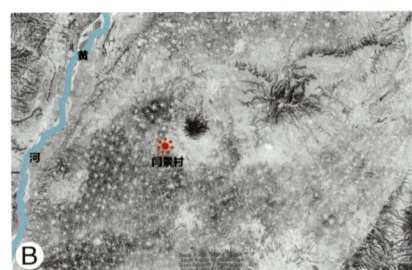

图4-17　闫景村区位示意图
来源：基于清同治三年（1864）山西全图与卫星图自绘

2. 三门峡会兴镇

会兴镇位于河南三门峡（图4-18），全镇面积31平方千米，原是名为"蔡家庄"的小村落，后因渡口之故，客商多从此经过，逐渐发展成集镇，在清代曾是盐运码头，解盐从盐池出发经过茅津渡到达会兴镇。会兴镇是河东盐运东南路上的水运节点。

3. 社旗县赊店古镇

赊店古镇位于河南南阳社旗县（图4-19），古镇面积约1.95平方千米，在古代曾是重要的商业集镇，现留有社旗山陕会馆等较多历史遗存。古镇被潘、赵两河环抱，因此在古代有着极佳的商业条件，来自陕西、山西的盐商曾在此活动。除盐业外，还有多种商业在此发展。赊店古镇至今仍有六十五条街巷沿用历史名称，古镇格局保存完好，骨架体系仍然明显。

图4-18　会兴镇区位示意图
来源：基于清同治三年（1864）河南全图与卫星图自绘

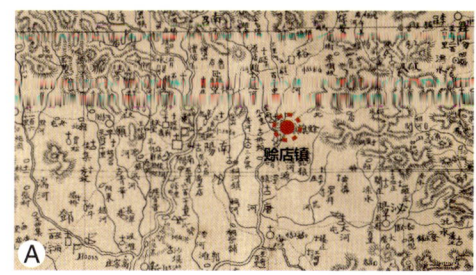 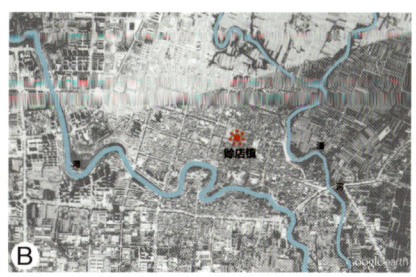

图4-19　赊店古镇区位示意图
来源：基于清同治三年（1864）河南全图与卫星图自绘

4. 三原县柏社村

位于三原县新兴镇北端（图4-20），三原县在明清时期为陕西盐商的重要集中地。古村现较好地保存有大量地坑窑建筑（核心区共分布有二百一十五院地坑窑），局部地区结合地形造有崖窑。

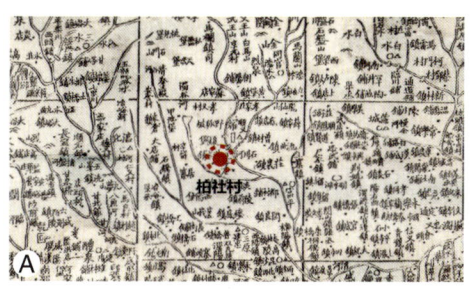 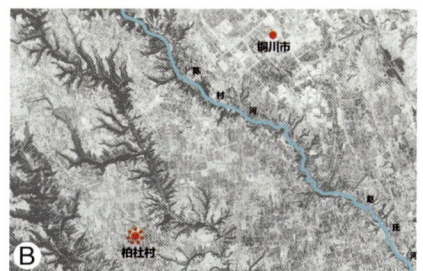

图4-20　柏社村区位示意图
来源：基于清同治三年（1864）陕西全图与卫星图自绘

表4-1 河东古盐道沿线城镇聚落一览表

所属区域	所属市/县	聚落名称	聚落照片	聚落特征描述
山西南部	运城	盐湖区☆	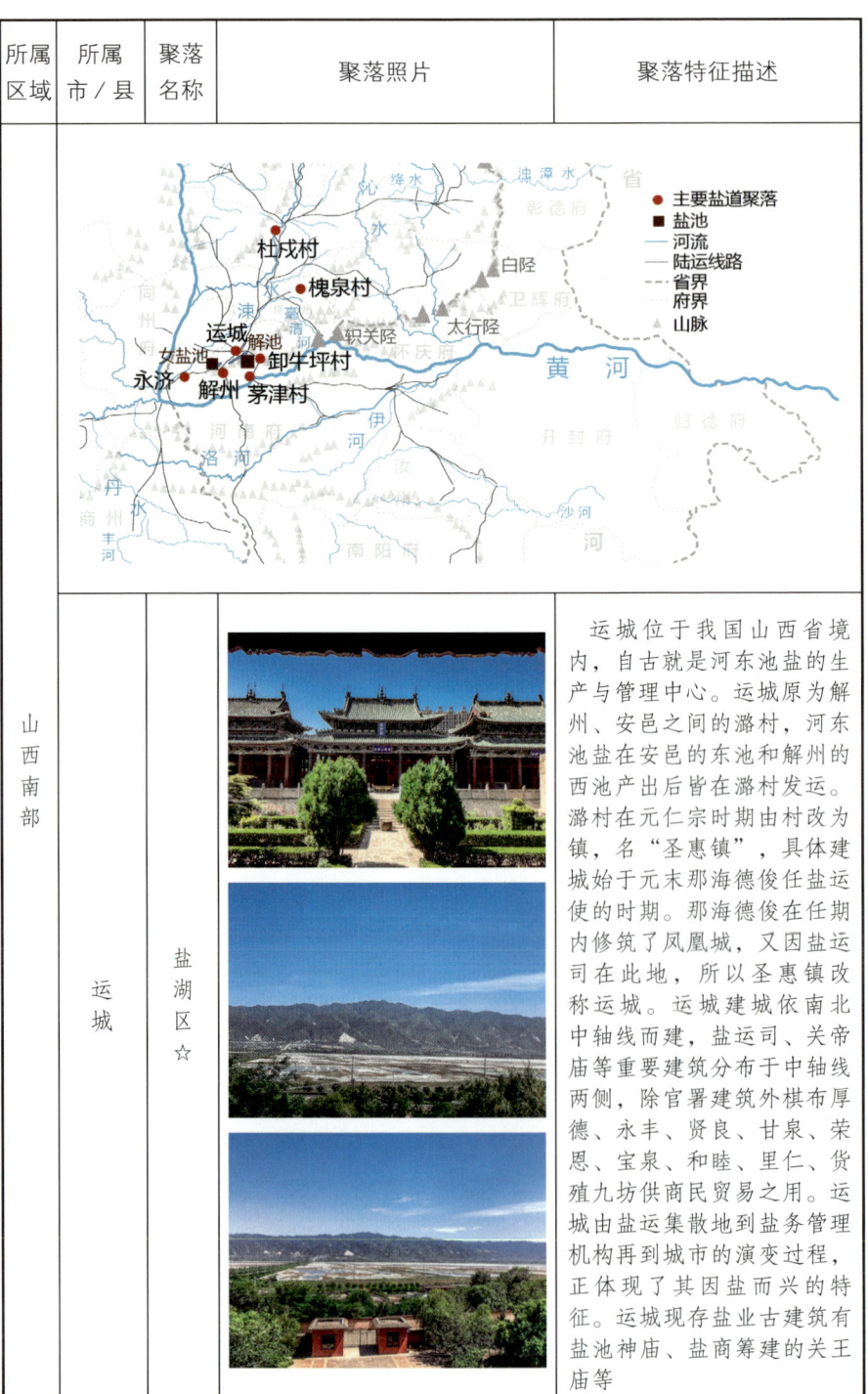	运城位于我国山西省境内,自古就是河东池盐的生产与管理中心。运城原为解州、安邑之间的潞村,河东池盐在安邑的东池和解州的西池产出后皆在潞村发运。潞村在元仁宗时期由村改为镇,名"圣惠镇",具体建城始于元末那海德俊任盐运使的时期。那海德俊在任期内修筑了凤凰城,又因盐运司在此地,所以圣惠镇改称运城。运城建城依南北中轴线而建,盐运司、关帝庙等重要建筑分布于中轴线两侧,除官署建筑外棋布厚德、永丰、贤良、甘泉、荣恩、宝泉、和睦、里仁、货殖九坊供商民贸易之用。运城由盐运集散地到盐务管理机构再到城市的演变过程,正体现了其因盐而兴的特征。运城现存盐业古建筑有盐池神庙、盐商筹建的关王庙等

续表

所属区域	所属市/县	聚落名称	聚落照片	聚落特征描述
山西南部	运城	解州 ☆		古称"解梁",位于今运城盐湖区西南15千米处,西临硝池。 解州临近的硝池及周边小池在清代以前也是重要的河东池盐产地。解州同时还是关羽故乡,是关帝信仰的发源地,行走各地的山陕盐商所修的关帝庙与山陕会馆原型皆来源于解州关帝庙
	永济	永济市区 ⌂		古云"尧都平阳,舜都蒲坂,禹都安邑"。永济位于陕晋豫交界之处,又临近盐池,在古代战略意义重大。 河东池盐发往陕西的部分会运往永济蒲津渡下码头或黄龙镇装船走水路过黄河,再经渭水西运至咸阳、西安等地
	平陆	卸牛坪村 ⌂		位于平陆县以北、运城盐湖区西南的中条山腹地。 河东池盐在运城生产批验后,发往河南洛阳线的盐必经平陆虞坂古道至茅津渡过黄河,这条运盐线路一直用到1937年
	平陆	茅津村 ⌂		位于平陆县城南4千米处,西南被黄河环抱,与河南三门峡隔黄河相望。 河东池盐运往河南的部分分为灵宝线和洛阳线,其中洛阳线的盐即在茅津村南的茅津渡装船,《平陆县志》载:"茅津地当水陆要冲,晋豫两省通衢,冠盖之络绎,商旅之辐辏,三晋运盐尤为孔道。"茅津渡在春秋战国时期即形成渡口,与风陵渡、大禹渡并称黄河三大古渡,茅津村也因此一度商业繁荣

续表

所属区域	所属市/县	聚落名称	聚落照片	聚落特征描述
山西南部	绛县	槐泉村		位于绛县县城东北部，西靠绛山，村东为农田，地势由西向东降低。 村落格局呈鱼骨状，民居多为四合院，靠绛山有窑洞民居，建筑材料主要为砖、木、土。槐泉村王家自道光初年（1821）起作为河东池盐坐商百余年，在盐池中占有五步、六增、范林、后火洲、丁光荣五个盐场，鼎盛时期在绛县有地上万亩。槐泉村曾修有中宪大夫府
	洪洞	杜戍村		位于临汾盆地北部洪洞县西南汾水西岸，东有霍山，西有吕梁山脉。位于河东池盐向北运往灵石的路线附近，村中现有盐商董家留下的永乐堡遗迹。 任复兴在《董寿平传》中记载：洪洞董氏的始祖董重仁明中叶来洪洞定居，至五世祖董街在运城做皮革生意，经营马鞍子之类。第六世董修业时，家渐起，成了河东的盐商人

续表

所属区域	所属市/县	聚落名称	聚落照片	聚落特征描述
山西东南部	阳城	上伏村	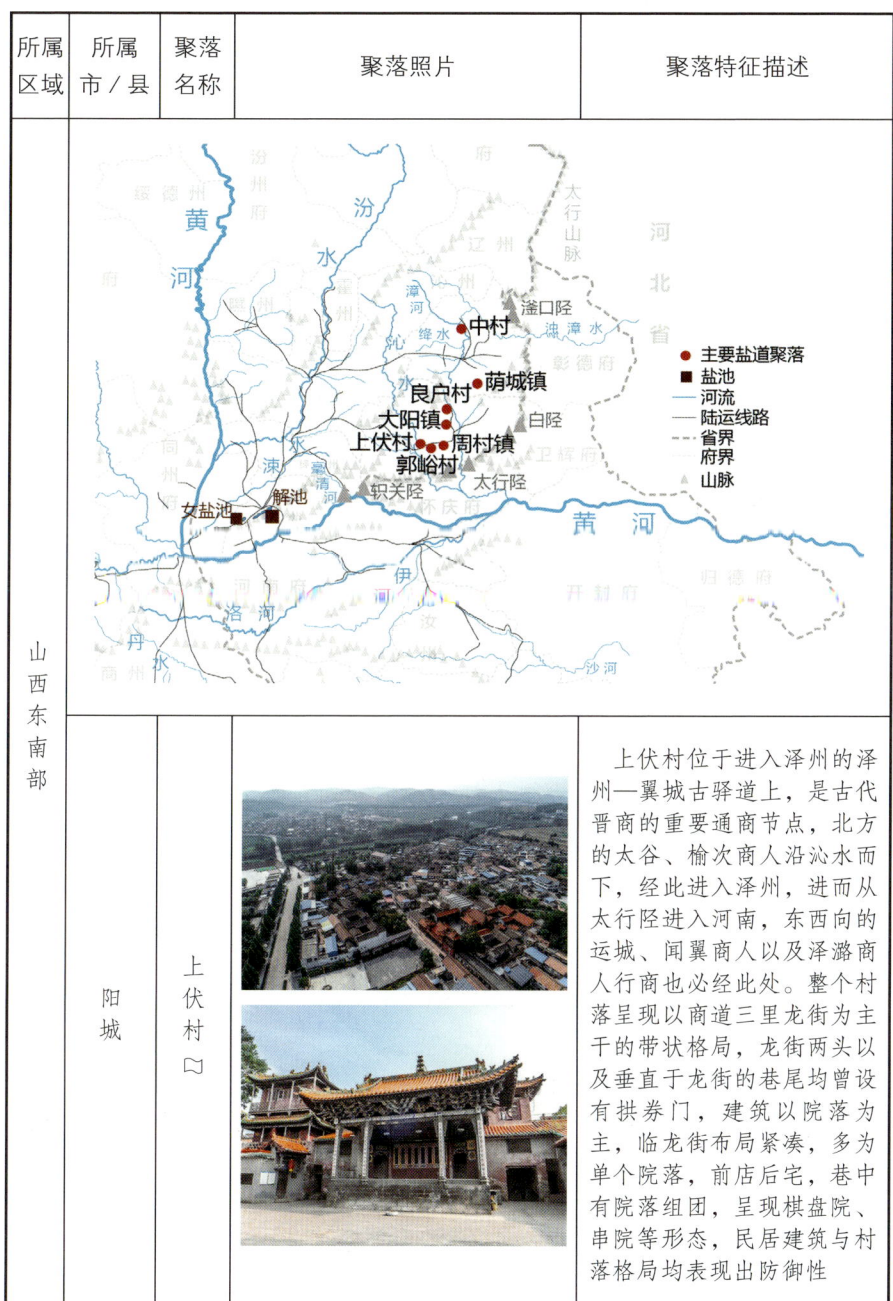	上伏村位于进入泽州的泽州—翼城古驿道上，是古代晋商的重要通商节点，北方的太谷、榆次商人沿沁水而下，经此进入泽州，进而从太行陉进入河南，东西向的运城、闻翼商人以及泽潞商人行商也必经此处。整个村落呈现以商道三里龙街为主干的带状格局，龙街两头以及垂直于龙街的巷尾均曾设有拱券门，建筑以院落为主，临龙街布局紧凑，多为单个院落，前店后宅，巷中有院落组团，呈现棋盘院、串院等形态，民居建筑与村落格局均表现出防御性

续表

所属区域	所属市/县	聚落名称	聚落照片	聚落特征描述
山西东南部	阳城	郭峪村		郭峪属阳城县北留镇，位于阳城县东一条南北向山谷中，山谷中有樊溪流过，村落主体在樊溪以西。 郭峪村最早建村可追溯至唐朝，但直到明代"开中制"的实行将盐铁业放归民营才使得郭峪村极大地发挥其交通与物产优势。当地居民以及渴望致富的外地人都大量涌入这个位于河东盐运要道又盛产煤铁的村中，经营盐铁生意与居间贸易，良好的包容性使得郭峪村迅速富裕，发展壮大成杂姓村。 村落经济发展必然带来防御性需求，尤其是明朝末年战乱频发，郭峪村为抵御侵略，于崇祯八年（1635）在乡宦张鹏云与富商王重新的带领下修筑城墙，不到十月便竣工，今日的郭峪村寨堡格局与蜂窝城（城墙上设有炮孔，形似蜂窝）便是自当时始
	泽州	周村镇		位于泽州县西部华阳山脚下，原名长桥镇，西接阳城、北临沁水，泽州—翼城古驿道穿过其中。 周村自古便是商业重镇，又因地处泽州要冲，历史上也曾修筑有城墙，构成村落边界，现已不存。周村镇明清时期煤炭、冶铁业与手工业发达，又位于连接翼城、泽州、河南卫辉府的东西向重要商路上，商人将此地所产之铁向西运往河东销售，再带回河东盐销售，向东又可从太行陉、白陉前往河南，参与长芦盐贸易

续表

所属区域	所属市/县	聚落名称	聚落照片	聚落特征描述
山西东南部	泽州	大阳镇		位于泽州县西北部，古称阳阿，为古代阳阿县治所，有阳河从镇南流过，镇中各村沿河东西向排列。 歌谣"东西两大阳，南北四寨上，沿河十八庄，七十二条巷"是对大阳镇繁华的商业、街市格局、防御性的高度简洁概括。大阳镇拥有北方最大的明清古建筑群。 大阳镇有"九州针都"之称。在销售铁针的同时，商人亦会运回河东池盐销售。据大阳镇关帝庙石碑记载，盐行与当行资助了关帝庙彩画的修缮，从中亦可见泽州一带的盐铁贸易。 大阳镇建筑以"四大八小"为主，也有棋盘院、八卦院
	高平	良户村		位于高平市西部17千米，北靠凤翅山，南临双龙岭。 良户村是白陉古道上的聚落，也是河东池盐的行盐地，历史上商业发达，现村落格局保存较为完整，村中建筑以四合院为主，保留了大量石雕、木雕、砖雕，村中还遗存有一处关帝庙

续表

所属区域	所属市/县	聚落名称	聚落照片	聚落特征描述
山西东南部	长治	荫城镇		位于长治县南部上党区，地处上党盆地南端，背靠雄山，陶清河与北河从古镇东西两侧流过。 荫城镇是长治的冶铁中心，从秦汉时期便以冶铁闻名，有"千年铁府"之称。荫城镇地处上党山区之中，原本土地贫瘠，人迹罕至，但荫城镇所产好铁带动了地方经济与线路经济，促使泽潞商帮诞生。明清时期泽潞商人带着荫城铁，或向西前往运城进行河东盐铁贸易，或向东通过白陉去往河南等地销售。 现存格局以南北向的大云路和东西向的大云路东街、大云路西街、大云路老东街为主骨架，民居以四合院为主，在大云路老东街上留存有较多明清老字号店铺，多为铁店
		中村		中村位于长治北部郊区，附近有白陉古道、平阳潞州道、潞安邯郸道、河南晋阳道等古代道路。 中村交通发达奠定了行商的基础，村中有长治盐商申家的大院遗址。长治申家经营醋行起家，后在中村占有铁矿，且有采矿—冶炼—销售完整产业链，于明正德年间开始经营盐铁业，具体为将家乡的铁制品与粮食用骡马运至平阳府售卖，再买入河东盐带回转售。除醋与盐铁业外，申家还经营潞绸、潞麻、茶叶、布匹、棉花、榨油、当铺、客栈、皮革等产业，其当铺在西安、河南、河北、临汾均有分店

续表

所属区域	所属市/县	聚落名称	聚落照片	聚落特征描述
河南西部	三门峡			
		会兴镇		位于三门峡市东北部，北面黄河，与平陆县茅津村相望。 会兴镇原为蔡氏聚居的蔡家庄，明代商业发展迅速，因有渡口，客商往来频繁，蔡家庄规模逐渐扩大，在清代嘉庆年名"会兴头"，同治年名"会兴街"。 河东池盐运往河南的部分大多走洛阳线，池盐在茅津渡装船下黄河后在会兴镇的会兴渡起岸，进而过硖石关运往渑池、洛阳，再分发各地
	洛阳	洛阳城区		位于黄河以南，伏牛山北，伊河、洛河从中流过。 洛阳在历史上不仅常作都城，也因作为南北经济往来的交通节点成为重要的商业城市。 洛阳是河东池盐行销河南的重要转运节点，盐运和其他兴盛的商业活动使得山陕商人和泽潞商人先后在此修建了山陕会馆和泽潞会馆，分别称为东会馆、西会馆

续表

所属区域	所属市/县	聚落名称	聚落照片	聚落特征描述
河南中部				
	汝州	半扎村		位于汝州蟒川镇西南，北有北小河，南有万泉河。古时襄洛商道于此经过。 半扎因位于襄洛古商道上，故多有商人来往，逐渐发展为村，因先有沿万泉河的古商道后有村，故而半扎村沿街只有半边建筑，临街建筑多为前店后宅四合院。垂直于主商业街有小巷，巷中多为一般居住建筑。在村东街末北有一座山陕会馆，一般称作半扎关帝庙
	郏县	郏县县城		位于河南省中部偏西，地势东南、西北高而中部低，南有汝河。 郏县是河东池盐从洛阳经宛洛古道发往南阳途中的重要节点，古代山陕商人多会于此，据当地人称曾有两处山陕会馆，现在西关遗存一处。 郏县矿石资源丰富，传统民居、会馆多用红石作为基础与柱础

续表

所属区域	所属市/县	聚落名称	聚落照片	聚落特征描述
河南中部	郏县	冢头镇		位于郏县县城西北，南北向有蓝河穿过，将冢头镇分为东街村与西街村。 处于宛洛古道上这一地理优势使得冢头镇在古时有"小上海"之称，古代山西商人多在此经营茶、麻、河东盐生意，繁盛之时车马塞满主街西寨大街。 西寨大街两旁民居分布紧密，以窄长四合院为主，临街多为两层，为下店上宅形式，砖木结构，临街单层的民居则为前店后宅形式。 在东街村老南街监河边，当地人说古时曾有土地庙、文昌庙、石佛寺、大王庙、岳王庙等建筑，多为山西商人筹资所建，目前仅存大王庙
		临沣寨		位于郏县西南，汝河南岸，东依紫云山，南望平顶山。 临沣寨又称"红石古寨"，是典型的寨堡村落。 古寨曾经的主人是祖籍洪洞的朱氏一族，朱氏从洪洞前往临沣寨的前身水田村后，学习当地的织席技术，并将竹席贩往运城换取池盐在河南售卖，积累财富后建立临沣寨。 临沣寨的修建多体现河东盐文化，例如东门"临沣"寓意解州盐池沣水财源，南门"来曛"寓意运城一带的歌谣《南风歌》。寨中还修有关帝庙

续表

所属区域	所属市/县	聚落名称	聚落照片	聚落特征描述
河南南部	社旗	赊店镇	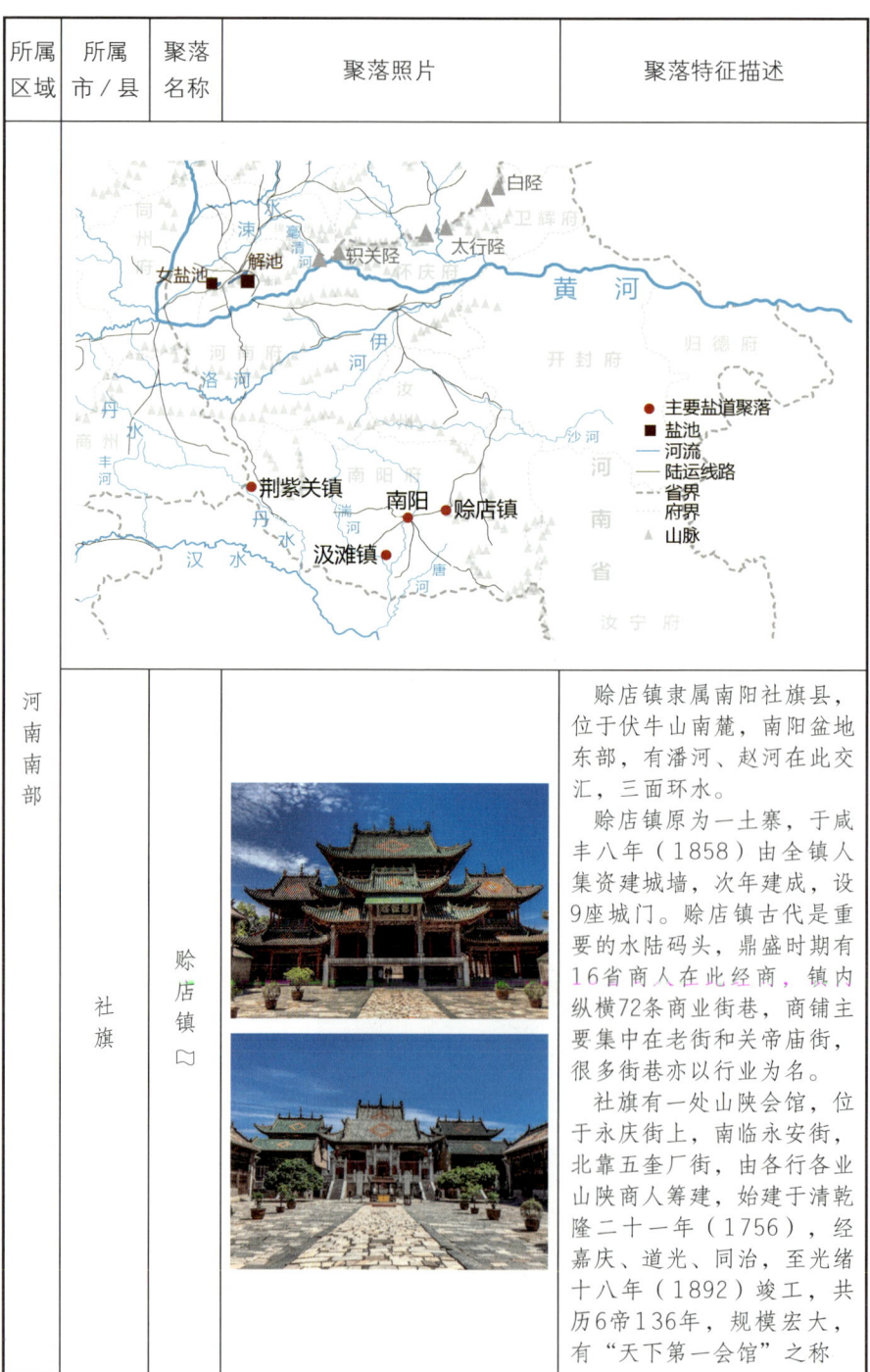	赊店镇隶属南阳社旗县，位于伏牛山南麓，南阳盆地东部，有潘河、赵河在此交汇，三面环水。 赊店镇原为一土寨，于咸丰八年（1858）由全镇人集资建城墙，次年建成，设9座城门。赊店镇古代是重要的水陆码头，鼎盛时期有16省商人在此经商，镇内纵横72条商业街巷，商铺主要集中在老街和关帝庙街，很多街巷亦以行业为名。 社旗有一处山陕会馆，位于永庆街上，南临永安街，北靠五奎厂街，由各行各业山陕商人筹建，始建于清乾隆二十一年（1756），经嘉庆、道光、同治，至光绪十八年（1892）竣工，共历6帝136年，规模宏大，有"天下第一会馆"之称

续表

所属区域	所属市/县	聚落名称	聚落照片	聚落特征描述
	邓州	汲滩镇		汲滩位于湍河、赵河、延陵河三河交汇地带。 汲滩水陆交通便利，是邓州四大古镇之一，有"小汉口"之称，也是山陕商人往来南阳乃至武汉等地的重要节点。现存一处山陕会馆，会馆戏楼与大门分开，且戏楼前有马殿，钟鼓楼位于马殿两侧，与宛洛古道上的山陕会馆格局略有不同
河南南部	淅川	荆紫关镇		位于淅川西北，地处湖北、河南、陕西交界处，丹江从中穿过。 发源于商洛山的丹江汇入汉水，进而注入长江，是古代重要的交通线路，荆紫关镇丰富的丹水资源使之成为古代重要交通节点，明清时期商业繁荣，陕西商人多从此进入河南、湖北等地。 镇中现存一处山陕会馆，始建于清道光年间，格局保存较好

续表

所属区域	所属市/县	聚落名称	聚落照片	聚落特征描述
陕西中部	三原	孟店村	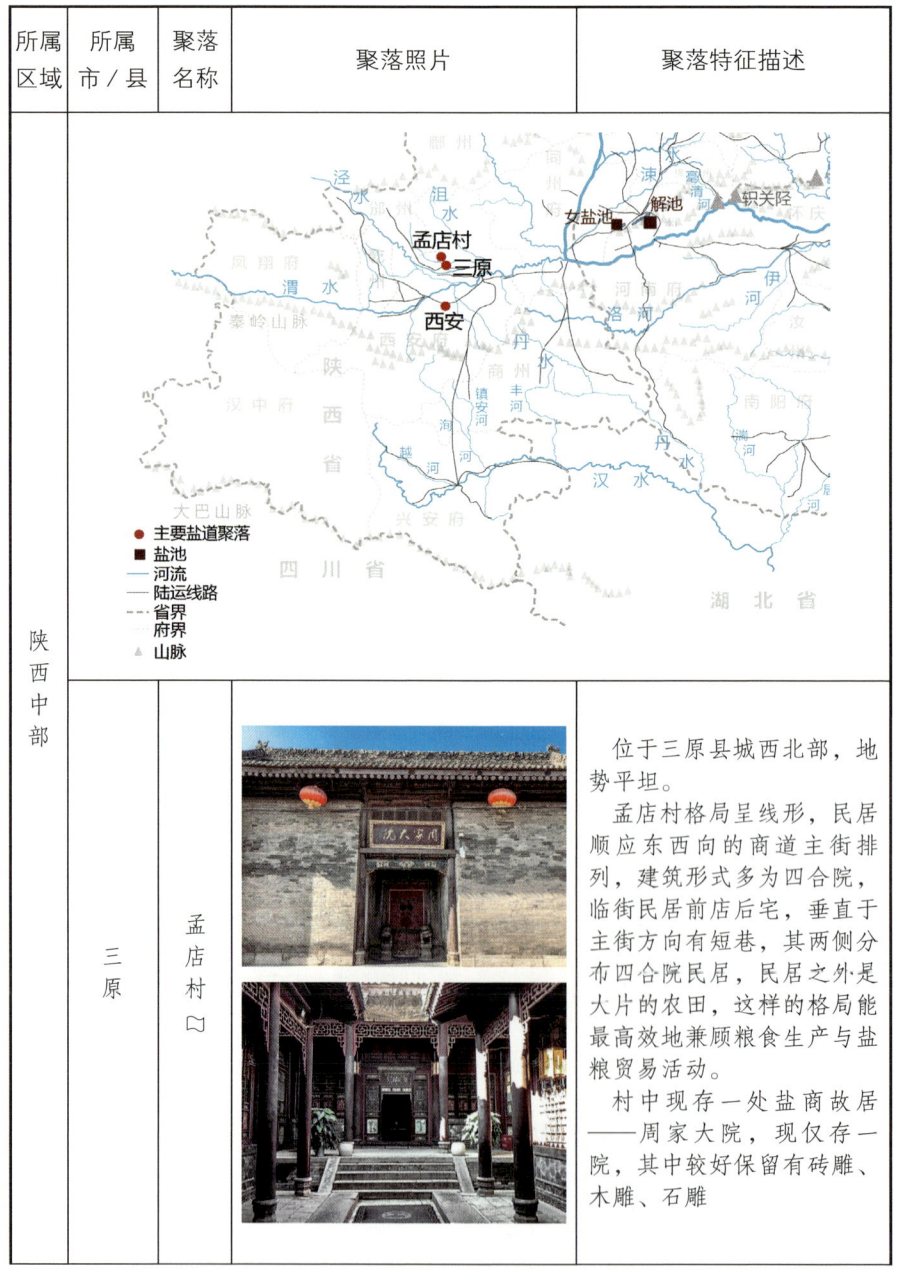	位于三原县城西北部,地势平坦。 孟店村格局呈线形,民居顺应东西向的商道主街排列,建筑形式多为四合院,临街民居前店后宅,垂直于主街方向有短巷,其两侧分布四合院民居,民居之外是大片的农田,这样的格局能最高效地兼顾粮食生产与盐粮贸易活动。 村中现存一处盐商故居——周家大院,现仅存一院,其中较好保留有砖雕、木雕、石雕

续表

所属区域	所属市/县	聚落名称	聚落照片	聚落特征描述
陕西中部	三原	三原城区		位于渭水以北，关中平原核心地带，东西向有清河穿过。 盛产粮食，在明清时期又以棉花为主要经济作物。 三原县治所原名龙镇，仅在清河以南，明代政府就在陕西设"四镇"，军事消费增加刺激大量三原商人投身河东盐业运粮中盐，进而促进了三原经济发展，各种商业汇集于此，并形成了相对稳定的商业分区，现今三原城隍庙附近仍保有盐店街名。 经济发展带来了人口的增加，渐渐地，清河以北也出现大量聚居区。嘉靖二十年（1541），三原增筑北城城墙。万历二十年（1592），城南盐商集资修建磨盘石所造的龙桥。三原遂形成以南北大街—龙桥—钟楼为轴线的南北并立格局

续表

所属区域	所属市/县	聚落名称	聚落照片	聚落特征描述
陕西南部				
	山阳	漫川关镇▢		位于山阳县东南，南距郧西县上津镇15千米。 漫川关药材产量丰富，明清两代漫川关水运发达，商业活动繁盛，商人多做盐、药贸易，亦有商人在此将河东池盐装小船顺丰河、夹河经汉水运往洵阳、兴安售卖
	丹凤	龙驹寨镇▢		位于丹凤县凤冠山下，丹水北岸，是古代重要的水旱码头。 龙驹寨便利的地理位置使其自古便成为交通重镇，各方商贾在此云集。 极强的商业性带来了大量会馆的建造，龙驹寨镇内现存有山陕会馆、船帮会馆、马帮会馆、盐帮会馆、青瓷帮会馆等，其中盐帮会馆即为河东池盐商人筹资所建

注：▢为运盐聚落；☆为产盐聚落。

（二）长芦古盐道上的古镇村落

1. 辛立灶村

辛立灶村位于河北省沧州黄骅市境内（图4-21），是长芦盐区较早的产盐聚落，也是黄骅市内唯一一座从古至今一直以盐业生产为主的产盐村落。2008年8月，该村东南角考古发掘出一处战国时期的遗址，内有诸多陶器。据河北省文物部门考证，这些陶器均是古人煮盐之用。由此可见，自战国起，此村落便已以产盐为业。不仅如此，从村名中亦可见其与盐的关系，村名中的"灶"字，即古意"煮海为盐的灶地"。如今，辛立灶村因制盐历史、经济、技术等原因，已被列为河北非物质文化遗产保护单位。

2. 天津市葛沽镇

葛沽镇是天津市津南区唯一坐落在滨海新区的建制镇（图4-22），位于海河南岸。葛沽镇，从历史上看，漕运地位就举足轻重。葛沽镇历来在文人墨客的笔下有着很多美誉，如"十里鱼盐新泽国，二分烟月小扬州"这样的著名诗句，同时也留下很多神话故事，被当地文人和百姓逐步演绎、口耳相传，形成当地的民间传说。

图4-21　辛立灶村区位图

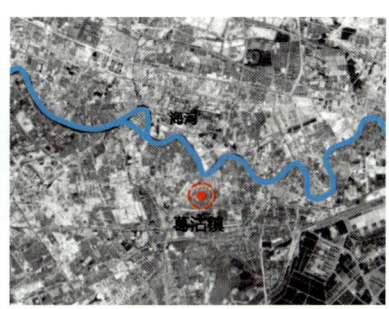
图4-22　葛沽镇区位图

葛沽镇有九桥十八庙之胜。当年为了运盐开挖了三条河沟，称为"驳盐沟"，诗意的叫法是"水流三带"，其上架了九座桥，称为九桥。关于十八庙，葛沽镇流传着许多民谣，其中专供盐公盐母的灶离庙地位比较高，有"先供盐公盐母，后供五位娘娘"之说。当地还有句俗语"先有灶离庙，后有葛沽镇"。葛沽镇商贸流通市场繁荣，每逢集日街市上叫买叫卖、摩肩接踵，海河沿岸演绎着清明上河图般的繁荣景象。尤其是妈祖即天后娘娘成为一种信仰民俗，给葛沽久远的历史增添了丰富的文化内涵。

表4-2 长芦古盐道沿线城镇聚落一览表

所属流域	所属市/县	聚落名称	聚落照片	聚落特征描述
			（长芦古盐道沿线示意图：标注京、天津、山西、河北、山东、渤海，河流包括通惠河、北运河、南运河、永定河、海河、白沙河、白洋河、唐河、沙河、府河、子牙河、潴龙河、滹沱河、漳河等；标注葛沽镇、辛立灶村为沿线古镇）	
东部沿海	天津	葛沽镇☆		葛沽镇位于海河入渤海口的南岸。海河是盐场至长芦盐业重心——天津的河运必经之路，也是长芦盐业水运线路的最终汇集河流。 葛沽镇是历史上华北"八大古镇"之一，自明代起就是天津地区著名的水旱码头及贸易货物集散地，南粮北调，北盐南运。 葛沽古镇曾有九桥十八庙之胜，当年为了运盐开挖河沟三条，称为"驳盐沟"，诗意的叫法是"水流三带"，其上架设九座桥，现今都已不存

续表

所属流域	所属市/县	聚落名称	聚落照片	聚落特征描述
东部沿海	沧州	辛立灶村☆		辛立灶村位于河北省沧州市黄骅市南排河镇。自古以来便是长芦盐产盐场地。辛立灶村是黄骅最早采用传统工艺制盐的村落，也是自古至今仍延续以盐业为主的产盐专业村，村民世代相承，制盐为生。盐田场地与村落位置紧邻。如今的辛立灶村还有少量的村民以制盐为生，但均以现代化流程操作。2008年8月在该村东南发现一处战国时期遗址，发掘出诸多古代煮盐器具。据文物部门考证，战国时期这里的先民就有用陶罐熬盐的历史。辛立灶村名中的"灶"字，即"煮海为盐的灶也"

所属流域	所属市/县	聚落名称	聚落照片	聚落特征描述
御河流域	天津	杨柳青古镇		杨柳青古镇南靠古老的南运河——长芦盐御河道的主要运道。 有句古话这样说，先有杨柳青，后有天津卫。杨柳青古镇内的石家大院为明末清初天津八大家之一石家所有。石家原籍山东，祖辈漕运发家后在清乾隆年间定居杨柳青。进入大门即是一条宽阔的长长的甬路，构成大院的中轴线，甬路上有形式各异、建筑精美的5座门楼。从南向北门楼逐渐升高，寓意为"步步高升"，而每道院门都是3级台阶，寓意为"连升三级"。道路东西两边各有五进院落

续表

所属流域	所属市/县	聚落名称	聚落照片	聚落特征描述
御河流域	邯郸	大名古城		大名古城位于卫河西岸，是长芦盐御河道运往河南的重要转运点。 大名古城位于邯郸市大名县。大部分河南的引盐是从大名龙王庙和白水潭转运的。 大名古城中间高，四周低，十字大街中心原点最高似龟背，向四方轻舒缓降，路网呈棋盘方格样式，建筑井然有序，状若龟壳，人名城南门下有一暗沟通往外河，恰似龟首。中国古代在城市营建方面，以龟为原型的城市大多是平面构图为龟形，而从立体空间的角度构思龟形城市，大名是一例
	焦作	寨卜昌村		寨卜昌村位于河南省焦作市，位于长芦盐区御河道盐运区域内。 药王卜昌的王姓先祖，明初从山西洪洞移民到此。王家卖药起家，后做起了铁货生意，族人凭借雄厚财力，修建房屋50多个，院落1500余间。 寨卜昌村整体呈龟形，王家将寨卜昌5条街占了2条半。清同治七年（1868），王大温等主持并主要出资，修建了周长达2500米的寨墙，寨墙外设寨河

续表

所属流域	所属市/县	聚落名称	聚落照片	聚落特征描述
御河流域	巩义	康百万庄园		康百万庄园位于黄河以北，长芦盐经南运河、卫河在大名府落厂后运往河南，康百万庄园也在该范围内。 康百万庄园中，创业之初的六世祖康绍敬曾于山东任盐官，可以说打通了康家河运产业的商道。该庄园还出过开辟大河行船、奠定百万基业的十二代庄园主康大勇。 康百万庄园始建于明末清初。由于它背依邙山，面临洛水，因而有"金龟探水"的美称。康百万庄园既保留了黄土高原民居和北方四合院的形式，又吸收了官府、园林和军事堡垒建筑的特点，门类齐全、布局合理、设计精巧、独具特色，融南方之古朴幽雅与北方之粗犷厚重于一体，是中原民居中最有代表性的古建筑群体

续表

所属流域	所属市/县	聚落名称	聚落照片	聚落特征描述
			(地图：京津冀区域水系图，标注沿线古镇：井陉旧城、英谈古寨、贺进十字街、广府古城；图例：沿线古镇、长芦盐水运线路、省界线、州界线)	
西河河道	邯郸永年	广府古城		广府古城位于邯郸市永年区，滏阳河北岸，永年也是长芦盐的重要引地。 广府古城墙不但颇具规模，雄伟壮观，而且保存完好。古城墙的历史可以追溯到唐朝。到明朝嘉靖年间，修砌了砖城，又增修了四座瓮城，每道城门上都建有城门楼，四个角有角楼。城墙为正方形，这在中国古城历史上是少有的。 现仅东门和西门存有瓮城，城门楼和角楼均不复存在。城内老街纵横，商贾云集，还有武家大院、仝家大院等民居建筑

续表

所属流域	所属市/县	聚落名称	聚落照片	聚落特征描述
西河河道	邯郸	贺进十字街		贺进古镇位于太行八陉——滏口陉三条连通晋冀的交通孔道上,是北上峻极关、西通太原(晋阳)最便捷的军事要道和商业古道。 贺进古镇商业街为十字大街,大街的交汇处建有十字阁。十字阁稳居镇区的中心,阁下门洞十字交叉,贯通四方。当年十字阁的商业街里商铺票号依次排开,驼队、商人南来北往,车水马龙,十分繁华。如今的十字古阁下,商贩店铺,人来车往,繁华依旧。古镇商业大街的尽头分别建有东、西、南、北四座单拱券阁。 南街有一间盐店名昌盛永,盐商来自山西太谷,本地食盐均从阳邑进货。山西荫城的铁也运到贺进镇来卖。古时候山西商人带着山货顺着漳水,从涉县而来,运至天津贩卖,再从天津经滏阳河运送布匹、染料、煤油、盐等过来。此外邯郸曲周地区地势低洼有盐碱地,自制私盐名为"小盐",抗战时期贺进镇的居民主要吃小盐

续表

所属流域	所属市/县	聚落名称	聚落照片	聚落特征描述
西河河道	邢台	英谈古寨		英谈古寨位于河北省邢台市邢台县西部山区路罗镇，太行山脚下，位于长芦盐区西河河道盐运区。 英谈古寨是盐商路家的老家。英谈村有一姓三支四堂之说，路家经营长芦盐运至阳邑贩卖。据说三支四堂鼎盛时，是当时顺德府的首富，土地遍及冀晋交界处五县。如今石家庄还有英谈拴马桩，见证着路家鼎盛时期的繁荣景象。 建筑选材是当地盛产的一种红石材，也有少量的青石建筑，其中红石材的年代较近，青石建筑较古老。如当地村民所讲："一城四门古石墙，座座古桥古楼房，石刻古雕古墓地，古道弯似九回肠。"
	井陉	井陉旧城		井陉县东、南、西三面临绵河，北靠土山，有"簸箕城"之称，地理位置极为重要。 井陉旧城商贾云集，资源丰富，素有"燕晋通衢"之称。 井陉旧城规划形如簸箕，城墙在唐朝初建时为土坯，宋朝在此建县时，由于战乱和洪灾，城已破败，于是在原有的基础上复建，明朝时改用石块作城墙，成为现貌。 城内现在还有文庙、城隍庙、显圣寺、皆山书院等建筑

续表

所属流域	所属市/县	聚落名称	聚落照片	聚落特征描述
淀河河道	霸州	胜芳古镇		胜芳是大清河，乃至海河流域上游各地往来天津的必经之地，也是长芦盐运淀河水道的必经之地。 胜芳镇水陆交通畅达，文化积淀深厚。胜芳由一古老小渔村发展而来。明初大移民后，胜芳人口激增，旋即商贾云集，店铺林立，迅速发展成为华北商贸和文化重镇，清前期既已十分繁荣，谚称"南有苏杭，北有胜芳"。 胜芳人烟密集，老城区街巷以穿心河为中心，四向延伸，曲折幽深且密如蛛网。保存较好的建筑有文昌阁、王家大院、张家大院

续表

所属流域	所属市/县	聚落名称	聚落照片	聚落特征描述
北河河道	天津	西沽⌂		西沽民居距天津老城厢西北2千米，位于子牙河入北运河处，北运河西岸。 明初建村时，北运河当时称为沽河，因其地处沽河之西，故名"西沽"。西沽在漕运盐业、宗教寺庙、教育学堂、名人古迹、社团会馆、民俗事象、民间传说等方面都留下许多独特的印迹履痕。 西沽地区有许多历史久远的老民居，东临北运河。金家胡同和鲍家胡同等过去曾是富人居住的地方，胡同里有韩家大院、赵家大院、陈家大院等。西沽地区正在拆迁，天津仅剩的老民居或许也将不复存在

注：⌂为运盐聚落；☆为产盐聚落。

（三）山东古盐道上的古镇村落

1. 泺口古镇

泺口镇位于济南市城区北部（图4-23），明清时期为大清河段最大的水陆运输枢纽、引盐的第一级分流站，因旧时泺水从此地注入大清河，故有此称。明《历乘》云："泺镇，城西北二十里，商人贸易之处，胶莱分司驻焉，鹊山高峙，大清东流，楼船往来，亭阁飞甍，诚一巨镇。"城内建有"顺流通达"四大盐园，车马不绝，码头盐运船只穿梭往来。由于商业发达，人丁兴旺，到清末泺口镇建成独立城池，城外建起圩子墙。

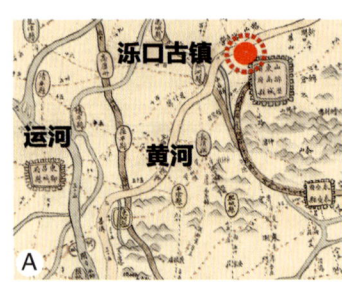

图4-23 泺口古镇区位示意图

光绪年间，山东运署修建了自黄台板桥至泺口码头的轻便铁路，名曰清泺小铁路，专为运盐之用。自小清河运来的食盐先集中于黄台桥，然后转运泺口，经由津浦铁路或黄河水道运往鲁西、江苏、河南等地。水路与铁路相结合，使泺口的基础设施与运输网络更加成熟，泺口也被誉为"黄河第一水陆转运码头"。

泺口古镇空间形态近似半圆形，城中街巷沿河平行展开，路网骨架较为方正。镇中旧时园林、宗教建筑均十分兴盛，最有名的当属名匠陈雨人监造的"亦园"和"基园"，王母庙、兴隆寺、泺口北清真寺等明清时的宗教建筑大多也被重建、保留下来。

2. 阿城古镇

阿城位于山东省聊城市阳谷县城东（图4-24），为清代鲁运河边重要的食盐转运码头、大清河段转至运河段的车船更替之所。阿城曾有十三家盐垣和东、西、南、北四座商人会馆，鼎盛时"鱼盐贸迁，商贾辐辏……夹岸而居者千百家"①，为辐射阳谷、寿张、东阿等周边县区的商

---

① ［明］谢肇淛：《北河纪馀》卷二。

业重镇。镇内设大小街巷三十一条，东西大街长近1500米，粮市、牛马市、猪市、布市、鱼市等云集一处，星罗棋布，鳞次栉比，极其繁荣。

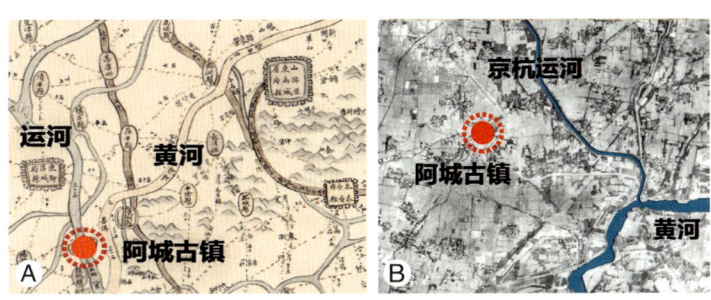

图4-24　阿城古镇区位示意图

3. 羊角沟镇

羊角沟镇位于寿光市北部小清河入海口（图4-25），起初只是沿海滩地上的一个小渔村。清末，黄河夺大清河河道，冲毁永阜场，以致盐池淹没无存。为维系东西航运，小清河遂重新得到治理，从济南黄台桥至寿光羊角沟全线通航。《寿光县志》记载，清光绪三十年（1904），为了便于盐的外运，盐商投资兴建轻轨铁路，自刘家呈子至羊角沟，专作集坨运盐之用。仰仗着王官盐场与疏浚后的小清河河运、海运及发达的轻轨运输，羊角沟镇商业日渐兴盛，成为莱州湾的鱼盐重镇。民国7年（1918），原设在侯镇的盐场官署迁置羊角沟，各地盐商接踵而至，甚至外埠商船也争相来此通商。

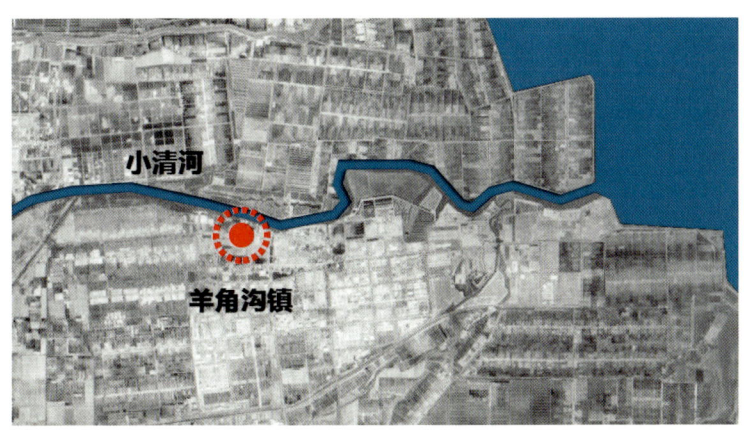

图4-25　羊角沟镇区位示意图

表4-3 山东古盐道沿线城镇聚落一览表

盐区	所属市/县	聚落名称	聚落照片	聚落特征描述
引盐区				
鲁西南及鲁西北地区	济南	泺口古镇		位于济南天桥区黄河（下游大致为明清大清河河道）河畔，是山东引盐的一级分销站。 泺口古镇是大清河段的水陆运输枢纽，位于济南西北，是省城处理盐业贸易的门户。泺口旧时沿河码头密布、交通便利，清末更是建有轻便铁路，专为运盐之用。古镇仍保有半圆形街道格局，路网骨架较为方正。泺口不远处尚存清末黄台桥盐码头和铁轨遗址

续表

盐区	所属市/县	聚落名称	聚落照片	聚落特征描述
鲁西南及鲁西北地区	聊城	临清中州古城		位于聊城市北，山东运河与卫河交汇处，为运河北段重要的食盐转运城镇。 临清的繁荣与运河的开通息息相关，卫河和会通河在此交汇，两河包围的中州古城是临清重要的商业区，汇聚了贩运长芦与山东盐的外籍引商。清朝在此设有税收位于九大钞关之首的临清运河钞关，临清商业兴隆，当地商贾甚至"多于居民省十倍"。如今存有清代临清钞关遗址以及几栋外商故居
		东昌古城		位于今聊城市区，明清两代因紧邻山东运河，成为南来北往的一大都会。 东昌古城在明、清时期曾为古运河沿线著名商埠，是山东引盐自运河北运的必经之处。古城呈四方形且周边环水，内部则被南北与东西两条笔直大街一分为四，正中建有光岳楼，格局方正严谨，体现出因漕运与盐运而兴的气派与繁盛。东昌城"殷商大贾，晋人为多"，运河岸边建有华丽异常的山陕会馆

续表

盐区	所属市/县	聚落名称	聚落照片	聚落特征描述
鲁西南及鲁西北地区	聊城	七级镇		位于山东阳谷县境内，是运河北段的著名商运码头。七级镇古称毛镇，后因建有石阶七级的古渡而得名。大运河穿镇而过，是山东引盐北运的必经之地。现存七级运河古街、古渡口遗址及大运河水工遗址七级上、下闸各一处
		阿城镇		位于山东阳谷县境内，是大清河转运大运河的重要盐运码头。阿城镇是山东运河段重要的盐码头，为大清河段转至运河段的必经之所，镇中曾有十三家盐园和东、西、南、北四座商人会馆。明清时期的阿城山陕盐商占籍大半，现存盐商们捐建的海会寺和运司会馆。运司会馆又称盐运司，为山西盐商出资、官方督建，以管理运河盐务。此外，阿城尚有大运河水工遗址阿城上、下闸各一处
		张秋镇		位于山东阳谷县境内，是运河上地处济宁与临清之间的盐运码头。张秋镇位于会通河与大清河交汇处，历史上曾称张秋口、安平镇，居济宁与临清之间，为南北及东西交通之枢纽、运河上重要的盐运码头。自泺口运盐的外籍引商都通过大清河从张秋转入运河，现存山陕商人所建的关帝庙，虽经过修整，大体格局尚在

续表

盐区	所属市/县	聚落名称	聚落照片	聚落特征描述
鲁西南及鲁西北地区	汶上	汶上县		位于济宁市北部，因京杭运河山东段著名的水利工程——汶上分水枢纽及龙王庙而出名。 明代为解决山东运河段水源不足的问题，将分水枢纽自济宁移至汶上，汶水被导入汶上再南北分流，七分朝天子、三分下江南。正因汶上有如此复杂的治水工程和闸口，商人在此耗时长、停留久，汶上因此成为南运盐商中转休憩的节点。汶上县现存分水龙王庙遗址与柳林闸等闸口
苏皖豫地区	徐州	徐州老城		徐州老城是山东引盐沿运河南运的节点城镇，清朝时曾位于运河旁。后因受黄河泛滥侵扰，运河绕开徐州，开泇河至台儿庄。徐州因此地位大不如前，但山东盐运仍沿旧制，改渡过黄河车运至铜山，徐州仍作为转运节点转销宿州。现存户部山外商宅居群和老盐店遗址
	商丘	商丘古城		位于河南省商丘市睢阳区，为明清山东南运引盐在河南地区的车运中转点。 商丘古城建城历史久远，并曾因隋唐运河而大大兴盛，后屡遭兵乱、黄河水患等影响，古城兴衰变迁，历经坎坷。明清时期，商丘为山东南运引盐在河南部分的车运转运节点，引盐在商丘盐园堆积，并向西南车运至柘城、鹿邑等地。现商丘古城仍保有水中四方城格局，但经过大拆大建，遗存较少

续表

盐区	所属市/县	聚落名称	聚落照片	聚落特征描述
鲁中及鲁西北地区			商运票盐区	
			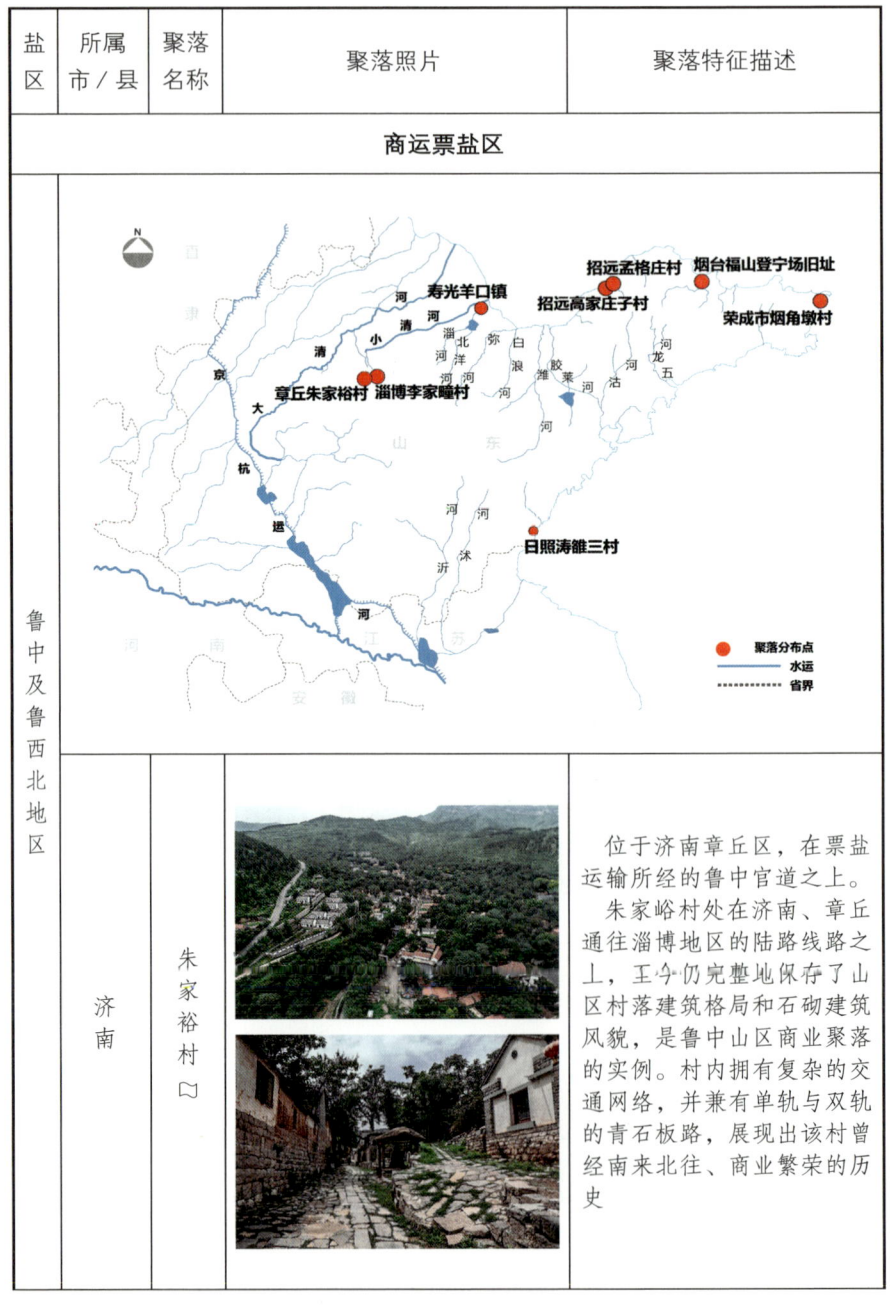	
	济南	朱家峪村		位于济南章丘区，在票盐运输所经的鲁中官道之上。朱家峪村处在济南、章丘通往淄博地区的陆路线路之上，至今仍完整地保存了山区村落建筑格局和石砌建筑风貌，是鲁中山区商业聚落的实例。村内拥有复杂的交通网络，并兼有单轨与双轨的青石板路，展现出该村曾经南来北往、商业繁荣的历史

续表

盐区	所属市/县	聚落名称	聚落照片	聚落特征描述
鲁中及鲁西北地区	淄博	李家疃村◠		位于淄博市，靠近由历城到青州的东西官道，也是鲁中食盐运输的必经之地。 李家疃村是鲁中官道上的票商聚落，为王姓盐商经营盐业的大本营。王家靠贩盐发家，买卖兴隆。村子有南北东西两条大道，另有牌坊街、当铺街和盐店胡同。王氏家族的九座宅院建在村庄的中轴线上，九门相冲，门楼高大美观，现格局尚存，临街部分保存较好
	日照	涛雒三村☆		涛雒三村位于日照涛雒镇，为明清涛雒盐场所在地，产盐历史久远，商业繁盛。 涛雒村东临黄海，西接鲁西南腹地，自古有鱼盐之利，因盐业和商贸而兴。涛雒既有天然海口泊船通商，又紧邻通向沂蒙腹地的商道，方便供销鲁中山区的票盐。丁氏为本地最大的商业巨擘，现存丁氏祖居、商号旧址等建筑遗存

续表

盐区	所属市/县	聚落名称	聚落照片	聚落特征描述
民运票盐区				
胶莱平原及胶东半岛	寿光	羊口镇☆		位于小清河入海口，清末因运送王官二场之盐而繁荣。 羊口镇（羊角沟）起初只是沿海滩地上的一个小渔村，由于位于清末重新疏浚的小清河入海口，商业日渐兴盛，一跃成为莱州湾的鱼盐重镇。1918年，原设在侯镇的盐场官署迁置羊角沟，各地盐商接踵而至，甚至外埠商船也竞相来此通商，如今的羊口镇仍有一望无际的盐田，盐业生产与油田开发并驾齐驱
	烟台	高家庄子村♡		位于烟台招远，在明清胶东半岛的民运票盐销售区域之内。 明清时期，高家庄子村为胶东盐场的民运票盐运输必经之处，也是登莱滨海古官道上的典型商业村落。如今村庄仍保留着良好的四合院形态，以关帝庙为中心，形成东西、南北大街的十字形格局。沿街门楼木雕精美，门侧墙上多镶有拴马石，显示着商业聚落曾经的富足
		孟格庄村♡		位于烟台招远，在明清胶东半岛的民运票盐销售区域之内。

续表

盐区	所属市/县	聚落名称	聚落照片	聚落特征描述
胶莱平原及胶东半岛	烟台	孟格庄村▱		与高家庄子村相近，同为登莱滨海古官道上的商业村落和票盐运向登莱地区的必经之处。村中三条南北主街巷将六条东西短巷连接贯通，形成基本街巷格局，现存两户保存较好的老宅院，为清末胶东民居的代表
		登宁场旧址☆		位于烟台市福山区，因生产山东票盐并销至鲁中、胶东区域而兴盛。 明清登宁场旧址现为盐场社区，现社区中的大成栈遗址原为明代登宁场盐大使所建的盐课司官署。清代登宁场被裁并入西由场后，官署被商人购入，变为民宅，后几经兴衰，仅今大成栈南北共四进院落留存，又称王氏庄园。庄园格局规整，建筑青瓦屋顶、木质梁架、砖石砌筑，可称清末胶东小型庄园的典型
	荣成	烟角墩村▱☆		位于荣成市北，为胶东地区盐场所产民运票盐销售之地，因临海，当地百姓多私自产小盐，就近销售。 荣成近海，产盐历史悠久。明清时期的烟角墩村不仅处于民运票盐销售区域，也为百姓自产小盐的胜地。村中民居以胶东沿海地区独有的海草房为特点，其早期分布与民运票盐的行盐范围有很大的重合性。盐业区域的活动和交流使胶东地区对海草房这种民居形式的认同感不断得到巩固，该村就是最好的实例

注：▱为运盐聚落；☆为产盐聚落。

二、中国北部古盐道上的物质文化遗产

（一）河东古盐道上的物质文化遗产

1. 运城池神庙

有文献记载的盐池神崇拜最早出现在唐代，公元778年，池神庙最初被修建，后数经扩建修葺，增加了其他神明进入神庙。明代，池神被正号"盐池之神"，神庙也进行了大规模修补加固，现存的主要建筑基本为当时所建。

池神庙建筑依地形坐北朝南建在一个斜坡上，背山面水，总面积达2.6万平方米。整个建筑群空间布局由中轴控制，在中轴上沿着地势排列着大殿、飨殿、戏台、中门、海光楼、地宝天成坊、歌薰楼，最后为盐池。在中轴两侧沿着两条虚轴又置官亭、商亭、土地神祠、灶君神祠等次要建筑，建筑之间围合成或虚或实的庭院空间，形成丰富的空间层次（图4-26）。

图4-26 运城池神庙

2. 长治申家大院

山西申氏家族经商起家，属于晋西南泽潞商帮，早期经营盐铁业，其贩卖食盐从明代始，具体为将潞城的粮食与铁制品买入，运至平阳府（今临汾市）售卖，再从平阳府买入食盐运回售卖获利。

申家大院位于现长治市郊区西白兔乡中村，北依小寒山，西面漳河，地处上党盆地。申家宅院共有二十四个院落，分布在东西两条轴线上，现仅七个院落保存较好。西轴线上分布着五个组团，分别是店面院、过厅院、花园、宅院以及窑洞。西轴线的起点上有两个前店后房的宅院，分别为当铺和盐店，两店间以巷相连并设有门。沿巷向北可至过厅院，过厅院为多向性较开放的空间，后面是花园，接着是后宅院。东轴线上分布着四个空间节点，分别是三节楼、中庭院、东庭院和牛棚院。东轴线上的建筑功能相对较为内向，并承载着防御外敌以及蓄养家畜的功用。

3. 茅津渡

现位于山西省运城市平陆县南，南岸为三门峡市会兴镇，是黄河上的重要码头，因黄河在此水流湍急，即使在河面有冰的时期也可以通行，因此又有"四季渡"之称。茅津渡也是河东池盐向东南运往河南的重要节点。乾隆《平陆县志》记载："茅津当水陆之冲，晋豫两省通衢，三晋运盐尤为孔道。"因其对于盐运的重要性，茅津渡也被称作"盐码头"。在清末，茅津渡一带亦设有镖局、盐务稽查局等与盐运相关的建筑设施。

4. 蒲津关

现位于陕西省大荔县东，又称蒲坂津、临晋关，为黄河上的古渡口，是古代连接秦晋的重险之地，在古代军事上有着重要意义。唐朝时，蒲津关也曾是河东池盐运往陕西的重要节点。至元代，蒲津关道废弃，虽明代又重新沿用唐代蒲津关道的南部线路，但在清代《初修河东盐法志》中，已不再将蒲津关列为控制盐运的节点。

5. 河南社旗山陕会馆

洛阳、泌阳、永宁、渑池、郏县、鲁山、襄城、南阳等地均建有山陕会馆，这些会馆的分布线路与河东池盐向河南部分的运盐路线高度重合。此外，光绪《南阳县志》记载南阳社旗尤多来自秦晋的盐茶商人，在所有的会馆中，社旗山陕会馆被业内专家誉为"辉煌壮丽，天下第一"。1988年1月，社旗山陕会馆成为全国现存同类建筑中首个被国务院公布为全国重点文物保护单位的建筑。

社旗原名为赊旗，水陆交通发达，商人云集，是南北九省过往要道和货物集散地。社旗山陕会馆始建于清乾隆二十一年（1756），是寓居此地的山陕二省商人集资兴建的同乡会馆，经嘉庆、道光、咸丰、同治,到光绪十八年(1892)完全竣工,历时六个朝代共一百三十六载。建成后的山陕会馆坐北朝南,南对最繁华的瓷器街,北靠五魁场街,东邻永庆街,西伴绿布场街,处于赊旗镇闹市中心。后赊旗镇被周恩来总理更名为"社旗镇",寓意为"社会主义的一面旗帜"。如今,社旗镇已经失去了当时在全国商业贸易中的重要地位,但是这一壮丽的建筑群记录了社旗镇辉煌的商业历史。

社旗山陕会馆主体建筑呈前窄后宽形态,东西最宽处62米,南北长156米,总占地面积12 885.29平方米,建筑面积6235.196平方米,现存建筑一百五十二间。整体建筑分前、中、后三进院落,位于中轴线上的建筑有琉璃照壁、悬鉴楼、石牌坊大拜殿、大座殿、春秋楼,两侧建筑有木旗杆、铁旗杆、东西辕门、东西马厩、钟鼓楼(图4-27)、东西看廊、腰楼、马王殿、药王殿、道坊院等。其中,春秋楼及其附属建筑于咸丰七年(1857)为捻军所焚,最后一进院落也随之消失。社旗山陕会馆周边的街市格局如今得到了良好的保存,也从侧面说明当时社旗山陕会馆在城镇中的规划、选址方面具有前瞻性。社旗山陕会馆处于用地紧张的闹市,一反中国传统建筑特别是民用传统建筑横向铺展的习惯,在有限的空间建起庞大的建筑体量,却丝毫不显拥挤,还创造了传说可容纳一万人同时观看演出的"万人庭院"(图4-28),这些充分说明社旗山陕会馆在建筑布局设计上的独具匠心。其中,铁旗杆、大拜殿、大座殿的布局充分显示建筑受关帝庙影响之深。

(二)长芦古盐道上的物质文化遗产

天津极负盛名的"问津园"与"一亩园"是康熙年间盐商张霖修建的私家园林,《天津县志》记载:"问津园在城东锦衣卫桥,鲁庵张氏别业。树石葱倩,亭榭疏旷。海内名流过津者,无不假馆,称为'小玉山'云。"问津园位于天津城东5千米处,依金钟河而建。一亩园"在城外东北隅,也为张氏所建。中有垂虹榭、绿宜亭、红坠楼、遂闲堂诸胜"。但随着张家的落败,两座园林日渐荒废,其后人曾在原址上修建新居,起名"思源庄",但时至今日也不复存在。现在的中山公园,即当年问津园的原址。

图4-27 社旗山陕会馆鼓楼

图4-28 社旗山陕会馆"万人庭院"

（三）山东古盐道上的物质文化遗产

山东地广，地理环境多样，商人多活跃于鲁西北平原、京杭运河沿线与胶东沿海区域，宅居也顺应地形地貌，因地制宜，如鲁西北的生土住宅、胶东沿海的海草房等。同时，由于明清盐商在古盐道上频繁交易往来，运河又是南北文化交融的一大动脉，商人住宅在结合本土建筑元素同时，也会受到外来文化的影响，如运河沿线临清、济南的大院民居等。

1. 烟台福山盐场王氏庄园大成栈

盐场村位于烟台福山城北郊。由于临近登宁盐场,明洪武年间,登宁场盐大使在此建盐课司官署,这便是王氏庄园所处原址的前身。登宁场于清道光十二年(1832)并入掖县西由场后,官署被商人购入,变为民宅,后几经兴衰,仅王氏庄园留存。庄园坐北朝南,共四进院落,整齐方正。正房为五檩架,砖石结构,前后屋檐,木质明柱。大成栈虽修建时间已是民国,但格局几乎全沿清代旧制。

2. 济南"泰运昌辰"嘤园

济南城外的泺口港可谓盐运中转总汇,各大盐商依靠运销食盐积累了巨大财富,纷纷从泺口来到济南城,购置房屋地产。济南老街鞭指巷有一处老四合院,门楼上方镶嵌了一块刻有"泰运昌辰"字样的石匾,许多济南人称此院"泰运昌辰"。它便是济南盐商世家、近代著名书画家关友声"嘤园"的旧址。

"泰运昌辰"原来有两进门,迎门设影壁,现仅剩一进大四合院。北屋是一座五开间的二层楼房。院内有东西厢房,各为三间。整个院落的建筑,青石基础,青砖砌墙,灰瓦覆顶,上起花脊,门窗则砌成拱券形,中西融合,古朴典雅。

3. 临清钞关

明代,运河成为盐运、漕运北上的主要运输通道,因而运河沿线设有七个钞关,用以督理盐运、漕运税收。临清的运河钞关是其中之一,也是目前仅存的一处运河钞关。

临清运河钞关始设于明宣德四年(1429),为一组合院建筑群。建筑大都为硬山建筑,青色灰瓦屋面。建筑群现存两进院落,前一进为办公区,后院为仓储区,原本合院内的南部住宅空间现已被分割成多家民居。建筑主体有仪门,南、北穿厅,船料房等。此外尚有原钞关官员住宅若干,保存较好。

4. 阳谷县阿城镇运司会馆

运司会馆建于乾隆十三年(1748),由盐商集资而建。阿城旧时有东、西、南、北四个会馆,其中运司会馆为"南会馆",余下的东会馆(於陵会馆)、北会馆均为周村盐商所建。三个会馆中以运司会馆保存较为完整,东会馆仅剩残破的山门和大殿,北会馆则已不存。

现今运司会馆归海会寺使用,共两进院落。前院为旧式戏院(现已不存），后院有三开间大殿和东西配房，大殿供奉关公，配殿供奉关平和周昌。如今在后院大殿的房梁上还留有"乾隆拾叁年岁次戊辰叁月拾捌日辰时阿城盐运司商人创建"的铭文。据传原大门前还有一道几十米长的大影壁，用砖瓦堆砌而成，它的两侧便门上嵌着两块方石，上面镌刻着"运司会馆"四字。

5. 聊城山陕会馆

山东聊城山陕会馆，俗称关帝庙，为聊城"八大会馆"之首，也是其中唯一保存下来的会馆。聊城山陕会馆是历史上聊城经济繁荣、文化昌盛的见证。更重要的是，聊城山陕会馆文化是运河文化一个重要组成部分。1977年，山东省人民政府将其列为省级文物保护单位。1988年，国务院将其列为全国文物保护单位。

用一句话可以概括聊城山陕会馆的发展历史，那就是"京杭漕运开盛世，山陕会馆占天机"。因为，聊城的一切都与水有关，它最繁华兴盛的时期恰恰是水脉最多、最旺盛的时期。聊城靠运河而兴盛，发达的大运河穿城而过，盐运、漕运繁忙，两岸商铺众多。在聊城太平街、双街及越河一带，各地商人纷纷前来开设商号，创办手工业作坊。山西的商人适时来到了这里，成为聊城资本最为雄厚的商人，所以山陕会馆气势恢宏，位于双街至龙湾停靠船只最多的地方，风光占尽，这是秦晋富商独立商海、雄踞齐鲁的见证。

据清朝人李弼臣的《旧米市街太汾公所碑》记载，山陕会馆的前身原是一处地理位置极佳的旧宅，后来山陕商人就在此建立了山陕会馆。乾隆八年（1743），山陕会馆开始兴建，会馆复殿正堂的屋脊檩条上至今仍保留着"乾隆八年岁次癸亥闰四月初八日卯时上梁大吉"的文字，南间屋脊檩条还用朱笔写着山陕工匠的名字——梓匠（即木匠）：赵美玉、常典；泥匠：孙起福；油匠：李正；画匠：霍易升；石匠：李玉兰。北间屋脊檩条上写着会馆住持张清御和山陕经理等十八人的名字。会馆最初的建筑规模并不很大，历史上先后进行了八次扩建和维修。据记载，其中第四次维修从嘉庆八年（1803）到嘉庆十四年（1809），历时七载之久。第五次维修是在道光二十五年（1845），最终才有了现在的规模。

整个建筑群由山门（图4-29）、钟鼓二楼（图4-30）、戏楼（图4-31）、南北两看楼、南北两碑亭、关圣帝君大殿、财神大王北殿、文昌火神南殿、春秋阁、南北两跨院等组成，共计房间一百六十余间，面积不算大，但布局紧凑，设计合理，大小间错，疏密得体。会馆的布局为典型的山陕会馆的布局方式，在轴线末端设置春秋阁，体现了对于关帝庙建筑文化的传承。该会馆布局特色在于将钟、鼓二楼设在小型侧院当中，从建筑的外立面可以窥见钟、鼓二楼全貌，比例尺度和谐，为建筑的外立面增添了活力。

图4-29　聊城山陕会馆山门

图4-30　山陕会馆钟鼓楼

图4-31 聊城山陕会馆戏楼

三、中国北部古盐道上的非物质文化遗产

（一）关公崇拜

关公崇拜以解州关帝庙为发源，因关公故乡在解州，而其又兼具近乎完美的人格与传奇色彩。盐池一带也有关于关公与盐池的传说，后关公逐渐被神化，当地产生了关公崇拜，山陕会馆也多被冠以关帝庙之名。

（二）祭拜盐公、盐母

灶离庙位于葛沽，受盐姥庙影响，又有所发展，供奉的神祇由一位变成了两位，即盐公和盐母，二者夫唱妇随，更人性化了一些。有学者考证，灶离庙一说始建于南宋建炎三年（1130），倡建者是南灶把头万兆平，后历经多次翻建。另一种说法是，灶离庙修建于北宋时期，除供奉盐公盐母外，还供奉护海娘娘，即后来的天后。灶离庙在天津民间信仰中的地位颇高，天津曾有"四庙四鼎"之说：东鼎为葛沽娘娘庙，西鼎为天津天后宫，南鼎为灶离庙，北鼎为东北沙河子娘娘庙。

（三）皇会

到了清代，因长芦盐业生产依赖大海，运销都离不开水路，一些水神神祇流传到天津之后，就被逐渐附加了护佑盐业产、销的功能，化身为盐业神祇，如平浪侯和天后（也称妈祖、天妃、天上圣母）。

鉴于天后在天津商民心目中的重要性，祭祀天后的日子成为天津百姓的盛大"节日"。天后被俗称为"老娘娘"，每年农历三月二十三日为其诞辰。为庆贺天后寿诞，天津人发起办会之举，俗称"娘娘会"。乾隆皇帝下江南之时途经天津，适逢会期，龙舟停泊于三叉河口，各会均从船前经过，竭尽全力，各显其能，乾隆皇帝颇为赞赏。至此，娘娘会更名为"皇会"。

长芦盐商通过多种形式支持皇会活动。盐商张锦文就养着一支法鼓会。法鼓会是随驾的一种会，源远流长，在皇会中占有重要的地位。除法鼓会外，嘉庆年间，津中的盐商豪富还组织了抬阁会。抬阁会共有四台阁，每台以三十二人抬之，所抬为木制之阁，阁底高八尺，底上有三台，每台占据一层，每层有数名童子演剧。此外，盐商们还出资成立了盐坨六局净街会，在皇会中也起着非常重要的作用。会址设在李公楼，始于清同治十三年（1874）。《天津皇会考纪》称："当年盐坨六局势力颇大，人位也多，并且经济充裕，便聚集了大众，把盐船满装着盐坨（就是成包的盐），行驶到单街子靠岸，把船砸漏，沉在水中，再由上面垫土。数百人连日工作，才把单街子这条道路修好。从此开始每有皇会，盐坨六局净街会必定参加，担任修路、打扫工作。"

目前，皇会仍具有很高的文化遗产价值，且已被列入国家级非物质文化遗产名录。

第五章　中国南部古盐道

中国南部古盐道主要是指福建古盐道、两广古盐道和云南古盐道，其中福建盐、两广盐为海盐，云南盐为井盐，其范围覆盖了我国南部福建、广东、广西、云南全省（区），以及浙江、江西、湖南交界的部分地区。中国南部地区气候湿润，地形地貌丰富，多民族聚居，文化类型丰富，因而分布于此范围内的古盐道亦呈现出了别样风采。

第一节　福建古盐道

一、福建盐的生产

福建省的盐场分布在省内东部沿海。宋朝至明清年间，闽盐制盐技术经历了三次变更。宋朝至明朝初期，福建地区的盐场基本采用传统的煎盐法产盐。明弘治年间，许多盐场出现了改煎为晒的现象，晒盐法不仅节省了煎盐法中的柴薪支出，还提高了食盐的生产量。明万历年间，埕坎晒盐法因为省去了之前晒盐法中准备盐卤这一工序，大大降低了劳动强度，进一步提高了产盐效率，所以替代之前晒盐法迅速推广到福建各个产盐区。

清道光年间福建省记录在册的盐场共有十六个（不包括台湾），其中晒盐场十三个、煎盐场三个。福清县的福清场、江阴场、福兴场，莆田县的莆田场、下里场、前江场，晋江县的浔美场，惠安县的惠安场，同安县的浯洲场、祥丰场，南安县的莲河场，漳浦县的浦南场及诏安县的诏安场等盐场为晒盐场；宁德县的漳湾场、霞浦县的淳管场及罗源县的鉴江场为煎盐场，这三场因为背靠太姥山脉方便就近取柴煎盐，所需成本不会过高，所以虽是后起，仍采用煎盐法制盐。

二、福建盐的运销

清初福建盐法制度沿袭明制，运销范围主要是福建省内（图5-1），其运销以商运为主，但地方大族在盐运中介入较深，使得盐课拖欠严重。雍正四年（1726），闽浙总督高其倬恢复水商制度，考虑到福建本地商人资本微薄，暂时招募水商认领地区进行食盐销售，并辅以官运，待办理盐务几年无误后，报户部备案，成为正式盐商，此举成为清代福建盐商的开端。乾隆七年（1742），福建食盐的盐商专卖制度正式确立，盐商群体趋于稳定，出现了世代经营的盐商家族，开始兴建家族祠堂，同时官商共同修建了许多祭祀建筑。嘉庆年间，盐商逐渐没落，盐道官员采取盐课奏销改期、溢课展限、减引、代销等抚恤措施挽救盐务，但收效都不大。盐业经营困难，众多旧商退出盐业经营，此时进入了盐商更替期。同治四年（1865），左宗棠实行票盐改革，放开食盐专卖权，福建盐务在短暂的时间内取得良好的成效。初期，盐商仍以旧商群体为主，随着福州世家大族的强势介入，盐务逐渐为地方士绅阶层所控制，并构建起新的官商关系。

三、福建古盐道的主要线路分布

根据清《福建盐法志》的记载，福建省盐产区位于东部沿海，行盐除汀州府之外的其他省内州、府。行盐过程一般是海商从盐场将盐海运至批验所，后由水商改用河船或溪船经省内各主要水系及其支流运到上游各县各埠。行盐路线大体分为西路、东路、南路及县湾行盐区（图5-2），商人按照官府划分的区域进行分帮运销。各路行盐府县及线路如下。

（一）西路运盐区域

西路运盐区域包括延平府属的南平县、顺昌县、将乐县、沙县、尤溪县、永安县，建宁府属的建安县、瓯宁县、建阳县、崇安县、蒲城

图5-1 清代福建盐运销范围示意图

县,邵武府属的邵武县、光泽县、建宁县、泰宁县等十五县。海商到盐场取盐,海运至南台浦下关后,按担盘验储存于南台仓,并移交给西河、水口等关吊验,再逐包盘吊入溪船,由溪船经过闽江及其上游建溪、富屯溪、沙溪等主要支流运至各地各埠。

(二)东路运盐区域

东路运盐区域包括福宁府属的霞浦县、福鼎县、宁德县、福安县、寿宁县,建宁府属的松溪县、政和县,以及福州府属的古田县、屏南县、罗源县等十县。商人直接到盐场取盐,然后运到各县销售。其中松溪、政和、古田、屏南四县的盐斤,海商经由交溪运至穆洋仓后,再雇脚夫挑拨至各县埠馆。

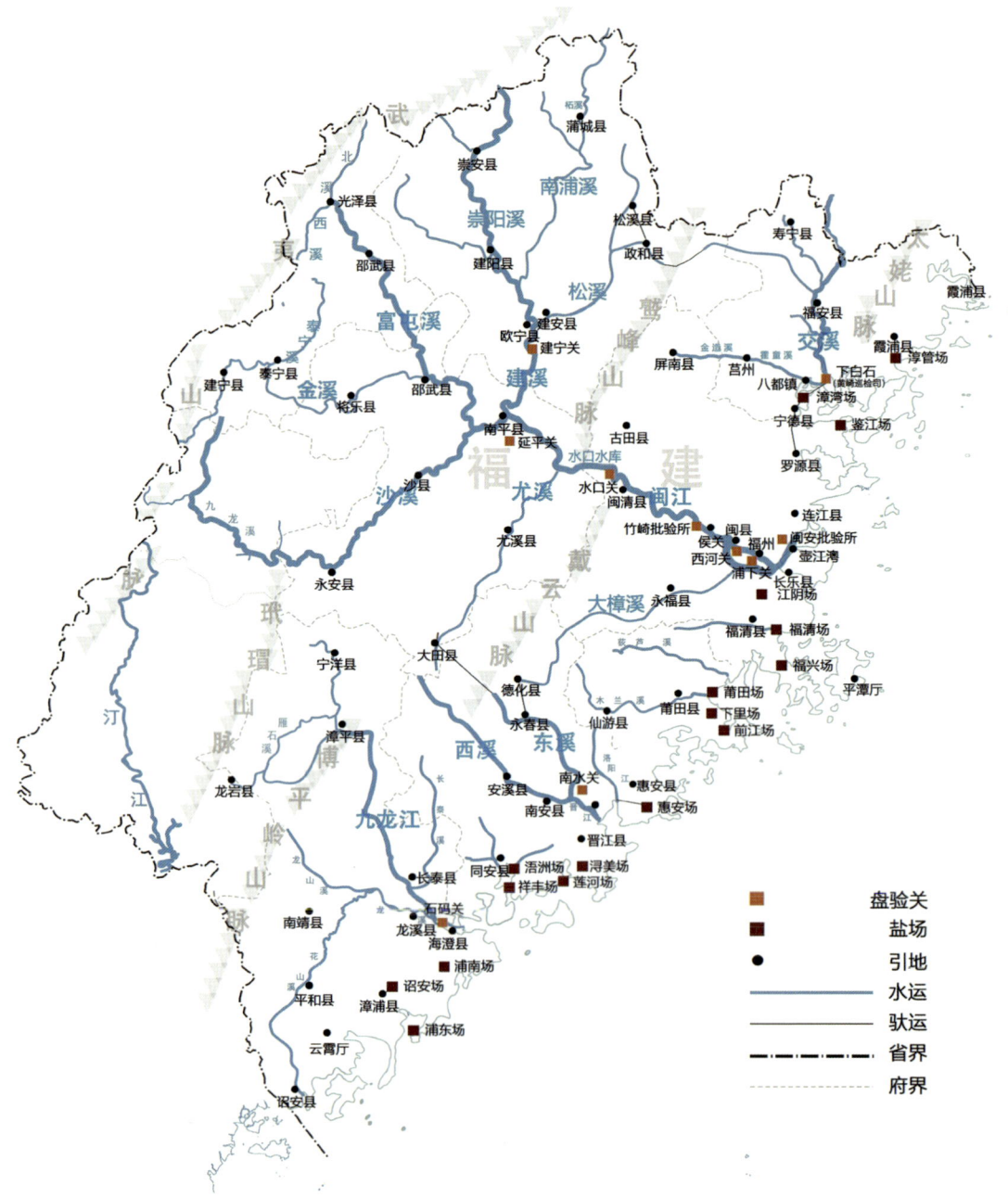

图5-2 福建古盐道线路示意图

（三）南路运盐区域

南路运盐区域包括侯官、闽县二县。海商到盐场取盐后，运至省城南台浦下湾，由浦下委员盘验后运往各地各埠。

（四）县湾区域

县湾区域包括盐务在福建省城东南沿海的各府、州。其中运往闽清、永福二县的盐斤经海运至浦下，由委员盘吊至河船后，运到各县仓及子埠仓；运往仙游县的盐斤，海运至涵江贮仓后，经木兰溪运至各埠；运往安溪、永春、南安、德化、大田等县的盐船，海运至泉州南水关，由委员盘吊至溪船后，经由西溪及其支流运往各县；运往龙溪、长泰、南靖、平和、龙岩、漳平、宁洋等地的盐斤，经海运至石码福河仓囤仓后，由溪船通过九龙江及其支流运往各帮地销售，其中运往龙岩、宁洋、漳平等地的溪船需停靠在岭兜，由脚夫将盐斤肩挑过岭，至华封入厂后，经由漳平县运至各县各埠。福清、莆田、晋江、惠安、同安、漳浦、诏安等境内有盐场地的县以及海澄、云霄厅、平潭厅、长乐等产盐区周边府县则由地方官直接运盐行销。

四、福建盐业运输分区与文化分区的关联性

福建东面临海，西北边的武夷山脉将其与其他地区分隔开来，使它成为一个相对独立的区域。而省内主要江、溪多发源于西部山区，流向东部平原，最后入海。由于山脉的阻隔，各地相互之间很难通行，因此形成了相对独立的以各江溪流域为纽带的文化分区。文化分区中交通可达性是一个重要因素，而食盐的运输是交通可达性的外在表现，那么盐业运销分区与文化分区之间是否存在某种联系呢？（图5-3）经研究发现，福建文化可分为以下六个区域。

（一）闽南海洋文化

闽南方言分布在明清时期九龙江流域的漳州府、龙岩州，以及晋江流域的永春州、泉州府，其中还以流域划分出了南北口音。福建古盐道中的漳龙帮、泉永帮亦是依附于九龙江、晋江流域进行的食盐运输。闽南人敢于冒险、勇于进取，人多地少的环境使其向海洋发展，吸引了许

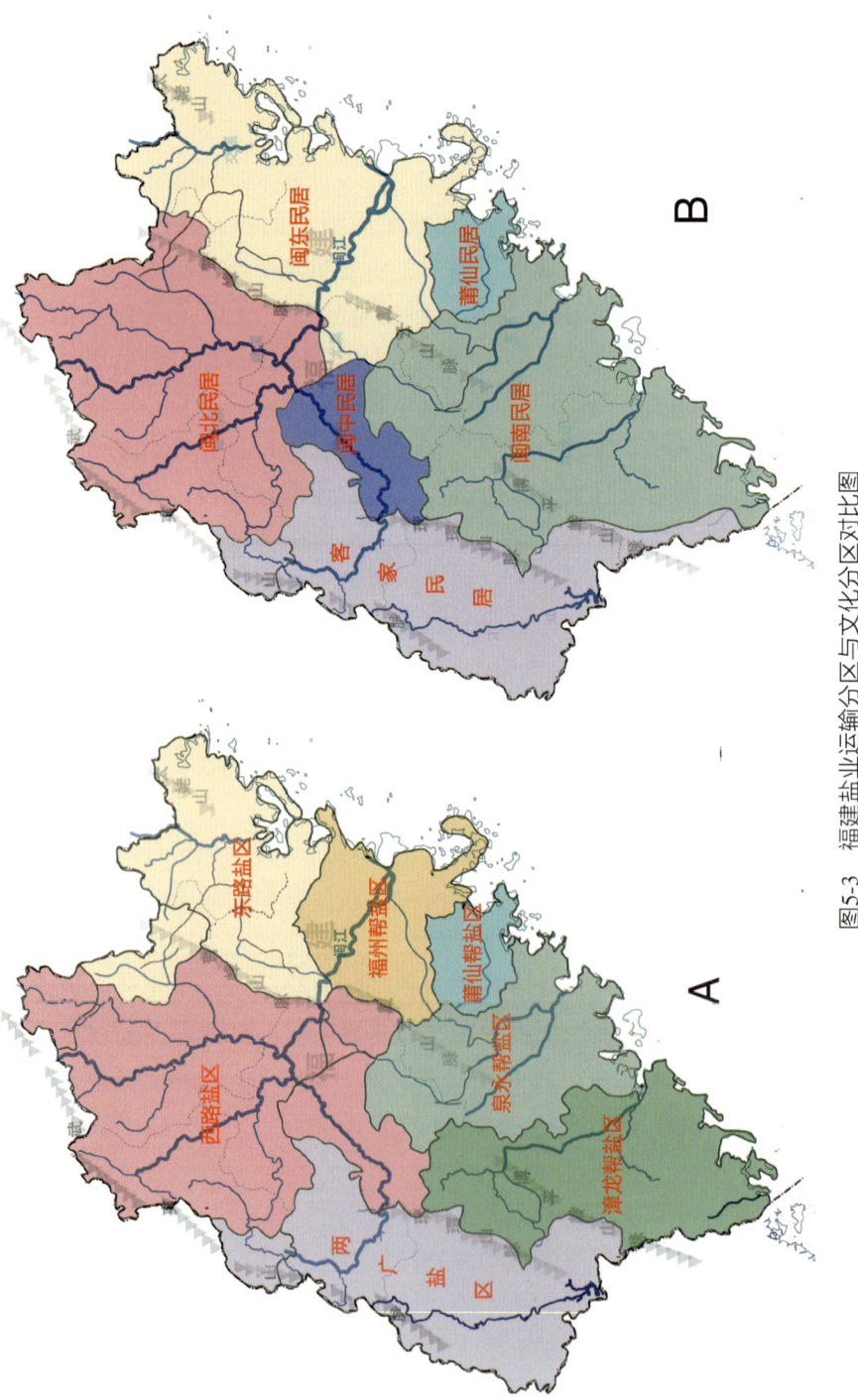

图5-3 福建盐业运输分区与文化分区对比图

多外来文化，促进了中外文化的交流。

（二）莆仙科举文化

莆仙方言区分布在明清时期的木兰溪流域的兴化府，福建古盐道中的莆仙帮是以木兰溪流域划分的食盐运输区域。莆仙地区自宋代建制直至清末，都是省内一个独立的建制单位，因此经济较为发达，文化教育事业兴盛，科举文化在莆仙极为深厚，莆仙地区世家名宦辈出、人才济济，莆仙读书人追求衣锦还乡、光宗耀祖。

（三）闽东文化区

闽东方言分布在明清时期的福州府、福宁府，其中又分为南北两片。南片是闽江下游流域的福州府区域，北片为交溪流域的福宁府区域。福建古盐道中的南路、东路运销区域与闽东方言区在地理上重合。

（四）闽北书院文化

闽北方言区主要在明清时期的建宁府，区内是闽江上游之一的建溪流域，属于福建古盐道中西路运销区域的一部分。闽北是福建开发最早的区域之一，是中原文化传入福建的走廊。南宋时期朱熹热心教育，在闽北讲学数十载，使闽北武夷山地区成为理学中心。当时闽北地区书院如林，最为繁华。

（五）闽中山林文化

闽中方言区包括沙溪流域的永安县、沙县等县，区域内水陆交通不够方便，与闽江流域其他地方交往较困难，是福建地区开发最晚的区域之一，大部分居民为闽北移民。但是，区域内气候适宜，宜于耕种，使人们形成了知足常乐、淡泊名利的心理。

第二节　两广古盐道

一、两广盐的生产

（一）盐场的变迁

两广[①]境内开始设立盐场的时间最早可以追溯到宋代，据《元丰九域志》载，当时所设各盐场如下：广州东莞县的靖康、大宁、东莞三场及海南、黄田、归德三盐栅；新会县的海晏、博劳、怀宁、都斛、矬峒、金斗六盐场；潮州海阳县的净口、松口、三河口三场（后为三河口盐务）；惠州归善县的淡水场；海丰县的古龙、石桥二场；廉州的白石、石康二场；琼州琼山县的感恩、英田场二栅。与其他盐区不同的是，两广盐区惠州、潮州以及高、春、雷、融、琼、儋、万等各州产盐区有些设场，有些只产盐而未设场（图5-4）[②]。

元朝下辖"盐场十三所"，包括广州境的靖康场、归德场、东莞场、黄田场、香山场、矬峒场、双恩场，惠州境的咸水场、淡水场、石桥场，潮州境的隆井场、招收场、小江场（图5-5）。

明朝于两广盐区设置广东和北海二盐课提举司，而盐场的设置基本沿袭元朝。其中广东盐课提举司下辖十四场，增设海晏场。北海盐课提举司下辖十五场，基本同元广海场区，包括廉州境的白沙、白石、西盐白皮、官寨丹兜，雷州境的蚕村调楼、武郎、东海，高州境的博茂、茂晖，琼州境的大小英感恩、三村马裊、陈村乐会、博顿兰馨，崖州境的新安、临川。

到了清朝，两广盐区格局基本定型，少有变化，两广境内共二十七场：矬峒、海晏、靖康、归德、东莞、香山、丹兜、东平、双恩、淡水、碧甲、大洲、石桥、坎白、海甲、小靖、招收、隆井、东界、河西、海山、小江、惠来、博茂、茂晖、白石、电茂（图5-6）。

由此可见，两广盐区产盐带海滨海区域呈带状分布，珠江三角洲及韩江入海口区域较为集中，珠三角及韩江入海口处亦是两广盐运的水运起点。

---

① 北宋灭掉北汉之后，中国大部分地区得到了重新统一，岭南也划入了宋的行政区划之中。北宋的行政区变化主要是将最高的行政区定为"路"，并重新划分命名，同时调整各地区州县。岭南地区被划分为两个路，分别是"广南东路"和"广南西路"，合称"两广"。
② 以下宋、元、清代个别盐场未在图中标示。

图5-4 北宋两广盐场分布示意图

图5-5 元代两广盐场分布示意图

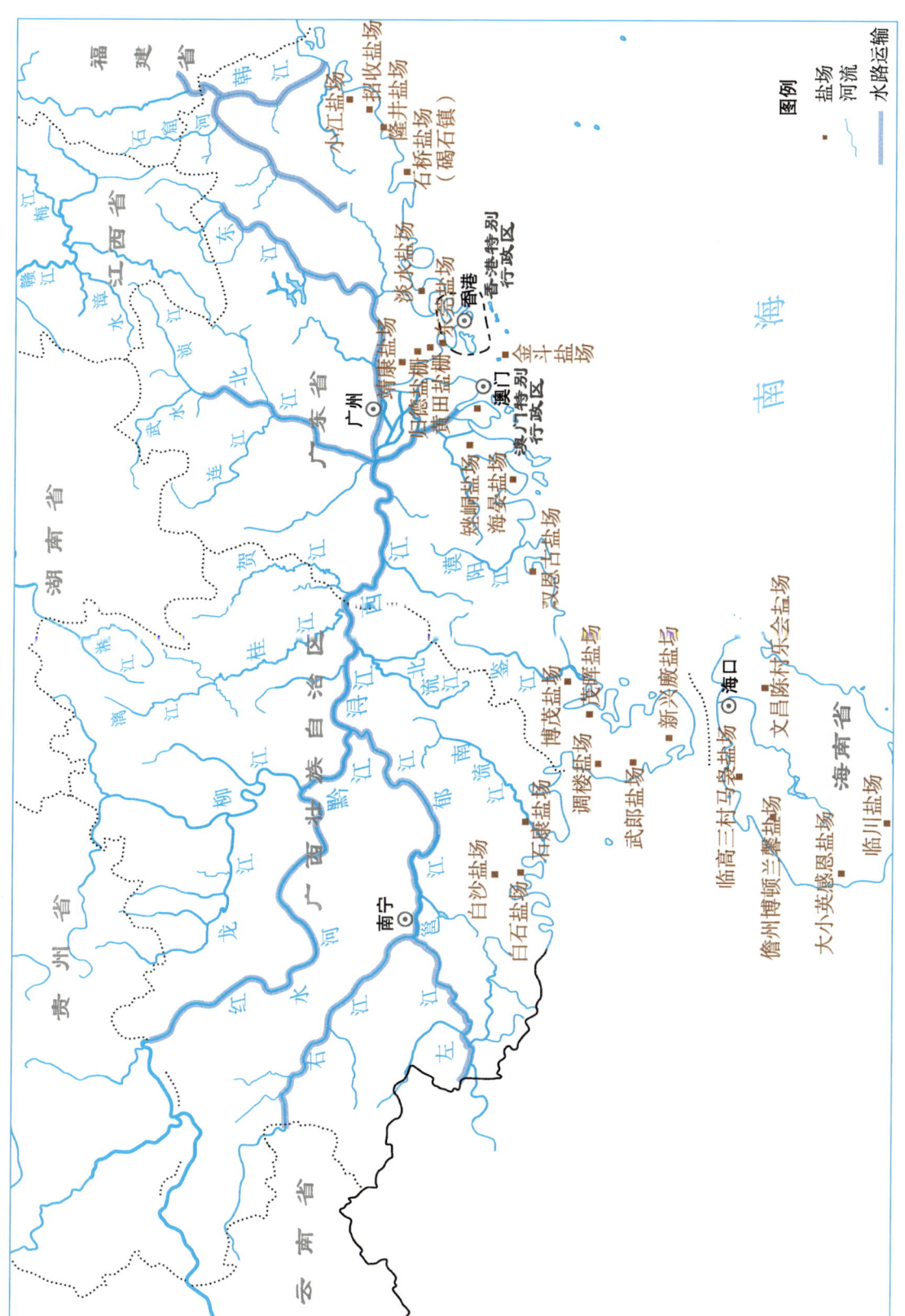

图5-6 清代两广盐场分布示意图

（二）盐法制度

两广盐区在不同时期实行不同的盐政，其中最早是榷盐制度。榷盐是中国历代政府对盐实行专营和专卖的一种制度，在这种制度下，政府亲自组织盐的生产、运输、销售。

明洪武年间，为方便边防物资运输，两广盐区实行开中之法，出榜招商运输物资到边境以获取盐引。至清乾隆五十四年（1789），两广盐区实行"改埠归纲"。

"广东省河各盐埠并为一局，公举老成谙练者十人定为局商总司其事，出本股商一体襄办，统以省城河南金家二仓为公局，此外，分设子柜六处，西江在于梧州，北江在于韶州，中江在于三水，东江在于小淡水厂，廉州府在于平塘江口，高州府在于梅箓镇，每处由局商慎选妥人分布经理场盐，统责局商慎储公局，由运司督同局商核照定额参以地方销售难易，运配各柜，报明总督衙门掣验开江，所有原设埠地一律召募运商，听其各照地段分赴公局及各柜领盐运销，每年所获盐利尽数汇归公局，为完课运盐之用，获有余利，即按原出资本之家均匀分给，仍令各柜将卖获之银每一月一解公局，由公局截出应完款项，每一季一解运库，年终照例奏销，如有丝毫短欠，惟局商是问。"①

（三）迁海对盐业的影响

清朝初年，广东盐业深受时局影响，盐产业处于低潮时期。由于要征服南明武装力量和镇压东南沿海的反清斗争，清王朝实行了禁海政策，从顺治十二年（1655）到康熙十四年（1675）先后颁布了五次禁海令。在禁海令下，商民船只不得出海，禁造五百石的大船，沿海居民必须内迁，并强行焚烧住房，两广盐业生产被迫停止。实行"迁海"政策以后，两广盐税全无，后"因国货军需，民生不便淡食"的需要，政府允许灶丁单身出入广州茅洲圩、潮州达壕埠、惠州盐田村和廉州盐田村四处熬盐。直至康熙二十三年（1674）一月，广东才正式宣告允许被迁人民出海捕鱼，历时二十多年的迁海结束，但海禁如旧，仍不许商民航海贸易。

二、两广盐的运销

两广海盐集中于沿海各地，需要依靠珠江水系及韩江水系等水路

---

① ［清］阮元修、伍长华纂：《两广盐法志》卷2《改埠归纲》。

网外运至各埠地,政府管控海盐的产运销以保证盐课收入,防止私盐,将广州和潮州作为两广海盐运输中心。一般来讲,各盐场所产海盐俱先集中于广州及潮州,后按埠配运,部分盐场略有不同。配运分为四种方式:由广州"东关掣配西关验放"①至埠地称为"省配";粤东地区赴潮州广济桥掣配验放至埠地称为"桥配";沿海临近盐场各埠如惠州府、肇庆府、高州府内盐场的埠地,直接由盐场配盐称为"场配";廉州府盐场配运于平柜处,称为"柜配",大抵类似于"场配"。

政府控制食盐产运销的环节,同时也将各行盐区域划定,以防止私盐及其他盐区食盐越境销售。清代两广海盐行销七省,分别是粤、桂、闽、赣、湘、贵、滇,除了覆盖广东广西行政区域外,还销售至福建汀州府、江西南安府、赣州府及宁都府,湖南桂阳州及郴州府,贵州黎平府以及云南广南府和开化府。其中云南采取"铜盐互易"的方式,两广海盐运至百色后,由云南州府派专人运回,故不在清代两广盐销区示意图(图5-7)中。

图5-7 清代两广盐销区示意图

---

① 清道光《两广盐法志》卷15《转运二》。

三、两广古盐道的主要线路分布

两广盐以广州和潮桥作为总的粤盐配运中心,沿海各埠盐产先发至这两个中心,再溯西江、北江、东江、韩江转输到各埠。两广盐的运输线路主要分为珠江水系、韩江水系、高雷地区和海南岛四个系统,而珠江水系又包含了东江、北江、西江等流域(图5-8)。

(一)两广盐在韩江流域的运输线路

韩江水系是整个粤东区域的主要河流,此处的粤盐以潮桥为盐运中心,通过韩江运至各地。广济桥以北的地区通常被称为"桥上",溯韩江达三河口,向西经梅江过净口,可达梅州、丰顺、大埔、嘉应、长乐、兴宁、镇平等地;向北由韩江可达福建永定、上杭、武平、长汀等埠。广济桥以南的地区称为"桥

图5-8 两广古盐道线路分布示意图

下"，顺流而下或出海可转达潮阳、揭阳、海阳、普宁、惠来、饶平、澄海等地。

（二）两广盐在东江流域的运输线路

珠江水系盐运以广州为中心，沿海各盐场产盐直接运至广州东汇关，进而分东、北、西江流域转运。东江流域贯穿了整个广东（除了潮州府）东部，盐运溯东江而上，销于惠州河源、永安、长宁、和平等埠。粤盐到达东江北段后可由此过境，远销至江西南部信丰、安远等埠。

（三）两广盐在北江流域的运输线路

北江流域的盐运有三条路线：

北江：溯北江，近可达肇庆府东北四会埠、广州府清远等埠；还有另一水运路线继续由北江而上至韶州，运盐至曲江、乳源、仁化等埠，过韶州后上入武水，经乐昌平石后可运盐过境至湖南，将粤盐销至湖南宜章、临武等处。

浈江：溯浈江到始兴南雄等埠，后转陆运过大庾岭的梅关，入江西大庾县可下达赣江转水运至赣县于都、兴国等埠，或过南雄后转陆运，或从乌迳新田村入江西转输各埠。

连江：从连江口入连江，过连江口镇，由连江水运至韶州府与连州、阳山等埠，后经星子墟到达湖南临武，转输湖南埠地。

（四）两广盐在西江流域的运输线路

西江流域的食盐溯西江向西而行，可达肇庆府高要埠、封川等埠，罗定州罗定埠，西达梧州，由梧州再分途入西江各级支流转输于广西全境。其中，由贺江可达开建埠以及桂东北贺县埠、富川埠等埠；由梧州转入桂江，向北可将粤盐运至平乐府昭平埠、桂林府临桂埠、灵川埠等桂北全境；由梧州走水运经黔江、红水河可运粤盐至桂西各埠，而经黔江上溯柳江，可运盐至柳州府雒容埠、柳城埠各埠，经柳州还可输粤盐至贵州古州埠；水运走郁江过邕江，可销盐至南宁府、太平府、思恩府各埠，溯右江可达奉议埠、百色埠，远销粤盐至云南。

（五）两广盐在高雷地区的运输线路

高州、雷州地区相对没有珠江水系及韩江水系方便的水运条件，这也造成高雷地区盐产没有大范围运输，尤其是雷州调楼、武郎及新兴廒三盐场，仅运输至本地各埠，高州府内博茂及茂晖盐场可外运，玉林州北流埠及陆川埠"赴博茂茂晖等场掣配运至梅菉过秤用驳船运埠"。

四、两广盐业运输分区与文化分区的关联性

古代两广地区曾是百越之地，与中原地区被五岭山脉隔开，也称作岭南地区。因距中原地区较远，岭南地区成为与中原地区有较大差异的文化区。在两广地区内，珠江水系贯穿全境，也成为岭南文化交流与碰撞的线路载体。

（一）越族民俗文化

长期从事岭南地区历史地理研究的曾昭旋教授曾把古代五岭以南地区归为越族民俗文化带。向西是云南高原，而珠江水系中的西江是由云南高原流入东海，故岭南文化源远流长，南连越南、泰国、马来西亚、新加坡、印度尼西亚。考古学、历史学、民族学、人类学等学科的综合研究表明：包括壮族、布依族、侗族、水族、仫佬族、毛南族、黎族在内的壮侗语民族是珠江流域的世居民族，这些不同民族之间的文化不断交流碰撞造就了岭南文化的多样性。

（二）珠江水系文化

珠江水系有八大出海口，海岸线漫长，与海洋关系非常密切，也是海上丝绸之路的重要部分，维系着与海外的经济贸易关系。不同地域的文化借由珠江水系向两广地区传播，进而影响中原地区。珠江水系对内输送各种必需物资，在不同地区相互交换。盐作为人们生活的必需品，在珠江水系运销七省，同时也承载了不同的文化。

总的来看，两广地区文化独一无二。两广盐业的运输主要依靠珠江水系和韩江水系，而珠江水系占了两广盐业的绝大部分，其中包括东江水系、北江水系、西江水系三大运输分区。历朝较为严格的行盐分区以及固定的运盐线路，让每一条古盐道上的市镇之间都有着紧密的联系。

盐商来往运盐，需要定期居住和经营之处，于是，一些市镇因盐而盛，居民在这些兴盛的市镇交换生活必需品，这造成了这些市镇的繁荣，并不断促进处于同一条运盐线路上市镇之间的文化交流和传播。从这些市镇的建筑风格中就能找到相互之间的映照关系。

例如在韩江水系运输线路上，运盐线路主要从潮桥上松口到镇平、梅州。这一条运盐线路上的蕉岭、梅县、兴宁等地，分布有较多的围龙屋。兴梅地区同时也是客家人聚集地，体现着客家文化，这一区域的围龙屋，以堂屋、住房充当外围，相当于在一个围龙屋的各个角落布置炮楼，外围体量得以增大。

第三节　云南古盐道

一、云南盐的生产

云南盐的生产始于汉代，发展于唐宋，而在明清达到兴盛。由于云南地处内陆，与两广等盐区盛产海盐不同，云南盛产井盐，主要以取卤煮盐的方式进行生产（图5-9）。《华阳国志》第四卷《南中志》中记载："南广县，郡治，汉武帝太初元年置有盐官。"唐宋时，南诏和大理国由于在政治上与唐、宋王朝脱离，因而盐法也不同于中原地区，"安宁城有五盐井，人得煮鬻自给"①"当土自取食之，未经榷税"。到元代，云南开始设置中书省，"至治三年（1323），设大理路白盐城榷盐官，同时，在中庆路（今昆明一带）设盐官"。明代洪武十五年（1382），云南设盐课提举司四个，分驻安宁、黑井、白井、云

图5-9　云南黑井所产食盐

---

① ［宋］欧阳修等：《新唐书》卷5《本纪第五·玄宗》。

龙（五井）等盐产地，下设十二个盐课司。至清一代，云南盐的产量和赋税占了整个云南省一半以上的比例。由此可大略看出，云南盐在清朝进入鼎盛时期。同治十三年（1874），滇中琅盐井提举移驻石膏井，设白井、黑井、石膏井三大提举，成为云南盐的三大管理中心，之后逐步形成了滇中、滇西、滇南三大产区分布格局。

二、云南盐的运销

清代是云南盐的极盛时期，但所产之盐只行销本省，不及他界（图5-10）。这主要是由于云南交通极为不便，运转艰难，因此云南盐业的运销与前文所介绍的其他盐区有所不同。云南盐自汉代起，凡产盐多的郡、县，都会设置盐官管理盐税。东汉时，政府废除官府专营，允许盐民自由经营，仅收取盐税。此后由于云南一直处于战乱割据的状态，盐业运销无

图5-10　清代云南盐销区范围示意图

迹可寻。到明清时期，云南盐的运销曾一度完全交予盐民，但又因各盐区不正当的竞争，导致诉讼不休。清嘉庆年间，实行灶户煎盐，运销交于官府，由官府组织商人运岸销售，至此云南盐的运销才算稳定。

在运销方式上，清政府对云南各盐井的划界行销主要分为：滇西的白井、丽江井、乔后井、云龙井、喇鸡鸣井等所产食盐供销滇西区域；滇中地区的黑井、元兴井、永济井、阿陋井、安宁井、琅井等所产食盐供应滇中和滇东区域；滇南的磨黑井、按板井、石膏井、景东井、恩耕井等所产食盐供应滇南区域。从上可以看出，滇盐基本实行就近销售的原则。当然，由于滇盐产地的变迁、产量的变化以及盐法的变更等因素，各盐井的销岸在不同时期有所不同，但大体原则没有发生根本性变化。

三、云南古盐道的主要线路分布

云南在清代也曾是产盐的大省，如今中国历史博物馆内还藏有清代《滇南盐法图》，图中对清初云南少数民族地区井盐生产的兴盛状况进行了生动而细致的描绘（图5-11、图5-12、图5-13、图5-14）。由于云南省内多山地，且水流湍急，不便于运输，故其行盐主要依靠陆运。由第三章第三节中的川滇古盐道的分析可知，古时云南省内以"蜀身毒道""闽盐古道""五尺道"最为著名，而云南盐在省内的运输也主要依托此三条线路分别运销滇西、滇南和滇北三个区域（图5-15）。

（一）黑井盐区古盐道

黑井盐区除黑井外，还包括元永井、琅井、阿陋井、草溪井、只旧井、安宁井等，其运输线路与盐茶古道的"五尺道"段部分重合，盐由盐井运出后至昆明集散后分为三路：一路沿"五尺道"向北运送至崇明、曲靖、宣威等地；一路向东南运送至宜良、弥勒、芦溪、陆良、罗平、开远、丘北、广南等地；还有一路向南运送至澄江、江川、通海、玉溪、河西等地。

（二）白井盐区古盐道

白井盐区除白井外，还包括乔后井、喇鸡鸣井、丽江井、云龙井、弥沙井等，其运输路线主要为盐茶古道的"灵关道"和"永昌道"。白井区的主要集散地为大理,其运输路线主要分为两条:一条为白盐井过姚安、南华、祥云至大理;另一条由喇鸡鸣井、乔后井、丽江井等就场销售后过邓川镇至大理,两线汇合后沿"永昌道",翻博南山,经保山至腾冲、龙陵两地。

图5-11　清代《滇南盐法图》中的琅井　　图5-12　清代《滇南盐法图》中的白井

图5-13　清代《滇南盐法图》中的安宁井

图5-14　清代《滇南盐法图》中的白龙井

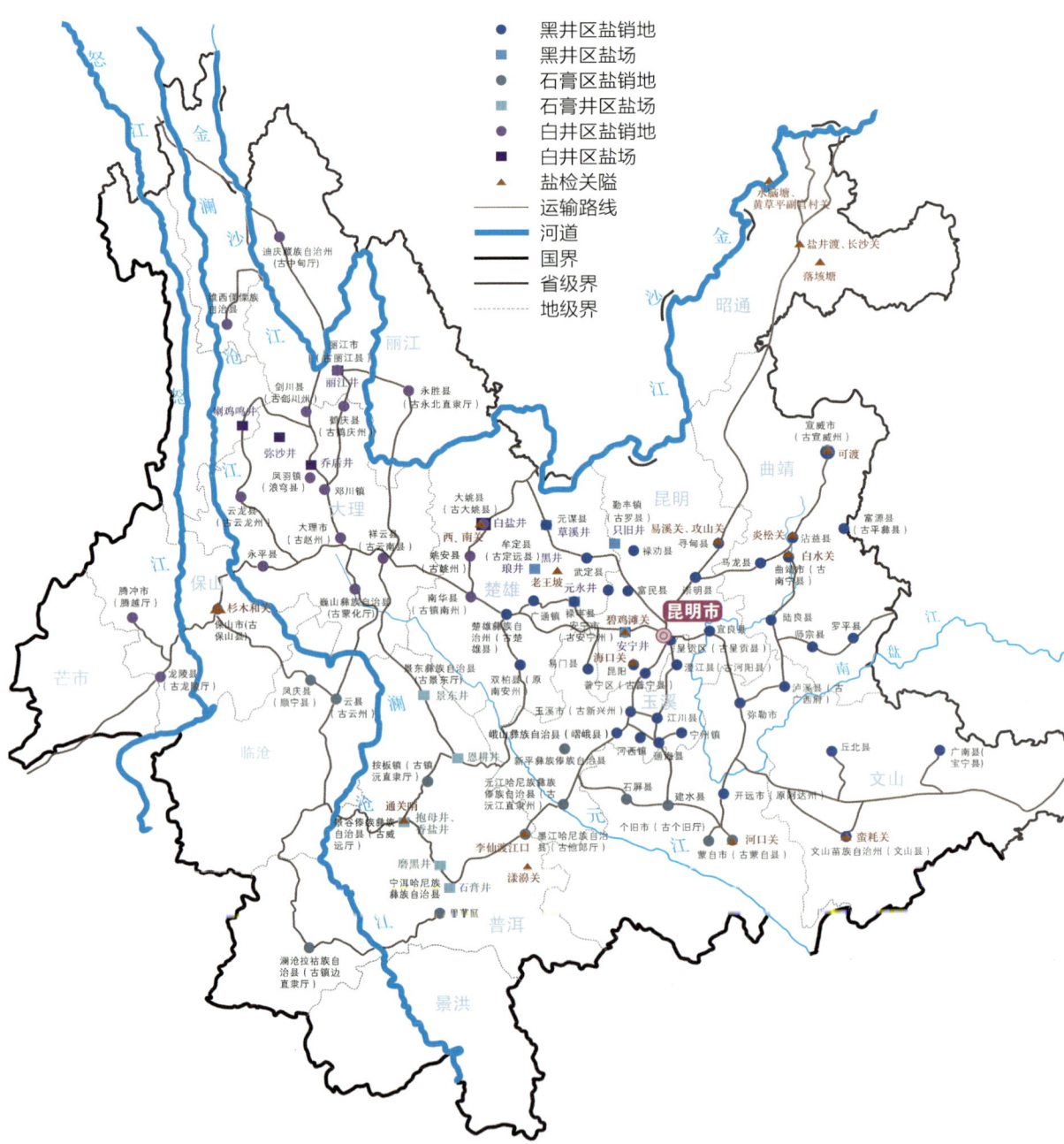

图5-15 云南古盐道运输线路分布图

（三）石膏盐井区古盐道

石膏井的历史不如前两个井区悠久，对其的开发始于清代，且其产量相较于前两个井区为少，运销范围亦不如前二者。石膏井区主要包括磨黑井、按板井、恩耕井、抱母井、香盐井、景东井等。其所产之盐除就场运销外，其余沿东西两条运输线路销售：一条向西至凤庆、云县两地；一条向东运销至墨江、元江、峨山、石屏、建水、个旧和蒙自。

四、云南盐业运输分区与文化分区的关联性

大体来看，云南盐业的运销均在云南境内。相较于两广等海盐盐产区，云南在很长时间内都是较缺乏食盐的。境内虽多大江大河，但由于地形复杂，水势急、落差大，不便于船只航行，仅滇池、洱海和抚仙湖等少数河湖可以进行短途水运，故大部分食盐的运销以陆路为主。滇盐的行盐分区也是比较明确的，长期以来形成了一些相对固定的古盐道。这些古盐道把沿途的市镇一个个串起来，盐商在这些古盐道上行盐，在盐道上的市镇随时落脚歇息和经营，居民在这些兴盛的市镇交换生活必需品，经济和文化就在一条条古盐道上传播开来。同一条古盐道上，这些不断传播的文化也给建筑风格带来潜移默化的影响。

地理条件上，云南被横断山脉和哀牢山—元江切分为东、西两部分。而这两部分也让滇西区域的盐运自成一个体系，白井、丽江井、乔后井、云龙井、喇鸡鸣井等所产食盐供销滇西区域。而这两部分的建筑在历史上逐渐发展出不同的特色。滇西区域的建筑主要是以干栏式建筑体系为主；滇中建筑以土掌房体系为主。

第四节　中国南部古盐道上的遗珍

一、中国南部古盐道上的古镇村落

（一）福建古盐道上的古镇村落

1. 钟厝村

钟厝村位于泉州市泉港区山腰街道，为清代惠安场下的一个产盐团工区（图5-16）。相传明嘉靖六年（1527），泉港钟姓畲民迁于钟厝开基，从此世居于此。清乾隆年间，台风袭击，导致钟厝村及周边千亩农田不能耕种。恰在此时，永春庄氏从连江带来晒盐所需的制卤技艺，由此促使山腰盐场诞生，钟厝村村民也开始世代以制盐为生。现钟厝村文化馆"盐技农耕馆"内仍有制盐工具、工艺等盐耕文化的展示。

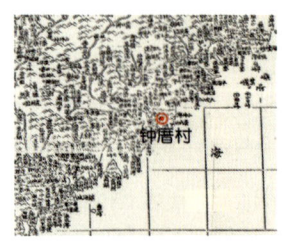

图5-16　钟厝村区位图
来源：基于福建康熙《皇舆全览图》自绘

钟厝村民有着对本村英雄人物、神话传说的崇拜信仰。村里有四座庙宇：供奉社公的社公宫、供奉钟大人的石德山宫、供奉观音菩萨的潮音宫以及太师爷宫。

2. 水门巷

水门巷，位于泉州老城区内，东边紧邻中山南路，西边靠近竹街（图5-17）。据清《福建盐法志》记载，运往永春、德化、大田等县的盐船经由水门盘仓，再至各地埠馆。水门巷是泉州城原七个城门之一水门的水关所在，因此得名。它也是原市舶司所在地。小巷尽头有一座三义庙，起镇关之用。

图5-17　水门巷区位图

3. 东关村

东关村地处泉州永春县东关镇西部（图5-18），地理位置优越，热闹非凡。自宋代起，东关村便是永春市的重要集市地点。村内的桃溪

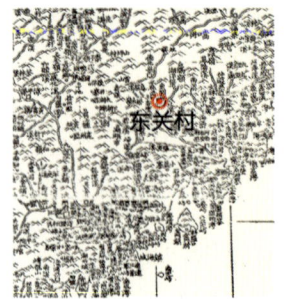

图5-18　东关村区位图
来源：基于福建康熙《皇舆全览图》自绘

港是福建重要的河流港口，也是古时食盐运往永春州各地的必经之地。据清《福建盐法志》记载，运往永春、德化、大田等县的盐船经由东关上仓，再至各地埠馆。

4. 蚶江古街

蚶江古街位于泉州石狮市蚶江镇，古为泉州湾南的门户（图5-19）。据记载，早在宋代，蚶江就已是一个商旅不绝、贸易繁荣的港口。蚶江古街沿晋江而建，原先形成于宋时，清初经历迁界后成为废墟，康熙年间复界后于遗址上重建。现古街分为顶街头、中街、三姓街三段，街道路面由石条和石砖砌成，道路两旁的店铺鳞次栉比，偶尔穿插着几栋带木栏挑台的阁楼。古街一岔口的石墙内还有一个供奉着小石狮的神龛，香火不断。

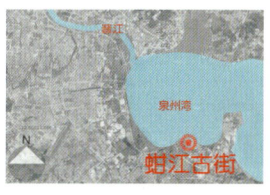

图5-19 蚶江古街区位图

5. 永宁老街

永宁老街位于泉州石狮市境内（图5-20），南宋时，朝廷在此修建永宁水寨以防御毗舍耶国海寇入侵，希望永保安宁，因此取名永宁。

据记载，永宁老街从明清时期起就商贾云集，车水马龙，人头攒动，直到20世纪80年代一直是永宁的商贸中心。它依山而建，东西落差达20多米，老街长约1千米，宽4至5米，两侧至今还有不少商业建筑遗存，沿街有独具特色的小商铺，还有清代同台湾进行贸易的重要商行——日茂行、扬名福建和台湾两地的大商号——霞源号、食品贸易商行——荣兴商行等。此外，周边的鳌西宫、晏公庙、慈航庙、永宁城隍庙等宗教建筑，体现了当地独特的宗教文化和民间信仰，极具地域特色。

图5-20 永宁老街区位图

6. 穆阳古镇

穆阳镇位于福安市西部（图5-21），地处穆水下游，是盐场到东路寿宁、松溪、政和等县的必经之处，同时也是闽东北与浙南的连接点，因而成为闽东内陆最大的繁华集市。连接码头的石马兜是古镇里最繁华的街巷之一，它长约300米，宽不足4米，沿街商铺林立，繁荣一时。

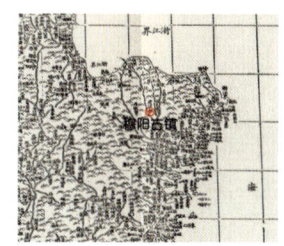

图5-21 穆阳古镇区位图
来源：基于福建康熙《皇舆全览图》自绘

表5-1　福建古盐道沿线城镇聚落一览表

盐区	所属市/县	聚落名称	聚落照片	聚落特征描述
东路区			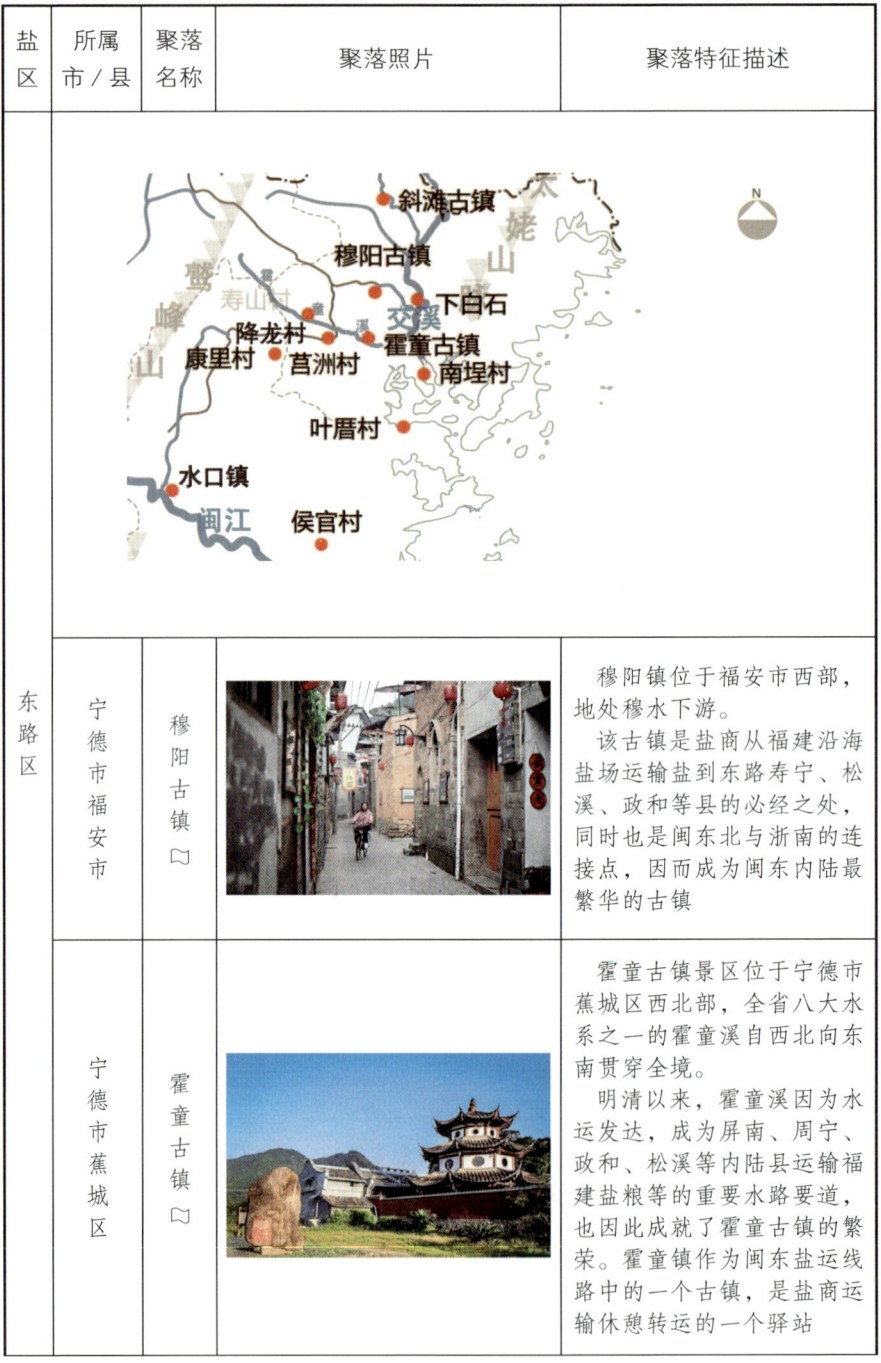	
	宁德市福安市	穆阳古镇		穆阳镇位于福安市西部，地处穆水下游。 该古镇是盐商从福建沿海盐场运输盐到东路寿宁、松溪、政和等县的必经之处，同时也是闽东北与浙南的连接点，因而成为闽东内陆最繁华的古镇
	宁德市蕉城区	霍童古镇		霍童古镇景区位于宁德市蕉城区西北部，全省八大水系之一的霍童溪自西北向东南贯穿全境。 明清以来，霍童溪因为水运发达，成为屏南、周宁、政和、松溪等内陆县运输福建盐粮等的重要水路要道，也因此成就了霍童古镇的繁荣。霍童镇作为闽东盐运线路中的一个古镇，是盐商运输休憩转运的一个驿站

续表

盐区	所属市/县	聚落名称	聚落照片	聚落特征描述
东路区	宁德市蕉城区	叶厝村		叶厝村位于蕉城区城南镇莲峰山区,是离城南镇较远的一个行政区。叶厝村这座远离尘嚣、亦耕亦读的古老村落藏匿于莲峰山下、闽盐古道白鹤岭边。叶厝村作为茶盐古道上的一个村落,是闽东盐运线路中的一个节点,也曾是明清时期商贸繁荣的代表
	宁德市寿宁县	斜滩古镇		斜滩古镇位于寿宁县城以南20余千米处,历史上曾是小小码头,先民开辟了斜滩到福安、赛岐、三都澳的溪河航道。斜滩是闽北政和、松溪与浙江泰顺、庆元、景宁诸县的福建盐运集散之地与贸易中心,系闽东四大文明古镇之一
	宁德市屏南县	降龙村		降龙村位于屏南县寿山乡东南部,四季分明,溪谷清幽,碧潭飞瀑众多。降龙村依山就势,至今完整遗存。降龙村为原屏南县治双溪至宁德的茶盐古道上的重要节点,积淀了厚重的文化底蕴
		康里村		康里村位于屏南县与宁德市交界处,地处鸡鸣山东麓。康里村是闽东盐运线路上的一个古村落。康里村至今保存完好的千年盐茶古道名曰"玉带路"。古时连接古田和宁德二邑,是盐商运盐的必经之路

续表

盐区	所属市/县	聚落名称	聚落照片	聚落特征描述
东路区	宁德市	南埕村☆		南埕是宁德东海边的一个村落,是宁德城乡食盐的主要产地,其中40%的人口从事制盐业。南埕村位于漳湾镇,而漳湾镇是由原有的漳湾盐场衍生出来的。现在在南埕村的附近还可以看到之前盐田留下的痕迹
	宁德市古田县	水口镇⌒		水口镇隶属福建省宁德市古田县,位于古田县南部。水口镇旁有闽江、古田溪穿过。作为闽江航运要地,水口镇是闽东盐运线路上的必经之地
	宁德市蕉城区	莒洲村⌒		史称古瀛洲,历史悠久、民风古朴,建筑奇特,村舍顺溪依山崖峭壁而建。明清时期,这里是蕉城通往外地的古驿道和盐运集散地,一度繁华异常。古田、屏南、松溪、政和、寿宁等县的各类货物,特别是食盐,均由水路进出莒洲
	福安市南部下白石半岛	下白石镇⌒		下白石镇位于福安市南部沿海下白石半岛,东临白马江,北倚甘棠镇,西联蕉城区,南接三都澳。下白石原名黄崎,是唐代福州四大镇之一,清代黄崎设有巡检司、盐运、防御、海关、户管、税务、海陆运七个衙门,史称"七衙"。下白石镇即因为盐业管制需要设立巡检司而成立的

续表

盐区	所属市/县	聚落名称	聚落照片	聚落特征描述
县澳区			(地图：西溪、东溪、九龙江、东关村、钟厝村、石码古镇、水门巷、蚶江古街、云水谣古镇、永宁古城)	
	泉州市泉港区	钟厝村☆		钟厝村位于泉州市泉港区山腰街道，为清代惠安场下的一个产盐团工区。钟厝村位于山腰盐场旁，钟厝村村民世代以制盐为生。现钟厝村文化馆"盐技农耕馆"内仍有制盐工具、工艺等盐耕文化的展示
	泉州市老城区	水门巷◊		水门巷是泉州古街巷名，位于泉州老城区，东至中山南路，西至竹街。据清《福建盐法志》记载，运往永春、德化、大田等县的盐船经由水门盘仓，再运至各地埠馆。水门巷是泉州城原七个城门之一水门的水关所，作为检运盐粮之用
	泉州市永春县	东关村◊		东关村地处泉州永春县东关镇西部。东关村，是永春市重要集市地点。东关村的桃溪港是福建盐运重要的河流港口，也是古时食盐运往永春州各地的必经之地，据清《福建盐法志》记载，运往永春、德化、大田等县的盐船经由东关上仓，再至各地埠馆

续表

盐区	所属市/县	聚落名称	聚落照片	聚落特征描述
县湾区	泉州石狮市	蚶江古街		蚶江古街位于泉州石狮市蚶江镇，古为泉州湾南的门户。蚶江古街是一个商旅不绝、贸易繁荣的港口。该古街也在闽南泉永线的盐运线路上，是清代盐商将盐运输至福建省内的必经之路
		永宁古城		永宁古城位于泉州石狮市。南宋时，朝廷在此修建永宁水寨以防御毗舍耶国海寇侵扰，希望永保安宁，因此取名永宁。古城老街在福建泉州浔美盐场旁边，是从盐场运盐至大田、宁洋、德化等地的主要通道。明清时期，老街就商贾云集，车水马龙，人头攒动。现在还有不少商业建筑遗存，除了沿街独具特色的小商铺，还留存着清代有名的大商号——霞源号、食品贸易商行——荣兴商行等
	漳州市南靖县	云水谣古镇		位于漳州市南靖县境内，属于世界文化遗产"福建土楼"的一个景区。云水谣古镇是闽盐泉永线上的一个运盐古镇，古镇有条盐运古驿道连接着此地与外面的世界。外地来的马帮、盐商也是沿着这条道行进，来来往往，这条古驿道上保留了时光与回忆

续表

盐区	所属市/县	聚落名称	聚落照片	聚落特征描述
西路			(地图：武夷山、崇阳溪、南浦溪、南浦码头、下梅村、水吉古镇、富屯溪、松溪、南溪村)	
西路	武夷山市	下梅村		下梅村位于武夷山市东部，村落建于隋朝，里坊兴于宋朝。下梅在闽江支流南浦溪周边，是闽西盐道水运上的一个盐运聚落。村内，一条人工运河穿村而过，明清风格的古民居分列溪旁
西路	南平市建阳区	水吉古镇		位于福建南平建阳，这里是闽北重镇，地处建阳区东部中心，南浦溪中游。水吉古镇是一个盐商通过闽江支流将盐运输至闽北地区的重要中转地

盐区	所属市/县	聚落名称	聚落照片	聚落特征描述
南路				
	福州市闽侯县	侯官村⌂		侯官村在古代是闽江流域重要港口之一，凡福州西行的运盐轮船都要在此靠泊运载旅客，装卸盐物，是福建盐商水运线路上的一个中转站
	福州市永泰县	嵩口古镇⌂		嵩口古镇地处永泰县西南部，重峦叠嶂，大樟溪横贯其中。因地处四市五县的交界处，水运发达，盐商载闽盐随船入市。这里自古以来就是盐船穿梭、盐商云集的商贸重镇。嵩口古镇也是福州运盐线路上较为重要的一个古镇

注：⌂为运盐聚落；☆为产盐聚落。

（二）两广古盐道上的古镇村落

1. 盐埠重镇——兴宁镇

兴宁位于粤东北，处于东江、韩江上游地带，东连梅州市，南邻丰顺县，北接江西省寻乌县。兴宁路通江西，邻接赣南（图5-22）。由于这样特殊的地理位置，兴宁于明末清初一度成为潮州广济桥盐销售至赣南的重要转运站。明代，赣南区域属于淮盐区。明末清初，赣南区域被南明政权掌控，时有战乱，局势动荡不定。加之淮盐运输路途遥远，道途梗阻，转运时有耽搁，不能及时供盐于赣南。两广盐中潮桥部分食盐可走韩江一路向北，过三河口上溯梅江，到嘉应达兴宁，转而进赣南寻乌等县，不仅路程较淮盐近，且全程几乎水运，价格比淮盐低廉许多，人们争相采购，

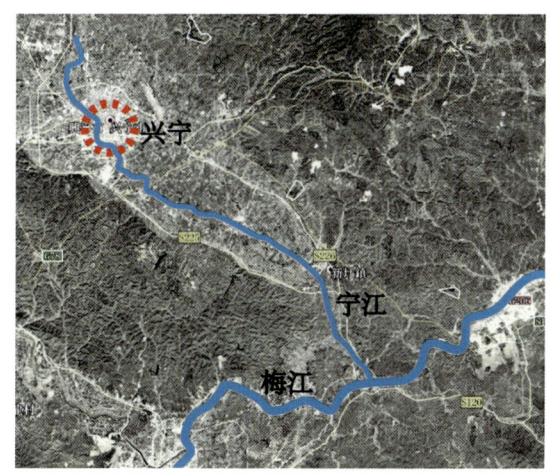

图5-22　兴宁古镇区位图

往来于兴宁古镇肩挑背负者络绎不绝，兴宁遂成为转销潮盐的重要盐埠。如今的盐铺街，就是当年放置食盐的沿河盐仓。

2. 粤东盐运枢纽——三河镇

三河镇位于梅川市，大埔县西部，因处于梅江、汀江、梅潭河三江交汇处而得名。清朝时曾是粤盐官运站，同时也是闽、粤、赣三省的盐运枢纽及重要中转站，上达闽西赣南，下接潮汕平原，从潮桥上溯韩江盐运十分方便，因而成为韩江流域一带盐商们贩盐销盐的大型聚集地。早在宋时此地就曾设立过三河口盐务，明洪武设三河巡检司。

3. 客家古村的经济——周田村

周田村位于寻乌县澄江镇东（图5-23），因村子建于四周环高山、中间低平的田畴中心得名，属江南丘陵地带。周田村是古驿道汇集之地，经过周田的最繁忙的路线是会昌筠门岭至广东平远下坝一段。周田位于此路线的中点，很多挑盐工在此为盐商担盐。寻乌流传着这样

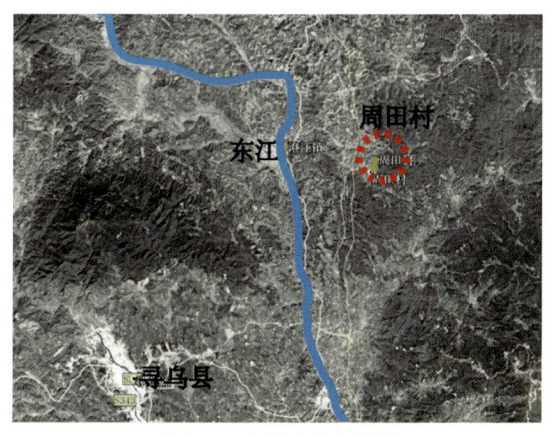

图5-23　周田村区位图

一句客家俗语："项山的糯，三标的货，周田的屋，长畲的谷。"其中"周田的屋"是指"周田十八座大屋"，其中十五座精美古民居至今仍保存较为完整，均处于客家地区的中心地带。这些客家文化历史也记载了明清两朝赣、粤、闽"三省通衢"时客家人的社会、经济、文化的发展过程。

4. "盐上米下"的武平县下坝乡

下坝位于福建武平县西南端，毗邻广东省平远县、蕉岭县，西有江西省寻乌县（图5-24）。从广东溯韩江，进入梅江可达下坝乡河子口，水运十分方便。这种特殊的地理位置条件决定了这里繁荣的经济贸易。

清乾隆时期，粤盐从潮桥沿韩江、梅江水运至下坝，盐商普遍将盐置于下坝买卖，赣南各县食盐均从此挑运，来往的挑盐工日益增多。而赣南各地的米也大量由挑夫肩挑至下坝，由此形成庞大的挑工队伍，同时在下坝进行盐米交换，进而带动其他生活必需品的贸易，在此形成"盐上米下"的局面，形成极度繁华的下坝经济。

5. 桂林老盐街

桂林老盐街临漓江，位于王城东面的城墙外呈南北走向，北至伏波门，南抵水东门，通过江南巷与东巷相连。这条街曾因盐铺聚集而得名。

桂林老盐街经营食盐生意的商户大多是湖南人。古时候，运输多靠水路。北海盐场的食盐经梧州沿河而上，运到桂林漓江码头卸货。每年运到桂林的食盐有10多万千克。

1937年，当时的政府把从桂林老盐街至如今漓江剧院附近的城墙拆掉，让人们进出桂林老盐街更加方便。不少人就在城墙旧址上建起了房子。这些房屋结构简单，以竹木结构居多。

桂林老盐街上不仅仅有盐商，还有经营客栈、木柴、毛竹等生意的商人，曾是桂林极为繁华的商业街。

抗日战争年代，湖南、江西一度靠经由桂林漓江运来的粤西盐得以渡过难关。街道上的盐商号也曾增加40多家。到了1944年，30余万担盐毁于战火，盐商生意慢慢衰落，盐街也就落寞了。

6. 丰顺县建桥镇

建桥镇位于韩江一条支流边，西邻兴宁，北与梅州市梅县区相邻（图5-25）。其中张姓在丰顺县是名门望族，粤东北地区素有"大埔百侯杨，丰顺建桥张"之说。而张如白是张氏一族中有名的盐商，从事盐业买卖期间积累了大量财富。

张姓宗族在建桥镇建造成的建桥围古村落，占地面积近16 000平方米，居住着上千张姓族人，可谓盛极一时。

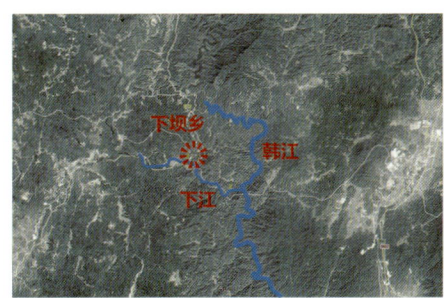

图5-24 下坝乡区位图

图5-25 建桥镇区位图

表5-2 两广古盐道沿线城镇聚落一览表

盐区	所属市/县	聚落名称	聚落照片	聚落特征描述
西江					
桂北地区				

续表

盐区	所属市/县	聚落名称	聚落照片	聚落特征描述
桂北地区	桂林	三里陡村		三里陡村是漓江经灵渠至湘江盐运线路上的重要运输点，由此可将两广盐运至湘江，并最终到达湖南南部。现存古灵渠运河段，曾有大盐仓建于此，兴安县博物馆馆藏有2002年于此出土的清乾隆时期秤盐石秤砣
	兴安	盐埠村		盐埠村是漓江连通灵渠至湘江盐运线路上的重要运输点。盐埠村位于大榕江与灵渠的交汇处，建有盐埠码头，曾是重要的商业集散地
		秦城遗址		位于兴安县西南溶江镇，与盐埠村对江相望，灵渠与大榕江汇合处，为秦始皇修建灵渠遗址，也是统一岭南的军事要塞。同时它是盐运过灵渠的必经之路，水运便捷
		通济村		灵渠与大榕江汇合处，近秦城遗址，是盐运经过灵渠的重要转运点。村内散落着大量古民居，鹅卵石和泥做墙面，灰瓦木构，十分精致
	鹿寨	中渡镇		中渡镇位于鹿寨县西北角，属于运盐古镇。古镇保留有大量清中期建筑群，古建筑群落大都为木质构架，青砖灰瓦。整个古镇分为东、西、南、北四街，现存粤东会馆、中渡武庙、钟秀杰故居等众多古建筑，临江仍存榕荫古渡供来往的客船停泊

续表

盐区	所属市/县	聚落名称	聚落照片	聚落特征描述
桂南地区				
	宾阳	芦圩古镇		位于今宾阳县城内，为重要运盐古镇。芦圩古镇建筑群落仍保持着古色古香的模样，寺庙、祠堂星罗棋布，沿南街主轴展开。南街通过古南桥与城区连接，并以桥的延伸线为轴线。建筑呈带状分布，主街两旁民居以三进为主
		邹圩镇		位于宾阳县北部，西南和北面分别与上林及来宾交界，坐落于红水河支流清水河畔，为重要运盐古镇。古镇古风古韵较浓厚，古建筑群均为青砖灰瓦，木质构架，河畔有古渡口及阅龙台

续表

盐区	所属市/县	聚落名称	聚落照片	聚落特征描述
桂南地区	南宁	三江坡村☐		地处左江、右江和邕江的汇合处，又俗称宋村。它依水而建，因水而兴。三江坡村得益于它优越的地理位置，是重要的盐转运古镇。三江坡村内有大量古民居建筑，整个聚落基本建成于明末清初，建筑均青砖灰瓦、排布错落有致、规模宏大。村内现保存有皇姑坟、汉城遗址等文物保护单位
		扬美古镇☐		位于南宁市西南部，繁荣于明末清初，至今已有上千年的历史，是盐运至南宁府、太平府的重要转运点。古镇内明清时期的古街、古巷、古祠、古庙、古宅、古树、古闸门、古码头仍然保存完整
	钦州	盐埠街A		钦州位于北部湾沿海，靠近古白石西场，是典型的因盐而生的聚落。其中钦州盐埠街临近钦江，整个街区现存一排古盐仓与许多码头遗址。盐仓建筑较低矮，青砖灰瓦，室内有木构将地面抬高防潮
		犀牛脚盐场☆		犀牛脚盐场位于钦州南部沿海，清属白石西场辖区，现今仍旧产盐，仍有大片方方正正的盐田，每隔一定面积的盐田便有一处盐仓存放盐

续表

盐区	所属市/县	聚落名称	聚落照片	聚落特征描述
桂南地区	北海	竹林盐场☆		北海竹林盐场清代时属白石西场辖区，现今仍旧产盐，留有大量盐田盐仓以及盐工生活起居的场所
	合浦	草鞋村汉代遗址☆		位于北海市合浦县廉州镇草鞋村，西临南流江分支——西门江，与合浦盐仓路相邻，是两广盐重要的起运点
	玉林	船埠村◇		位于南流江与车陂江交汇处，是白石盐场将盐运往西江的重要转运点。船埠村内现存船埠盐务局遗址、长街盐铺遗址、码头遗迹、护龙庙、船埠街。古建筑均为青砖灰瓦，船埠盐务局遗址为标准三进四合院形制，有精美的石雕、木雕
	平南	大安镇◇		大安镇北依浔江，旧称大乌圩。圩设于明朝末期，距今已有400多年历史，是重要的运盐古镇。大安古镇历史悠久，古迹众多，沿河分布有广西最大的古建筑群，为自治区文物保护单位，包括大安石桥、列圣宫、粤东会馆、码头等

续表

盐区	所属市/县	聚落名称	聚落照片	聚落特征描述
北江					
粤北地区				
	梅岭	梅关古道		位于江西大余县和广东南雄交界处，关楼一边江西一边广东，是跨越大庾岭与中原进行物资交换的重要陆运通道，连通广东和江西，清代两广盐由此运销至江西南部地区，是重要的陆路盐运通道
	宜章	老坪石镇		位于湖南与广东交界处、岭南山脉南麓、武江的上游，是两广盐进入湖南南部的重要转运点。由于老坪石镇地处广东、湖南、江西三省交界的三角地带，在历史上，老坪石镇曾是三省最重要的商品集散地之一，清代设有盐院管理盐业。曾有上中下三条街，中街为盐店街，如今大部分已被拆除，还留有部分旧盐铺，河边还留有老码头的遗迹

续表

盐区	所属市/县	聚落名称	聚落照片	聚落特征描述
粤北地区	宜章	塘口村		塘口村是将两广盐从老坪石镇沿武江上游北运至湖南宜章、临武的水上必经之地，后逐渐形成集市。塘口村濒临武水，保留着大量精美的古建筑，青砖灰瓦，青石板街。沿江边保存着许多码头遗迹
	仁化	仁化县古城区		仁化县隶属广东省韶关市，地处南岭山脉南麓，古城区靠近锦江，江边保留有众多古码头，老城区内保存了大量古建筑，古街巷的肌理仍旧完好，锦江边有龙母庙。这里曾是重要的食盐转运点
	南雄	珠玑古巷		珠玑古巷位于粤北，南雄到梅关必经之处，是重要的食盐转运点。古镇内建筑保存完好，有众多祠堂分布其中，基本都为标准三进四合院形制

续表

盐区	所属市/县	聚落名称	聚落照片	聚落特征描述
东江					
珠江口地区	镇隆	崇林世居 ◻		崇林世居是大盐商叶文昭的家宅，位于惠阳市镇隆镇大山下村，有200余年历史。依山而建，前低后高，建筑采用了大量的石刻、石雕、木刻、木雕、灰塑、瓷嵌、砖雕壁画等传统技术，使用了大量工艺品，民居显得古朴、典雅
	广州	许地街 ☆		位于广州市内高第街北侧，为广州大盐商许拜庭族人居住地。许地内仍为青石板街，古建筑群落青砖灰瓦，保存有清礼部尚书许应骙故居、许广平故居、红军名将许卓故居等大量文物保护建筑。广州是两广盐运最重要的起点之一
		书院街 ☆		位于广州市内清代越秀书院之南。现今的书院街是广州城书院最集中的地方，也是清朝科举的考场所在地。许多书院修建募集的资金有很大部分来自当时的盐商和盐务机构。书院建筑大都相当精美，泥塑、石雕、木雕细节十分丰富

续表

盐区	所属市/县	聚落名称	聚落照片	聚落特征描述
韩江				
粤东地区	潮州	广济桥☆		《两广盐法志》记载了潮盐于广济桥掣配过秤再经由韩江运输的情形。广济桥属于启闭式桥梁,桥下石墩与岸之间为梁式桥,下面可以通船筏。广济桥也是韩江流域两广盐运输的起点
		潮州老城区☆		潮州近海,有韩江贯通,是粤东盐运的重要枢纽,由此可将两广盐运至福建西南部及江西南部。古城区内民居建筑整体层高较低,夯土抹灰墙体
	丰顺	建桥镇◻		建桥镇为盐商宅居,处于旧时官道,是连接省城、潮州和嘉应州城的要道。建桥镇近长方形,建筑群落体量庞大,能容纳族人近千人,东、南、西、北各辟一扇大门,内部方格网状的街巷可通向各处

盐区	所属市/县	聚落名称	聚落照片	聚落特征描述
粤东地区	大埔	三河镇▱		位于粤东地区,大埔县西部,梅江、汀江、梅潭河三江在境内交汇,自古水运便捷,是两广盐运重要的转运枢纽。村落依山傍水,散落着百十处古建筑,青砖灰瓦,错落有致
	梅州	松口镇▱		松口镇是连接潮州与梅州的重要盐运码头,同时还是将两广盐运至江西的重要中转点,自古有"松口不认州"之说,当年的繁华可见一斑。现存大量围龙屋、水运码头
	汕头	华里村☆		华里村滨海,是古时金西盐场所在地,两广盐的重要产地。旧盐场处现存金西古桥。村落内仍有百十处明清古建筑,祠堂仍保留有精美的泥塑、石雕、木雕
		汕头老城区☆		汕头老城区位于韩江的入海口,是粤东重要的产盐地,招收盐场设于城北。汕头城区的达濠古城是古时招收都的政治、经济管理中心

注:▱为运盐聚落;☆为产盐聚落。

（三）云南古盐道上的古镇村落

1. 黑井镇

黑井镇位于云南省楚雄州禄丰县西北的龙川江畔。由前文云南古盐道分析可知，黑井镇是云南产盐重镇，它的发展是云南井盐兴衰的映照。

据《黑盐井志》记载："土人李阿召牧牛山间，一牛倍肥泽。后失牛，因迹之，至井处，牛舐地出盐。"故而此地被称为黑牛盐井，后又被简称为黑井。明清时期，黑井上交的盐税超过云南省盐税的一半，成为西南著名的"盐都"。中华人民共和国成立以后，交通迅速发展，运输逐渐便利，原来很难运出的成本低、路途远的海盐可运销云南全境，占领了原本属于云南井盐的市场，黑井遂逐渐没落。也因古镇繁华逝去，少了人来人往的纷繁，古镇至今仍保留着四街十八巷的传统城镇格局，且有较为完好的民居、宗教、牌坊等二十一处文物保护单位（图5-26、图5-27）。街道两侧的商铺、马店、民居多为石木结构，或是下店上宅，或为前店后宅，形成"一楼一底一商铺"的商住一体建筑格局。

图5-26　黑井镇盐井风车

图5-27　黑井镇古街

2. 盐井镇

盐井镇隶属云南省昭通市盐津县，且位于盐津县中部，交通较为便利，故而自古便是此地政治、文化、经济中心。古镇东部与四川接壤，南侧紧邻庙坝、柿子乡，西与豆沙镇、中和镇相连，北与落雁乡、牛寨乡毗邻。地势四周高、中间低，关河穿境而过，南入北出。

古镇因镇北盐井产盐得名，也因盐业经济的发展而发展。古镇自古便是商业繁华之地，来往商人络绎不绝。不仅如此，古镇还有独特的自然地理条件和丰富的自然资源条件。盐井镇历史悠久，文物古迹甚多（图5-28、图5-29）。这些古迹在为古镇描写精彩历史篇章的同时，也留下了丰富的物质文化遗产，如清代的"达崎开寒"摩崖、洞天街的"石门古道标"、清末李氏所建的高桥，以及盐津县文化馆收藏的汉代五铢钱、器皿等文物。

3. 豆沙关古镇

豆沙关位于云南省盐津县城西南，是古时由蜀入滇五尺道上的第一道险关，亦称"石门关"。豆沙关处在五尺道的咽喉位置，是古时云南人出省和外来物资进入云南的第一关，至今城门上仍然题刻着"石门关"三字（图5-30）。因五尺道路途艰险，来往行人、客商均会在此停留，石门关镇遂逐渐扩大，商业气氛浓厚。古街两侧至今仍店铺林立，商品繁多（图5-31）。

图5-28　盐井镇20世纪70年代钻的盐井

图5-29　盐务上街

图5-30　豆沙湾古镇城门"石门关"

图5-31　豆沙湾古镇街道

4. 诺邓古村

诺邓古村位于云南省大理州云龙县城以北的两山之间，村子从山涧向两侧山上延伸，形成了一个隔涧而望的格局。如今，即使在云南，诺邓也鲜有人知，大概也正因如此，古村才得以保存完好。

诺邓自古因制盐而繁荣，因科举而有名。古村口有一眼古盐井，上面写明"现存的诺邓盐井是一眼深21米的直井，古代用人工抽水的方法吸取卤水"。据史书记载，诺邓盐井兴盛时期每天可产卤，村内经济繁盛。如今寺庙、牌坊、会馆、祠堂、府第、墓群等在这样一个小小的村落里都可以看到，而且保存得都比较完好。据当地老人讲，村里的文物在"大跃进"和"文化大革命"时期虽然有些破坏，但因为诺邓位置偏僻，且涉及祖宗的东西，大家都有意保护，才免遭破坏。虽然村里人的经济条件好了，但很少看见新房子，大家居住的还是百年老屋。因为历经的朝代多，留下的文物也不少，如柱础是明朝的，牌坊是清朝的，马鞍是民国时马帮路过留下的，等等。如今，随着交通条件的改善、盐业经济的变迁，诺邓已慢慢失去了它往日的重要地位。

5. 石羊镇

石羊镇位于云南省楚雄州大姚县境内，是清代云南三大盐区之一的白盐井所在地。相传因蒙氏时有羊舔土，后掘井取卤，得一石块形似羊，故取名"石羊"。1995年8月，石羊被列入云南省首批历史文化名镇。

石羊因盐而兴，自西汉凿井采盐以来就是云南的产盐盛地。明末清初，云南盐业大发展，石羊镇盐业经济也达于顶峰。石羊所产之盐在历史上一度销往边陲邻省邻国，到宋时成古丝绸之路上一类重要物资。盐主要依靠骡马驮运，也因此形成一些纵贯南北、横贯东西的古骡马盐运驿道：南有姚安大道纵贯大姚、姚安；西出可至祥云、宾川；北上渡金沙江可达永胜、华坪及四川会理等地。因地处峡谷地带，众多盐运驿道均用青石板铺就。时至今日，青石板上的马蹄印仍依稀可辨。所有这些均是石羊古代盐文化历史的见证。

盐业的兴盛为石羊镇带来了大批商人。不仅如此，石羊还是历代王朝"直隶提举司"所在地，他们的到来和轮换，使得石羊无论是经济还是文化均十分繁荣，成为云南境内一块宝地，同时大量人口的迁入也给石羊带来了多元文化的冲击。因石羊为周边政治、经济、文化的中心，故虽范围不过方圆十里，明清时却曾设灵源、张公、绿萝、龙泉、龙吟五大书院及多所义学、塾馆,各种文化相互激荡、交融,孕育出了有石羊特色的地方文化。尽管经历了较多的历史沧桑和自然灾害的破坏,石羊仍保留下了许多历史悠久的遗存,展现了石羊深厚的文化底蕴。

二、中国南部古盐道上的物质文化遗产

(一)福建古盐道上的物质文化遗产

1. 庄氏家庙(山腰祠堂)

庄氏家庙位于泉州市泉港区山腰镇锦山村。相传,当地庄氏就是因为山腰盐场而成为一方富豪的。庄氏家庙始建于清嘉庆年间,建筑面宽三间、进深三间,门厅、中厅、大厅三部分沿中轴线纵向排列,每部分之间隔有天井,整体纵深达52.8米,建筑前后有1.6米的落差,气势恢宏。屋顶使用橙色琉璃瓦铺设,一对燕尾立在屋脊尾部,门厅、中厅屋脊分别饰有双龙戏珠、葫芦飘带、鲤鱼跃龙门、飞凤麒麟、八仙过海等雕塑造型,大厅屋脊中央还放置有一座五层小塔,塔两旁屋脊前沿左雕龙、右刻凤,寓意"龙凤呈祥"。

2. 凤池书院

凤池书院创建于清嘉庆年间,是清代官办省城著名的四大书院之一。由于当时省会所在地仅有的一所"鳌峰书院",不能满足广育人才的需求,总督汪志伊、盐法道孙尔准在城内凤池里的三牧坊兴建书院。早期经费短缺,盐法道吴荣光四处筹措,凤池书院才得以运转。道光年间,盐商萨重山、林世通等捐资,改建门楼官厅,添造横舍,撰碑文,树碑石;盐法道朱桓清、总督赵慎畛、巡抚孙尔准捐俸在离讲堂不远处建"佳士轩";盐法道窦欲峻捐俸作童生奖学金等。这些事迹显示出凤池书院与当地盐官商的密切关系。

3. 显应庙

显应庙位于莆田市涵江东山盐仓之西紫璜山顶,是当地盐民祭祀"盐神"陈应功的地方。《兴化府莆田县志·舆地》中记载:"天下盐皆煮成,独莆盐用晒法,传明初有陈姓者,居涵江试取海水晒日中,遂成盐,乃教其乡人,后人应效之。"不管埕坎晒盐法是否为陈应功发明,他的大力推广使各盐区节省了大量人力,盐产量大增,迅速带动了盐业发展。由此,陈应功被盐民尊为"盐公""盐神",世人称他为

"忠佑侯公"或"陈公圣侯"，并在当地紫璜山麓兴建庙宇奉祀，宋理宗特赐"显应庙"之匾。20世纪30年代，显应庙被毁。改革开放后，其后裔及乡亲用保存下来的部分构件易地在紫璜山东麓重建了庙宇。

4. 广应宫（澳头妈祖宫）

广应宫位于厦门市翔安区新店澳头。历史上的澳头是泉州府通往厦门、台湾的官道码头，十分繁华。光绪《马巷厅志》记载："妈祖宫在澳头海仔乾，前朝天启年间建。"澳头海滨即建有广应宫（俗称妈祖宫），以祀海神妈祖。广应宫（澳头妈祖宫）前为蒋鲸台立的蒋公均饷功德碑，对厦门海盐的生产、盐文化等做了生动的记述。

5. 南台盐仓

南台盐仓位于福州仓山区仓前街，其南靠烟台山，北邻闽江北港南岸。明代开始，官府便在南台设立盐仓。嘉靖年间日本人横行福建沿海，仓山惨遭洗劫，大片盐仓被烧毁。此后朝廷允许盐商自建盐仓，到明万历年间，闽侯二县盐商在江南桥至天安寺一带创私仓多达百余间，由此烟台山被称为"仓前山"，其北麓道路被称为"仓前路"。清代后期，盐仓被废，改为民居。现存盐仓遗址坐南朝北面向闽江，占地约100平方米，面宽四间，进深二柱。建筑为穿斗式木结构，木柱风化腐朽严重，只剩四根，且柱被截短使用。

6. 乌石山天后宫

乌石山天后宫位于福州市中心乌石山上。清嘉庆年间，西路盐商沿闽江运输食盐，将沿江各地的神明祭祀带到乌石山上。如《乌石山志》记载："国朝嘉庆间，西路商人分闽山庙旁，设滩神香火十身，奉祀于此。按：闽山庙神卓佑之，为秀州推官，挈眷归闽，举家没于溪滩，梦语里人曰：'吾奉上帝命，为尔社神。'里人即其宅祀之。因旁设东、西、南三溪滩神为从。"《重建福州乌石山天后宫碑记》中也详细描述了嘉庆年间的盐商使用天后宫祭祀的情况："嘉庆间，于宫后为阁，奉文昌恒宿。辟宫左地，祀武圣，摹塑闽山庙东西南三溪滩神十像，以保佑船运。辟宫右地，设财神、土地，以祈求销额。诸祠年久，皆朽蠹不可修整，统谋重建，共费铜钱六千一百三十千文。"同时，在乌石山天后宫年久失修日渐破败时，西路各大盐商自发捐款，和官府一起对其进行修缮，《重修天后宫碑记》和《重建福州乌石山天后宫碑记》对此均有记载："山最高处向有天后宫，康熙四十一年，西路商人所建，盖祀莆阳神女林妃祠也"，"康熙四十一年，西路盐商分莆阳香火于福州乌石山之顶，建天后祠，立碑载神功德"。

7. 浔尾盐场古遗址

浔尾盐场古遗址位于泉州石狮市永宁镇，相传该场始于唐代，盛于元代，明清继之，清代属浔美场。今港边、虎空口等地有遗址。

8. 大嶝盐场

大嶝盐场位于厦门翔安。大嶝女子有裹红头巾的习俗。相传宋代朱熹主簿同安时，看到大嶝盐场的盐女面朝盐田背朝天，饱受风吹日晒之苦，建议盐女们用红头巾裹头遮面以挡风日，从此延续至今。大嶝盐产区流传裹红头巾主要有三个原因：一是红色喜庆，象征着吉祥；二是红色在白茫茫的盐田中十分显眼，即使起雾也能看清；三是用以纪念朱文公（闽南人称朱熹为朱文公）。清朝时期，大嶝地区生产的盐一度作为贡盐进贡，皇帝品尝后觉得贡盐甘咸爽口，特加封盐场，所以人们把盐场称为"尚方"盐场。

（二）两广古盐道上的物质文化遗产

1. 崇林世居

嘉庆三年（1798），盐商叶文昭选址惠阳市镇隆镇大山下村，建起了一座宏大民居，因文昭公号崇林，故取名"崇林世居"。"崇林世居"是一个超大型客家围屋，建筑格局上属于较典型的客家围屋，主体由一座三进式祠堂和三层回形建筑群组成，整座建筑由前至后依次是池塘、禾场、首围、以祠堂为中心的保斗和带望楼的后围。

崇林世居主体建筑使用了大量石刻石雕、木刻木雕、砖雕、壁画等传统工匠技艺，工艺精湛，功能全面，而且这些雕刻壁画中寓有深刻含义，如富贵吉祥、登科入仕……例如围屋祠堂部分的前、中、后堂的攀间枋处，雕刻有"金玉满堂""百子千孙"等寓意吉祥家族兴旺的古祥语。崇林世居以叶文昭为一世。文昭公生前走南闯北，经营食盐生意得法，资本逐渐殷实，家族也逐渐兴盛，"崇林世居"逐渐不足以容纳众多子孙后辈，于是部分叶姓族人陆续搬出建造新屋而居，但这些新居仍以崇林世居为中心，子孙绵延形成一个庞大的聚落，生生世世居住于此，如琼林世居、茂林世居、成林楼等。时至今日，"崇林世居"仍有近两千叶姓族人居住。

2. 粤秀书院

康熙年间，时任广东巡抚范时崇兼署盐政，与总督赵宏灿、满丕商议于省城建立书院，于是以双门底盐司旧署为址，以盐商生息银两为学院经费，正式创办了粤秀书院。书院今已不存。

3. 越华书院

越华书院建于乾隆二十年（1755），由时任盐运司范时纪及诸商捐建。书院位于今广中路附近，越华路亦因书院而得名。

道光十九年（1839），林则徐抵广州，曾与时任两广总督邓廷桢在越华书院商讨销烟大计。同年，林则徐在越华书院完成《四洲志》。1902年，越华书院更名为"广州府中学堂"。如今的越华路105号即越华书院旧址。

4. 端溪书院

端溪书院得到盐商的捐助在《两广盐法志》中有明确记载。"（雍正）十一年八月二十八日，户部咨准广抚杨咨称：粤东广州府向设有粤秀书院，肇庆府向设有端溪书院，为两院作育通省士子之地。今准礼部咨奉上谕督抚驻扎之所建立书院，各赐帑金一千两，钦此。是本省应动支帑金二千两，以为将来士子读书膏火资本。至于作何预为筹画之处，查本省盐道衙门原有各商，借本营运，应将此项银两在于雍正十一年地丁银内支给银二千两，即交盐道借给商人营运生息，按月将利银送司分给两处书院诸生膏火之资，庶垂永久，所有动支过银两数目，拟合咨明，以便将来报销……按月分给，广、肇二府两处书院为诸生膏火之资，俾士子实有裨益，如有不敷，仍饮遵谕旨，在存于公银内动支，其出入数目，责令布政司遴员悉心料理，岁底将支给利息，及所存本银各数，分册报部可也……"①可见粤秀书院与端溪书院均有盐商及相关政府部分资助运营。

5. 菊坡精舍

同治五年（1866），时任两广盐运使方浚颐将位于应元宫西侧的长春仙馆重新修缮，同时奏请时任巡抚蒋益澧将之改建，命名为菊坡精舍。初建菊坡精舍的资金是由巡抚蒋益澧拨置官银，交银匠处生息取用，同时每月拨款二百三十两以作经费，由盐运使管理支付。后广东布政使王凯泰请议建应元书院，同时将菊坡精舍的公款费用并入应元书院

---

① 道光《两广盐法志》卷28《生息》，道光十六年刊本。

作膏火之用，而菊坡精舍的费用则由盐运司另筹款项。

6. 广雅书院

广雅书院在广州城西北，于光绪十三年（1887）由两广总督张之洞创办，也得到了盐商盐课收入的资助。据载："其书院常年经费、所需甚巨，臣以历年积存廉俸公费等项，捐置其中，并顺德县沙田充公之款，南海绅士候选道孔广铺等捐款，发商生息，共岁得息银七千一百十五两。查黄江税厂羡余，历年即以提充端溪书院经费，自改章后，征收较旺。上年臣奏定三六余一项，除支销外，尚有盈余，即于此款内每年拨银五千两，又于红盐变价充公项下，每年发银五千两，拨款息款共岁得银一万七千一百五十两，以充书院师生膏火、监院薪水，人役工食，一切祭祀岁修杂费，至建造地价工料。"①

（三）云南古盐道上的物质文化遗产

1. 石羊孔庙

石羊孔庙又称石羊文庙，位于象岭山脚，始建于明洪武元年（1368），明万历三十七年（1609）重建。建筑是按中国古代衙署的庭院形式布局，讲究纵横轴线、突出主体建筑，即中轴线上布置主体建筑，附属建筑置于两侧，形成一个规模宏大的建筑群。孔庙以大成殿（供奉孔子铜像）为主体，与大成殿同一横轴线上，左有朱子阁（供奉朱熹塑像），右为仓圣宫（供奉仓颉塑像）。大成殿正南面为大成门，两者之间有纵横平行相交的东、西两庑（供奉孔子的学生七十二贤人塑像），形成四合院。大成门正前方为棂星门，它是整个孔庙的正大门，大成门与棂星门之间两侧是名宦祠和乡贤祠，也形成了一个玲珑精密的四合院。整个建筑群古朴典雅，纵横交错，金碧辉煌。

2. 武家大院

武家大院位于黑井镇北部，是目前云南罕见的古民居建筑群之一，被誉为"历史文物宝库——明清建筑的活化石"（图5-32）。清代云南盐商首富武家自江南迁居而来，所以武家的庭院里面设计了类似江南风格的园林，虽然面积不大，但是也别有风味。建筑依山势而建，站在大院南厢房三楼，可俯瞰黑井镇全貌。其平面格局取"六位高升、四通八

---

① 来源于《创建广雅书院奏折碑文》，该碑现仍在今广雅中学。广雅书院即广雅中学前身。

达、九九通久、王隐其中"四个意境来设计。整个武家的建筑呈现三横一竖的"王"字形，象征武家在当地的地位，武家大院总共有九十九间房，象征九九归一；有一百零八道门，据说是因为武老爷崇敬梁山好汉（图5-33）。

图5-32　黑井镇武家大院入口

图5-33　黑井镇武家大院内部庭院

三、中国南部古盐道上的非物质文化遗产

（一）盐业山歌

明清以来，粤盐盐业逐渐繁盛，且绵长的海岸线也让粤盐有充足的来源，两广盐区各盐场所产之盐除供给两广地区，还有大量盈余可供外输。两广境内可依靠珠江水系及韩江水系运输粤盐，但在粤赣闽交界处，水运不便，于是在三省交界处产生了大量以挑盐为职业的挑盐工，其中部分挑盐工还是客家妇女。这些挑盐工在粤盐运输中创作了许多脍炙人口的盐业山歌流传于世。比如"见妹扁担百二三，阿哥心头着下惊。心想同你伐多少，又见人多唔敢声。山歌又好声又靓，画眉难比妹歌声。上岗过坳唱一首，百斤担子也嫌轻"①"一条担竿肉软软，对面来个涯心肝。身上衣衫涯做个，纽扣系涯亲手安"②。

黄火兴编著《梅水风光》中还有这样一则挑盐工的故事：

旧时，梅县某地有个女山歌手，很会打情打景唱山歌。1943年闹饥荒，为生活所迫，女山歌手为盐商老板挑盐担上江西。此歌手性格温

---

① 黄火兴：《梅水风光》，广东嘉应音像出版社，2005。
② 黄火兴：《梅水风光》，广东嘉应音像出版社，2005。

柔,为人慎重,且有几分姿色,虽然善歌却不随意出口。盐商老板闻说她是一个歌手,但从来没有听她唱过一首山歌,有意试试。有一天歌宿至江西筠门岭某旅店,盐商老板知道这个歌手正在这里,便过来相访,请她唱首山歌听听。她想了好久才笑道:"老板,我若唱出一首山歌来,你有何打赏?"老板道:"你若能打情打景,唱一首山歌,脚钱加一倍!"歌手道:"好!要说话算数!"老板道:"我们都是乡亲,难道还不讲信义么?"于是,歌手随口唱道:"老板讲话也内行,知得盐担几斤两。知得脚子几辛苦,唱条山歌有打帮。"老板一听,眉开眼笑,便道:"做得,确实名不虚传!请你再唱一首,要说明挑盐担的苦处。"女歌手随口道:"好!"一首山歌又唱出来:"讲着凄凉涯最凄凉,担竿络索准眠床。人人问涯样般睡,牙牙呲呲到天光!"大家一听都拍手叫好。老板也不敢食言,将两倍工钱算给了她。①

(二)盐巴茶

盐巴茶是彝族群众喜爱的一种茶的饮用法,其饮用方法极具民族特色。它的制作方法是:在特制的瓦罐中放入茶饼置火上烤香,然后冲上开水,在水中煨一会儿,放入一些盐巴搅匀,再倒入茶杯,以开水冲滚后饮用。普米族亦有饮用盐巴茶的习惯。

(三)盐作聘礼

在滇西大理地区,盐是订婚必备的礼品。据《大理县志稿》记载:"聘仪:古规,酒、茶、盐、糖各一事,鸡、鱼各一双,羊、猪各一牵,色布四端,布衣四件,银饰、发簪、耳环、绾针、帽花、戒指、手镯各一事为通用。"

滇南地区也普遍使用盐作为聘礼。清代,普洱地区男子年满十七八岁后,父母即为其选择门户,并派亲友前往说合。如女家同意,便"只東择日,备礼往女家,请书女子庚帖于鸾笺。媒人复命,男家拜受讫,并请媒人同往女家亲长处遍贺之。后又择日备台桌盛布皂、盐茶、槟榔、果瓶,并猪羊、酒醴、聘金等物,纳米行聘"。元江地区行聘亦"通常用槟茶、盐酒、豚肩、绸布、首饰之属"。

---

① 黄火兴:《梅水风光》,广东嘉应音像出版社,2005。

（四）盐为祭品

云南一些少数民族曾有祭天地、信鬼神的习俗。在这些活动中，盐也扮演着重要的角色。纳西族有除夕用"盐米筐"祭天地的习俗。丽江纳西族的节日以春节最为隆重。除夕之日，各家先在院内用四根木杆扎以松柏树枝搭成天地棚，下铺松毛。另用一只筻篓，周围裱上红纸，内装大米（约5千克）、茶一包、盐一切（约100克）、生姜一切，做成"盐米筐"。除夕下午，除"盐米筐"外，再供上整猪头、整鸡、整鱼及四盘豆腐菜和一碗饭祭祀天地。祭毕，盛一碗饭喂狗（传说五谷是狗从天上带来的），全家团聚吃除夕饭。

在一些居住在山区的少数民族心目中，山是有灵的，山神是大山的主宰。山神的喜怒哀乐直接关系着人畜的兴衰和命运。因此，他们每年都要举行祭祀活动，祈求山神保佑平安。布朗山区老曼峨寨每年傣历4月和9月祭祀山神，祈求山神保佑放牧平安。祭祀前，凡养牛羊的各家均要出米、肉、蒜、辣椒、姜、盐等食物，由年老牧者在山林中的大树前主祭，祈求山神保祐。祭后，牧人集体聚餐。

德昂族则相信房屋有守护神。一年祭祀两次，若修盖房屋还要大祭一次。在这种祭祀活动中，祭神用的供品有七碗米、七碗饭，每个碗上放三文铜钱；另供七堆草烟、七堆茶叶、一堆盐和一碗水，还有十四面纸旗和十四朵插在芭蕉筒上的小花。祭礼请村里的祭司"达干"代为进行，祈求房屋守护神保佑人畜兴旺、五谷丰登。

参考文献

[1] 李晓峰，谭刚毅. 两湖民居［M］. 北京：中国建筑工业出版社，2012.

[2] 赵逵. 川盐古道［M］. 南京：东南大学出版社，2008.

[3] 赵逵. 历史尘埃下的川盐古道［M］. 上海：东方出版中心，2016.

[4] 赵逵，邵岚. 山陕会馆与关帝庙［M］. 上海：东方出版中心，2015.

[5] 赵逵，丁援，李纯. 中国建筑简明读本［M］. 北京：新华出版社，2014.

[6] 吴正光，赵逵. 西南民居［M］. 北京：清华大学出版社，2010.

[7] 李百浩，李晓峰. 湖北传统民居［M］. 北京：中国建筑工业出版社，2006.

[8] 陈志华. 中国乡土建筑初探［M］. 北京：清华大学出版社，2012.

[9] 陆元鼎，杨谷生. 中国民居建筑［M］. 广州：华南理工大学出版社，2004.

[10] 张良皋. 匠学七说［M］. 北京：中国建筑工业出版社，2002.

[11] 黄国信. 区与界：清代湘粤赣界邻地区食盐专卖研究［M］. 北京：生活·读书·新知三联书店，2006.

[12] 邓辉. 土家族区域经济发展史［M］. 北京：中央民族大学出版社，2002.

[13] 丁长清. 中国盐业史［M］. 北京：人民出版社，1997.

[14] 季富政. 巴蜀城镇与民居［M］. 成都：西南交通大学出版社，2000.

[15] 湖北省房县志编纂委员会. 房县志［M］. 北京：中国文史出版社，1991.

[16] 竹山县地方志编纂委员会. 竹山县志［M］. 北京：方志出版社，2002.

[17] 张伟然. 湖北历史文化地理研究［M］. 武汉：湖北教育出版社，

2000.

[18] 湖北省陨县地方志编纂委员会. 陨县志［M］. 武汉：湖北人民出版社，2001.

[19] 湖北省阳新县县志编纂委员会. 阳新县志［M］. 北京：新华出版社，1993.

[20] 湖北省监利县县志编纂委员会. 监利县志［M］. 武汉：湖北人民出版社，1994.

[21] 四川省巫山县志编纂委员会. 巫山县志［M］. 成都：四川人民出版社，1991.

[22] 邓辉. 土家族区域经济发展史［M］. 北京：中央民族大学出版社，2002.

[23] 戴志中. 中国西南地域建筑文化［M］. 武汉：湖北教育出版社，2003.

[24] 李春龙. 新纂云南通志［M］. 昆明：云南省人民出版社. 2009.

[25] 崇福，宋湘，等. 山东盐法志［M］. 清光绪刻本.

[26] 何兆瀛. 两广盐法志［M］. 清光绪十年刻本.

[27] 黄掌纶，等. 长芦盐法志［M］. 成都：科学出版社，2009.

[28] 吴相湘. 初修河东盐法志：二册［M］. 台北：台湾学生书局，1966.

[29] 詹洁. 明清"湖广填四川"移民通道上的湖广会馆建筑研究［D］. 武汉：华中科技大学，2013.

[30] 刘苗. 湖北传统民居营造技术研究［D］. 武汉：武汉理工大学，2010.

[31] 胡洵. 湖北十堰地区传统聚落与民居研究——以明清湖北移民为线索［D］. 重庆：重庆大学，2012.

[32] 杨成锦. 湖北古镇文化研究［D］. 武汉：武汉理工大学，2010.

[33] 王曼曼. 鄂东南天井民居空间解析与应用［D］. 武汉：湖北工业大学，2017.

[34] 王瑶. 鄂东南传统街屋建筑艺术特色研究［D］. 武汉：武汉理工大学，2013.

[35] 余英. 中国东南系建筑区系类型研究［D］. 广州：华南理工大学，1997.

[36] 陈日飙. 大昌古镇的历史文化与传统建筑研究［D］. 重庆：重庆大学，2003.

[37] 彭松. 从建筑到村落形态［D］. 南京：东南大学，2004.

[38] 李进. 巴渝古镇聚居文化研究［D］. 重庆：重庆大学，2003.

[39] 张浩. 晚清福建票盐改革述论［D］. 福州：福建师范大学，2014.

[40] 孙明. 清朝前期盐政与盐商［D］. 长春：东北师范大学，2012.

[41] 吴红霞. 明清山陕会馆的区域分布及名称变异规律探析［D］. 西安：西北大学，2003.

[42] 田毅. 山西传统民居地理研究［D］. 西安：陕西师范大学，2017.

[43] 王慧. 泽潞商帮影响下的沁河流域村落形态研究［D］. 武汉：华中科技大学，2013.

[44] 刘静. 豫西窑洞民居研究［D］. 长沙：湖南大学，2008.

[45] 赵逵. 川盐古道上的传统聚落［J］. 中国三峡，2014（10）：46-61.

[46] 赵逵，杨雪松. 川盐古道与盐业古镇的历史研究［J］. 盐业史研究，2007（2）：35-40.

[47] 江丽. 明清徽商与汉口［J］. 安徽广播电视大学学报，2006（1）：112-115.

[48] 郭芬. 鄂东南传统街屋厅堂分析——以监利程集老街民居为例［J］. 数位时尚：新视觉艺术，2009（4）：83-84.

[49] 杨中贵，张淇淇. 鄂东南传统村落选址研究［J／OL］. 城市建设理论研究，2017（33）.

[50] 冷先平. 湖北传统民居及其装饰文化的视觉符号传播研究［J］. 新建筑，2015（2）：126-131.

[51] 潘小平. 徽州文化的辉煌与衰落［J］. 文艺争鸣，2004（3）：89-91.

[52] 赵小平，肖仕华. 八十年来云南盐业史研究综述［J］. 盐业史研究，2014（3）：139-150.

[53] 赵小平. 清代滇盐的流通与销盐市场的拓展［J］. 盐业史研究，2004（1）：29-33.

[54] 陈红伟. 云南茶马古道［J］. 茶苑，2003（1）：28-29.

[55] 董咸庆. 云南食盐产地沿革与变迁［J］. 盐业史研究，1986（00）：125-136.

[56] 纪丽真. 清代山东沿海盐场变迁[J]. 盐业史研究, 2014（3）: 81-86.

[57] 燕生东. 山东地区早期盐业的文献叙述[J]. 中原文物, 2009（2）: 51-56.

[58] 王青. 山东盐业考古的回顾与展望[J]. 华夏考古, 2012（4）: 59-69.

[59] 臧文文. 从历史文献看山东盐业的地位演变[J]. 盐业史研究, 2011（1）.

[60] 黄国信. 明清两广盐区的食盐专卖与盐商[J]. 盐业史研究, 1999（4）: 3-10.

[61] 黄国信. 盐法考成与盐区边界之关系研究——以康熙初年江西吉安府"改粤入淮"事件为例[J]. 中山大学学报: 社会科学版, 2005（1）: 36-40.

[62] 杨荣春. 明清长芦严镇场考略[J]. 盐业史研究, 2014（2）: 56-63.

[63] 叶锦花. 雍正、乾隆年间福建食盐运销制度变革研究[J]. 四川理工学院学报: 社会科学版, 2013（3）: 37-44.

[64] 曾玲. 明代中后期的福建盐业经济[J]. 中国社会经济史研究, 1987（1）: 53-61.

[65] 戴志坚. 闽文化及其对福建传统民居的影响[J]. 南方建筑, 2011（6）: 24-28.

[66] 戴志坚. 福建传统民居的分类探析[J]. 小城镇建设, 2001（09）: 30-33.

[67] 黄天庆, 夏维中. "牵挽不易": 清中期解盐运销自由化探析[J]. 盐业史研究, 2014（4）: 28-35.

[68] 赵北耀. 河东盐池与华夏早期文明[J]. 太原理工大学学报: 社会科学版, 2015（3）: 54-58.

[69] 柴继光. 运城盐池与河东文化[J]. 盐业史研究, 1990（1）: 58-62.

[70] 李乃胜, 杨益民, 何驽. 关于运城盐池地区早期盐业研究的思考[J]. 盐业史研究, 2008（2）: 30-33.

[71] 崔妍妍. 论池神庙兴衰及其原因[J]. 晋城职业技术学院学报, 2017（1）: 87.

Brief introduction

"Salt" of the millennium has outlined thousands of crisscross ancient salt transportation roads in the land of China, all of which are indispensable for people's livelihood. Where salt is concerned is also the destination of life, the dependence of culture and the continuation of civilization. Therefore, the scope of national taxation and the boundary of state power are actually determined by the destinations of salt transportation. The channels of salt transportation are even the blood vessels of national finance, so the residential dwellings are constructed along the lines, and the commercial towns are assembled for them. From the Han Dynasty to the end of the Qing Dynasty, the production, transportation and marketing of salt industry were under the control of the government. In fact, it was to control the taxes generated by the transportation and marketing of salt. In order to prevent its private salt, the government has the right to check, transport and sell the salt. All of them are recorded on file, and the salt system law is established to inherit.

Now, in order to solve the mystery of the ancient salt road culture, we have traveled all over the country, covering most of the salt cities and towns, conducted multiple surveys and collected data, and gathered the research results into the book. With real and exquisite pictures, we can explore the text of pursuit, we try to brush off the historical dust scattered over the ancient salt roads, reveal the true face of then, and add another stroke to the study of cultural heritage in China.

This book attempts to analyze the distribution of salt industry and salt economy in various salt marketing regions in the east, west, north and south of China, sort out their respective transportation routes, and study how their regional culture penetrates through salt as a medium, how to establish the relationship between the outside and the inside of salt communication, and use the scope of salt transportation to carry out a comparative exploration of their respective cultural boundaries. We pick up the treasures of ancient salt road, study the architectural culture of salt merchants and the settlement connotation of salt people, and initially obtain the stage research results of economy and culture of ancient salt roads in China.

The crystal salt reflects the splendid civilization and profound history of human beings, which deserves our special attention and penetrating research.